Susan Crain Bakos schrieb drei Jahre lang unter dem Namen Carolyn Steele die Kolumne »Briefe an Penthouse« und arbeitete fünf Jahre als Herausgeberin und Kolumnistin bei dem US-Magazin »Forum«.
Susan Crain Bakos lebt heute in New York.

Deutsche Erstausgabe Juli 1991

Titel der Originalausgabe »Dear Superlady of Sex«

Originalverlag St. Martin's Press, New York
Umschlaggestaltung Manfred Waller
Satz MPM, Wasserburg
Druck und Bindung Elsnerdruck, Berlin
Printed in Germany 5 4 3 2 1
ISBN 3-426-04816-7

Susan Crain Bakos:
Liebe und Lust der Männer

Ihre geheimen sexuellen Wünsche und Ängste

Aus dem Amerikanischen von Casa Nova

Knaur

Für Don Myrus, der mir den Namen SUPERLADY gab, und für Jack Kaplan, der mir das beigebracht hat, was ich noch nicht wußte.

Dank

Ich bedanke mich an dieser Stelle bei folgenden Leuten für ihre Hilfe:

Bei Nancy Love, meiner Agentin, und Toni Lopopolo, meiner Lektorin, die mir halfen, das vorliegende Buch zu gestalten.

Bei Susan Windle-Posner, die die Superlady-Kolumne bei Penthouse Letters redigierte.

Bei Liz McKenna, die bei Forum »What Do Woman Want?« redigierte.

Bei Jack Heidenry und Merry Clark, guten Freunden und Vertrauten.

Bei Richard Bakos und Tamm Koerkenmeir, den besten Helfern bei den Recherchen.

Bei C. J. Houtchens und der Magazine Feature Writing Group der Washington Independent Writers für ihre moralische Unterstützung und ihren ausgesuchten Sinn für Ironie.

Bei all den Männern, die mir im Verlauf der Jahre bei Forum und Penthouse Letters geschrieben haben.

Und besonders bei den Männern, die meinen Fragebogen ausgefüllt haben.

Inhalt

Einführung: Hat dieses Paar irgend etwas gemeinsam?

»Das männliche und das weibliche Gehirn unterscheidet sich strukturell und wahrscheinlich auch in der chemischen Zusammensetzung. Das bedeutet, daß sich auch das männliche und das weibliche Verhalten unterscheidet. Es mag sich zwar an manchen Stellen überschneiden, aber grundsätzlich ist es verschieden.« – June Reinisch, Psychobiologin und Leiterin des Kinsey-Instituts.

Als ich vor einigen Jahren begann, für PENTHOUSE zu schreiben, glaubte ich, alles über Männer und Sex zu wissen. Ich war im Zeitalter der sexuellen Revolution aufgewachsen. Als Angehörige der ersten sexuell wirklich informierten Generation glaubte ich an die sexuelle Gleichheit von Mann und Frau. Doch dann begannen die Leser von PENTHOUSE allmählich, mich aufzuklären.

Ich richtete 1985 unter dem Pseudonym Carolyn Steele, Dear Superlady of Sex, einen Kummerkasten in PENTHOUSE LETTERS ein. Meine Ratschläge waren ursprünglich dazu gedacht, den Männern die Frauen näherzubringen. Sie waren frech und gleichzeitig persönlich und stützten sich auf Briefe und die Aussagen anderer Frauen. Zwei Jahre später fing ich unter meinem eigenen Namen für PENTHOUSE FORUM eine weitere Kolumne mit dem Titel

»Was wollen Frauen?« an. Außerdem verfaßte ich für FORUM zahlreiche Artikel über sexuelle Praktiken und Therapien, die auf Tatsachen beruhten. Durch meine Arbeit für diese Zeitschriften lernte ich viel Neues.

Vor allen Dingen lernte ich, das männliche Sexualerleben so zu sehen, wie es tatsächlich ist, nicht so, wie meine romantischen oder politischen Neigungen es gerne sehen wollten. Die sexuellen Unterschiede zwischen Mann und Frau sind in der Biologie, nicht in der Ideologie, begründet. Doch der Mythos vom Macho ist genauso sehr unser Mythos wie der ihre.

Anfangs war ich über viele Briefe von männlichen Lesern entsetzt. Ähnlich wie Nancy Friday, die in ihrem Vorwort zu *Men in Love* (dt.: *Die sexuellen Phantasien der Männer*) bemerkte, sie wollte sich nach den Phantasien, die ihr die Männer für ihre Untersuchung gestanden, oft die Hände waschen, rümpfte ich innerlich die Nase über jene Seite der Männer, die die Frauen nur selten sehen. Sie schrieben über ihre Fixierung auf Brüste und über ihren Fußfetischismus, über ihren Wunsch zu dominieren und, erstaunlicherweise noch öfter, über ihren Wunsch, von einer Frau mit hochhackigen schwarzen Stiefeln gezüchtigt zu werden. Sie berichteten mir von ihren Phantasien über jüngere Frauen, eine *ménage à trois* — besonders häufig mit Zwillingen, die beide übergroße Busen hatten —, oder über lesbischen Sex, bei dem die Frauen sich voneinander abwenden, um sich dem Mann hinzugeben. Sie wollten wissenschaftlich exakte Auskünfte über die Penisgröße und die Dauer des Geschlechtsaktes. Sie schienen ebenso an diesen statistischen Daten interessiert wie an den Fußballergebnissen.

Ihre Sprache war oft ziemlich derb und anschaulich. Allmählich gewöhnte ich mich daran. Als mich ihre abstoßen-

den Worte nicht mehr ablenkten, begann ich nach und nach, hinter den Fragen die Ängste und Zweifel zu spüren.
Sie fürchten das sexuelle Versagen, und besonders fürchten sie, die Frauen zu enttäuschen. Inzwischen glaube ich, daß die Männer uns Frauen sehr lieben und ein stärkeres Bedürfnis haben, uns sexuell zu befriedigen, als selbst befriedigt zu werden. Aber sie sind nicht wie wir. Wir sind gleichberechtigt, was bedeutet, daß wir zwar verschieden sind, aber den gleichen Wert besitzen. Doch wir sind nicht gleich.
Alfred Kinsey enthüllte jene Unterschiede zwischen den Geschlechtern bereits in den frühen fünfziger Jahren. Seine Untersuchungen gelten nach wie vor als *die* statistische Quelle über das Sexualverhalten. Trotzdem haben wir uns durch unsere gesellschaftlichen und politischen Phantasien von jenem Gesamtbild ablenken lassen, das uns seine nüchternen statistischen Werte eigentlich zeigen.
Vor Kinseys Veröffentlichung von *Sexual Behavior in the Human Male* (1948) und *Sexual Behavior in the Human Female* (1953) ging man — sogar die Mediziner — im allgemeinen davon aus, daß der Mann mehr Vergnügen am Sex hat als die Frau. Man glaubte weiterhin an seine ständig wachsende sexuelle Potenz in den Jahren zwischen Zwanzig und Vierzig und an ihre Abnahme zwischen Vierzig und Sechzig. Sie endete dann nach einer allmählichen Reduzierung angeblich im »männlichen Klimakterium«, das den Wechseljahren der Frau ähnelt. Zu den überraschendsten Erkenntnissen Kinseys gehörte die Entdeckung, daß der Mann seine sexuelle Blütezeit bereits in der Pubertät, also mit sechzehn oder siebzehn, erreicht. Die Abnahme der Potenz vollzieht sich Schritt für Schritt, wird aber mit jedem Lebensjahrzehnt spürbarer. Und: Kinsey bestritt ge-

nerell die Existenz eines männlichen Klimakteriums. Er stellte fest, daß sich Männer noch weit über das Alter hinaus, das gemeinhin als Schlußpunkt ihrer diesbezüglichen Aktivitäten galt, sexuell betätigen.

Die Frau hingegen reagiert nach der Pubertät, also in den Jahren zwischen Zwanzig und Dreißig, intensiver und erlebt ihre sexuelle Blütezeit Anfang Dreißig. Diese Blütezeit reicht bis weit ins mittlere Alter hinein, wo nur ein geringes Abflachen zu verzeichnen ist. Das weibliche Lustpotential ist viel größer, als man vermutet hatte.

Kinsey erkannte, welche Auswirkungen seine Entdeckungen auf die traditionelle Verbindung zwischen älterem Mann und etwas jüngerer Frau haben würden. Eine solche Beziehung begann erst nach dem männlichen Höhepunkt und schloß zwei Menschen zusammen, die nie sexuellen Gleichklang erreichen würden. Wenn die Ehe funktionierte, funktionierte sie seiner Meinung nach nicht wegen des Sex, sondern trotzdem. Viele Soziologen schreiben es seinen Erkenntnissen zu, daß der voreheliche Sex heutzutage akzeptiert wird. Vor Kinsey glaubte niemand an das *Bedürfnis* junger Männer, sich abzureagieren.

Seine Analyse neigt ein wenig der männlichen Sicht zu, weil er den Mann zuerst untersuchte und dann die Frau mit ihm verglich. Die beiden Geschlechter, so schloß er, ähnelten sich eher, als daß sie sich unterschieden. Männer berichteten öfter über Seitensprünge, aber er war der Meinung, daß der Wunsch des Mannes nach unterschiedlichen Partnerinnen stärker einem psychologischen als einem physischen Bedürfnis entsprang. Doch der wesentliche, unerwartete und verblüffende Unterschied zwischen dem männlichen und dem weiblichen Sexualerleben war die oben beschriebene Alterskurve. Kinsey vermutete die Ur-

sache dafür in chemischen Unterschieden beim männlichem und weiblichem Gehirn.
Außerdem raubte er dem männlichen Penis den Nimbus des alleinigen Mittels zur Befriedigung der Frau. Zum erstenmal behauptete ein Fachmann: die Penisgröße steht nicht in direktem Verhältnis zur Lust der Frau. Manche Frauen finden es vielleicht psychologisch befriedigend, wenn der Penis in sie eindringt, aber die klitorale Stimulation führt letztendlich zum Orgasmus. Ein Mann braucht also keinen großen Penis, um eine Frau zu befriedigen. Was für eine schockierende Vorstellung für das Jahr 1953!
Die berühmten Ärzte und Forscher Dr. William Masters und Virginia Johnson bestätigten in ihren eigenen richtungweisenden Werken *Human Sexual Response* (1966, dt.: *Die sexuelle Reaktion*) und *Human Sexual Inadequacy* (1970) viele von Kinseys Erkenntnissen, darunter besonders die sexuelle Alterskurve und die klinische Bedeutungslosigkeit des Penis für den weiblichen Orgasmus.
Ihre Untersuchungen neigten jedoch deutlich der Seite der Frau zu. Sie vergleichen den Mann mit der Frau, nicht umgekehrt, wie es noch Kinsey tat. In *Response* widmen sie der Frau dreimal so viele Seiten wie dem Mann. Und in *Inadequacy* geht es sehr viel öfter um die Unfähigkeit des Mannes als um die der Frau. (Masters und Johnson gehen nicht nur davon aus, daß der Mann für seine Probleme mit dem vorzeitigen Samenerguß selbst verantwortlich ist, sondern sie geben ihm auch die Schuld für die weibliche Frigidität, die einer extremen Beherrschung durch den Mann zugeschrieben wird.) Masters und Johnson treten für die sexuelle Vormachtstellung der Frau ein, doch sie verteidigen gleichzeitig die traditionelle Ehe und befassen sich eher mit dem Paar als »sexueller Einheit« als mit dem Individuum.

Hätte ihr Wertesystem anders ausgesehen, wären sie wahrscheinlich für Ehen zwischen älteren Frauen und jüngeren Männern oder polygame Beziehungen eingetreten. Kinsey vermutete, daß die sexuelle Alterskurve zu einer Doppelmoral geführt hatte. Vielleicht war das das Mittel des Mannes, eine Partnerin unter Kontrolle zu halten, die er sexuell nicht beherrschen konnte. Unter anderen gesellschaftlichen, politischen und persönlichen Voraussetzungen hätten Masters und Johnson sich möglicherweise für eine neue Doppelmoral mit umgekehrten Vorzeichen eingesetzt.

Doch als anerkannte Begründer der Sextherapie entwickelten sie statt dessen eine Art der Behandlung, die grundsätzlich das männliche Sexualverhalten so verändert, daß es sich an den sexuellen Bedürfnissen der Frau orientiert. In der Sextherapie erhalten die Frauen im allgemeinen die Führungsrolle. Sie nehmen die überlegene weibliche Position ein und sagen und zeigen ihrem Partner, was sie von ihm möchten. Masters und Johnson dachten sich außerdem die sogenannte »Squeeze«-Technik aus, eine Methode, bei der der Mann lernt, seinen Samenerguß zurückzuhalten, um so der Frau zu größerer sexueller Befriedigung zu verhelfen. Dabei drückt die Frau das vordere Ende des Penis und blockiert so den männlichen Orgasmus, bis sie selbst bereit ist.

Masters und Johnson haben einen unermeßlichen Beitrag zum sexuellen Wohlbefinden von Paaren geleistet. Ihre Pionierleistung hat dem sexuellen Potential der Frau unendliche Möglichkeiten eröffnet. Ironischerweise haben sie den Sex jedoch auch zur mühsamen Arbeit gemacht, einer Arbeit, die der Mann recht häufig im Dienste der Frau zu verrichten hat.

Die Selbsthilfebücher, die nach den Untersuchungen von

Masters und Johnson überall erschienen sind, stellten praktisch alle den weiblichen Orgasmus in den Mittelpunkt. Sie wurden und werden hauptsächlich von Frauen gekauft. Teilen sie ihr neu entdecktes Wissen mit ihren Männern oder Geliebten? Wenn ja, wie? Auf liebevolle oder auf feindselige Weise? Oder behalten sie es für sich und schüren damit noch ihre negative Einstellung dem Mann gegenüber? Abgesehen von wenigen Ausnahmen — darunter besonders *Ultimate Pleasures: The Secrets of Easily Orgasmic Women* (dt.: *Schöner als Fliegen. Frauen verraten ihr Geheimnis, wie sie leicht zum Orgasmus kommen.*) von Marc und Judith Meshorer, das uns Frauen zeigt, was wir *selbst* für uns tun können —, sind die meisten Bücher Anleitungen für Frauen, wie sie ihren Mann zu einem besseren Geliebten machen können. In den Buchläden sind sie in der Abteilung »Psychologie und Selbsthilfe« zu finden, einem Gebiet, das seit Mitte der achtziger Jahre dominiert wird von Büchern über Beziehungen, die Fehler Männer sowie von Anleitungen, wie man sich am besten einen Mann angelt. Als Gruppe betrachtet, liefern diese Werke eine interessante Aussage über den traurigen Zustand, in dem sich die Kommunikation zwischen den Geschlechtern befindet.

All jene Bücher konzentrieren sich darauf, den Mann zu verändern — und darauf, was nicht mit ihm stimmt, wenn er sich nicht ändern will. Zu Recht stellt niemand die Tatsache in Frage, daß der Mann die weibliche Sexualität verstehen und respektieren soll, was bedeutet, wir brauchen einfach mehr Zeit als der Mann, um erregt zu werden. Aber inzwischen haben wir unser Denken aus der Zeit vor der Klitoris, die vom Freudschen Diktum des vaginalen Orgasmus beherrscht wurde, zu weit in die andere Richtung korrigiert. Heutzutage scheinen wir behaupten zu wollen, das

einzig vernünftige männliche Sexualverhalten bestehe darin, auf *unsere* Reaktionen und Bedürfnisse einzugehen.
In der Sondernummer des *Ms*-Magazins vom Mai 1989 hieß es: »Als die männliche Sexualität noch der einzige Maßstab sexueller Freiheit war, ließen sich die Frauen auf physisch intensiven und einfühlsamen Sex ein. Heute fordert die Frau, daß der Mann ›wie eine Frau‹ lieben soll.«
Ich möchte Sie an dieser Stelle noch einmal an die wichtigste Entdeckung von Kinsey erinnern — an die sexuelle Alterskurve. Sie könnte sich im kommenden Jahrzehnt als wesentlichster Aspekt der männlichen Psychobiologie erweisen. Die »Babyboomer« sind mittlerweile jenseits der Vierzig. Die Frauen befinden sich nun auf dem Höhepunkt ihrer Sexualität, während die der Männer im Abnehmen begriffen ist. Werden solche Männer, denen die Lust jetzt längst nicht mehr so im Nacken sitzt wie früher, bereit sein, sich beim Sex noch genausoviel Mühe zu geben, nur um uns zu befriedigen?
Ja, ich glaube schon, denn sein Wunsch, uns zu befriedigen, ist stärker als sein Wunsch nach reiner Abreaktion. Er will eher uns befriedigen, als selbst befriedigt zu werden. Der Durchschnittsmann will keine Frau, die völlig erstarrt unter ihm liegt und sich ihm hingibt. Frauen, die glauben, er strebe nur nach seinem eigenen Orgasmus, irren sich. Ihm ist es wichtiger als alles andere, der Frau in seinem Bett Befriedigung zu verschaffen. Aber ob wir die Frauen sind, die er befriedigen will, hängt mit Sicherheit davon ab, wie wir sexuell und auch sonst mit ihm umgehen.
Die sexuelle Befreiung der Frau hat ihn in Verwirrung gestürzt — und uns auch. Der Zwiespalt ist beiden Geschlechtern gemein. Doch er ist derjenige, dem man sämtliche Konflikte und Zweifel anlastet. Letztlich läuft es darauf hinaus,

daß die Frau zwischen der Freiheit schwankt, mit einem Mann zu schlafen, ohne ihn zu lieben, und ihrem Bedürfnis, den Sex zu einer tieferen Bindung zu führen. Genauso, wie wir noch immer zwischen dem Wunsch, nicht arbeiten zu müssen und von einem Mann versorgt zu werden, schwanken.

Inzwischen haben wir Frauen wieder Probleme mit unserer eigenen Sexualität, aber wir können den Mann wohl kaum für das neuerliche Gefühl der Unterdrückung verantwortlich machen, mit dem wir uns Ende der achtziger Jahre auseinandersetzen mußten. Dieser Rückschlag hatte seinen Ursprung im christlichen rechten Flügel und der extremen feministischen Linken, zwei Gruppierungen, wie sie unterschiedlicher nicht sein könnten. Ihnen ist letztlich lediglich die Verachtung gegenüber der Grobheit der männlichen Sexualität und die nur spärlich verhüllte Angst vor dem schier endlosen Potential der weiblichen Sexualität gemeinsam. Der Rückschlag ist unter anderem von den Medien zu verantworten, die die Nachwirkungen der sexuellen Revolution aufzeigten und Geschichten über die wachsende Unzufriedenheit alleinstehender Karrierefrauen und die Angst der Öffentlichkeit vor Krankheiten verbreiteten.

Die Feministinnen konzentrieren sich fast ausschließlich auf die negativen Seiten des Sex: ungewollte Schwangerschaften, Abtreibungen, Vergewaltigungen, Inzest, sexuelle Belästigung und Mißhandlung. Sie betrachten jeden Mann als potentiellen Vergewaltiger. Die Anti-Porno-Aktivistinnen ziehen gegen die männliche Sexualität zu Felde, gegen die optischen Anreize, die oft nötig sind, um den Mann zu erregen, bei der Frau jedoch nur selten dieselbe Wirkung haben. Die Medien führen weit subtilere Attacken gegen den Sex. Was sie letztlich angreifen, ist das Geschlechtsleben der Frau —

weil es das Sexualverhalten der Frau, nicht das des Mannes, war, das sich während der sexuellen Revolution veränderte.

In *Re-making Love: The Feminization of Sex* berichten Barbara Ehrenreich, Elizabeth Hess und Gloria Jacobs: »... es wird oft vergessen, daß sich die sexuelle Revolution im Grunde genommen um ein verändertes Verhalten der Frau, nicht des Mannes, drehte. Der Historiker Vern Bullough sagte 1984 gegenüber der TIME: ›Im zwanzigsten Jahrhundert hat es bisher keine Veränderung im männlichen Sexualverhalten gegeben.‹ In jenem Artikel hieß es weiter: ›Die Untersuchungen scheinen zu zeigen, daß die Veränderungen im vorehelichen Sexualverhalten des Mannes seit den dreißiger Jahren eher bescheiden geblieben sind. Der Prozentsatz der Frauen hingegen, die vor der Ehe mit einem Mann schliefen, verdoppelte sich zwischen den dreißiger Jahren und 1971 und erreichte 1976 seinen neuen Höhepunkt ...‹«

Heutzutage genießen fast genauso viele Frauen wie Männer den vor- und außerehelichen Sex. Sogar noch im Rahmen der neuesten Umfragen wollten uns die Zeitschriften weismachen, daß die Männer uns zum »Gelegenheitssex« überredet hätten, der bei uns jedoch nicht funktionierte. Plötzlich landeten wir wieder bei dem konservativ-prüden Standpunkt unserer Mütter: der Sex wurde eingesetzt als Belohnung, Waffe, Mittel, um den Partner an sich zu binden. Statt uns mit der Verwirrung zu befassen, die die sexuelle Befreiung bei uns Frauen gestiftet hat, geben wir lieber dem Mann die Schuld, er habe uns zu oberflächlichem Sex verleitet und uns dann verschmäht, als wir beschlossen, nun sei die Zeit reif zum Heiraten und Kinderkriegen.

Wir messen ihn sexuell an ständig sich verändernden Kriterien, die nur zum Teil davon bestimmt werden, was wir im Bett wirklich wollen und brauchen. Er ist ein guter Liebhaber, wenn wir mehrere Orgasmen haben ... wenn er uns nach der ersten Nacht wieder anruft ... wenn er uns heiraten will. Er hingegen mißt sich selbst sexuell an unseren körperlichen Reaktionen auf seine Bemühungen. Der Wunsch des Mannes, die Frau zu befriedigen, wird ihm zum Bedürfnis.

In den vergangenen Jahren haben wir den Mann oft als Sexobjekt — oder besser als Erfolgsobjekt — behandelt und ihm die heftigsten Vorwürfe gemacht, wenn er unseren sexuellen Erwartungen nicht entsprach. Und wir haben seine Eignung als Partner an seinem Einkommen und gesellschaftlichen Status bemessen. Wir haben versucht, ihn uns in Liebe und Sex ähnlicher zu machen, während er in seiner Versorgerrolle eher wie ein Vater bleiben sollte.

Wir sind ganz schön hart mit ihm umgesprungen und davon ausgegangen, daß er lediglich so etwas wie eine Frau mit einer dickeren Lohntüte ist.

Aber das ist er nicht. Ich habe die Forschungsdaten zu Rate gezogen, und ich habe mich in seine sexuellen Geheimnisse, Phantasien, Ängste und Sehnsüchte einweihen lassen. Er ist primär ein Augenerotiker. Seine sexuelle Ausdrucksweise ist weit bildlicher als die unsere. Seine Biologie paßt nicht zu der unseren, die uns gerade dann zu größerer sexueller Lust verhilft, wenn die seine auf dem absteigenden Ast ist. Während seine Hauptaufgabe darin besteht, Leistung zu bringen, ist es die unsere, für ihn attraktiv zu sein. Sein Orgasmus ist greifbarer, aber unsere Orgasmusfähigkeit übersteigt die seine.

Ja, die Männer unterscheiden sich von uns — aber sie sind weder besser noch schlechter als wir, sie sind lediglich anders. Merkwürdigerweise wehren sich gerade die Frauen am heftigsten gegen diese offensichtliche Schlußfolgerung. Ich habe mir von vielen wütenden Frauen sagen lassen müssen, ich gründe meine Erkenntnisse auf Briefe an PENTHOUSE — und PENTHOUSE-Leser seien doch »eine verdorbene Minderheit«. Deshalb arbeitete ich einen Fragebogen aus und verteilte ihn an Hunderte von Männern, mit denen ich über angesehene Zeitschriften und andere Quellen Kontakt aufgenommen hatte. Außerdem fand ich viele Freiwillige, die mir bei der Verteilung behilflich waren: Freunde, Kollegen, Sextherapeuten und Ärzte. Über tausend Männer antworteten mir, von denen mir viele lange Briefe schrieben, in denen sie mir ihre Gedanken und Erfahrungen, Ängste und Phantasien mitteilten. Darüber hinaus befragte ich mehr als hundert Männer persönlich. Was sie mir sagten, bestärkte mich in meinen Schlußfolgerungen.

Vielleicht lieben die Männer uns sogar noch mehr, als wir sie lieben. Ich für meinen Teil liebe die Männer jedenfalls jetzt, wo ich sie besser kenne, mehr als zuvor. Sie zu lieben, das bedeutet nicht, sich ihnen zu unterwerfen, die Augen vor ihren Fehlern zu verschließen — oder sich selbst und die anderen Frauen weniger zu lieben. Lieben bedeutet verstehen — Unterschiede hin oder her.

Frauen können Orgasmen, mehrere Orgasmen, ausgedehnte Orgasmen, extragenitale Orgasmen haben. Männer hingegen können nicht *immer* auf Kommando Leistung erbringen, und sie können auch nicht immer den Maßstäben gerecht werden, die unsere und ihre Mythen gesetzt haben.

Der Sex ist stärker von der männlichen als von der weiblichen Erregung abhängig. Darin liegt der wesentliche Unterschied. Und sie wissen das besser als wir.

TEIL EINS

Die Sprachen der Lust

Wessen Stimme würden Sie lieber im Fernsehen hören?

»Ich bin drei Tage mit Grippe im Bett gelegen. Da hab' ich mir die ganzen Talk-Shows im Fernsehen und im Radio angeschaut und angehört. Meistens geht's da um Sex. Ich hätte nie gedacht, daß Sex so langweilig sein kann. Ich frage mich, wie die netten, molligen Damen im Publikum über so etwas kichern und sich aufregen können.« — Ein Mann.

Wir sprechen mit Sicherheit genug über den Sex. Jede Zuschauerin einer Donahue-Show kann einem sofort sagen, daß der erste Schritt zur Lösung sexueller Probleme die Kommunikation ist. Und sie hat den richtigen Jargon parat. Der Sex ist in jener riesigen, durch und durch professionellen Selbsthilfeindustrie, die uns zeigt, wie wir an uns selbst und an unseren Beziehungen arbeiten können, zu einem wichtigen Slogan geworden. Wenn die Rede auf den Sex kommt, hören wir auf die Stimme dieser Industrie.

Die Amerikaner begreifen die Bedeutung des »Erotischen« ungefähr so, wie die Franzosen den Humor begreifen. Die Franzosen halten Jerry Lewis für ein Komikergenie, während die Amerikaner jene Ausklappbilder perfekter Frauenkörper als die Personifikation von Sex und Sünde verstehen. Die Franzosen erahnen die erotische Verbindung zwischen Mann und Frau lange vor dem Al-

ter der Ehemündigkeit, und da sie keine Angst davor haben, beherrschen sie ihre Sprache auch in all ihren verbalen und nonverbalen Formen. *Sie* brauchen kein Team von Psychotherapeuten, die ihnen sagen, ob sie ihren Orgasmus an der richtigen Stelle haben oder nicht. Die Amerikaner hingegen fühlen sich am sichersten, wenn sie sich hinter medizinischen Fachausdrücken verstecken können. Sie legen das Thema fest, den Sex, und konzentrieren sich dann schon fast zwanghaft auf die rein mechanischen Aspekte, insbesondere auf die des Versagens.
Unsere Sprache der Lust besteht eigentlich aus drei Sprachen: männlich, weiblich und neutral. Ich gebe Ihnen im folgenden eine Beschreibung des weiblichen Orgasmus in jeder der drei Sprachen:

Neutral: »Die subjektive Erfahrung mag unterschiedlich sein, aber der physiologische Zyklus, den eine Frau durchläuft, nämlich der Aufbau der sexuellen Erregung, der Orgasmus selbst und die Rückkehr zum anfänglichen Ruhezustand, ist bei jeder Frau der gleiche...« Aus: *For Yourself: The Fulfillment of Female Sexuality* (dt.: *Die Erfüllung weiblicher Sexualität*) von Lonnie Barbach.

Weiblich: »Ich weiß, daß ich komme, wenn mich ein Gefühl der Schwäche ergreift. Es ist die völlige Hingabe an den Mann, den man liebt, und an die Liebe selbst. Es ist gleichzeitig ein gefühlsmäßiges und ein körperliches Loslassen. Wenn ich wirklich liebe, spüre ich es im ganzen Körper.« Eine Dreißigjährige.

Männlich: »Ich hab' voll in sie abgespritzt und gespürt, wie sie meinen Schwanz ganz eingenäßt hat, als sie gekommen ist.« Aus einem Brief ans PENTHOUSE FORUM.

Der neutrale Tonfall ist natürlich die Sprache, derer sich Psychotherapeuten, Verfasser von Selbsthilfebüchern, Talk-Show-Master und seriöse Journalisten bedienen. Von ihnen stammen Wörter und Ausdrücke wie »präorgasmisch«, »postkoital«, »vorzeitiger Samenerguß« oder »Zyklus des sexuellen Respons«. Sie sollen dazu dienen, den Sex seines mystischen Zaubers zu berauben und ihn auf dieselbe Stufe wie einen ganz alltäglichen Waschgang zu stellen. Die führenden Linguisten auf diesem Gebiet sind Experten wie Masters und Johnson oder Dr. Ruth, deren Autorität sich nicht nur aus ihren akademischen Graden, sondern auch aus ihrem Mangel an sexuellen Reizen herleitet.

Stellen Sie sich den Sex als Thema vor, das in den täglichen Nachrichten abgehandelt wird, dann werden Sie feststellen, daß die neutrale Sprache genau der beherrschten, wenn auch drängenden, Stimme der Nachrichten entspricht. Nachdem Sie aufmerksam zugehört haben, sind Sie vielleicht immer noch nicht in der Lage, ohne Schwierigkeiten die Costa Brava oder Ihren »G-Punkt« (nach Dr. Gräfenberg) zu finden, aber wenigstens glauben Sie dann, mehr zu wissen als vorher.

Die Ratgeberspalten in den Frauenmagazinen und alles, was sich den Anschein des Wissenschaftlichen gibt, sind in der neutralen Sprache verfaßt. Auf dem Gebiet des rein Mechanischen handelt es sich dabei um eine absolute Ausdrucksform, selbst wenn zwei Experten, die grundsätzlich dieselbe Sprache sprechen, nicht zu demselben Schluß kommen. (Vielleicht gibt es einen »G-Punkt«, vielleicht aber auch nicht. Möglicherweise gibt es einen Unterschied zwischen klitoralem und vaginalem Orgasmus, möglicherweise aber auch nicht.) Im Bereich der Gefühle

erlaubt diese Sprache sich jedoch keinerlei Urteil. In Talk-Shows wird sie gerne verwendet.
Die weibliche Sprache ist politisch fast genauso korrekt wie die neutrale. Sie klingt wie ein beruhigendes Murmeln, ein neuerliches Aufsagen des alten Spruches: Er liebt mich, er liebt mich nicht, er kann mich nicht lieben, er liebt mich, er ist... Diese Sprache wird meist bei Frauen eingesetzt, und zwar von Frauen, und in der Öffentlichkeit auch von Psychotherapeuten, Talk-Show-Mastern und einigen wenigen aufgeklärteren männlichen Autoren. Die weibliche Sprache soll weniger dazu dienen, den Sex zu demystifizieren, als ihn zu remystifizieren. Dabei geht es um eine Ausrichtung nach den gerade gängigen Maßstäben hinsichtlich der im Augenblick als richtig angesehenen Anzahl der Orgasmen sowie der für sie richtigen Stelle des Körpers. Außerdem spielen natürlich die Umstände eine Rolle, unter denen der Körper sich hingeben darf, daß heißt die sogenannte »richtige« Liebe. Sie umfaßt sentimentale Exzesse, die man in der neutralen Sprache für gewöhnlich nicht findet — sie mag vielleicht die gefühlsmäßige Bindung würdigen, geht aber nicht so weit, alles, was sich außerhalb einer solchen Bindung abspielt, zu verdammen.
Abgesehen von den Medien bedienen sich die Frauen aller sozialen Schichten der weiblichen Sprache. Sie stellen sich immer wieder die weiblichste aller Fragen: Wird er anrufen? Rosafarbene Krägelchen und geschäftsmäßige Kostüme versichern einander: Ja, natürlich wird er anrufen, nachdem man sich törichterweise wieder einmal selbst zuerst gemeldet hat, oder: Nein, heute macht man das nur noch, wenn man sich wirklich liebt. Selbst wenn sie erst zwanzig und noch ungebunden sind, klingen sie, als hät-

ten sie zwanzig Jahre damit zugebracht, Artikel zu lesen, die dem ehelichen Geschlechtsleben wieder mehr Schwung verleihen wollen. Die weibliche Sprache gibt sich den Anschein, als verrate sie Geheimnisse: Wie man ihn sich angelt, ihn hält, ihn zurückgewinnt oder sich sein plötzliches Verschwinden erklärt.

Die männliche Sprache kommt zwischen Männern zum Einsatz — und außerdem beherrschen auch jene wenigen Frauen sie, die in den Redaktionen der Sexmagazine sitzen oder für sie schreiben. Sie haben sich diese Sprache angeeignet, um zu überleben, genau wie ein Ausländer, der sein Lehrbuch beiseite legt, um beim ganz normalen Alltagsleben in die Schule zu gehen. Die männliche Sprache ist rauh und anschaulich und hat ihre Ursprünge in der ziemlich direkten Art und Weise, wie Jungs sich unterhalten, wenn sie sich ungestört fühlen. Der Sex wird auf seinen kleinsten physischen Nenner gebracht: Es geht dabei um kaum noch unterscheidbare Varianten des Vorganges, wie Riegel A in die Öffnung B geschoben wird. (»Ich würde gerne meinen a) Schwanz, b) Steifen, c) Pint, d) Ständer in ihre a) Möse, b) Fotze, c) Muschi, d) ihr Loch stecken.«)

Die männliche Sprache hört man gewöhnlich dort, wohin sich nur selten Frauen verirren: in Männergruppen oder als Texte zwischen Fotos von nackten Frauen. Sie soll nicht dazu dienen, den Sex zu erklären oder zu demystifizieren. Bei der männlichen Sprache geht es um den Penis; und der Penis kennt nur ein Oben und ein Unten. Sie ist die Stimme des Wagemuts, der schwarze Humor des Soldaten, der fröhlich vor sich hin flucht, in der Hoffnung, daß seine Flüche und nicht er selbst der gegnerischen Seite zum Opfer fallen. Diesen Vorgang können

Frauen nur selten verstehen. Die männliche Sprache ist so etwas wie ein »Cheerleading« des Penis.

Im allgemeinen erkennen die Männer den grundlegenden Unterschied zwischen den Geschlechtern besser als die Frauen. Sie wissen, daß die Verpflichtung, etwas zuwege zu bringen, bei ihnen liegt — und genau das *ist* der wesentliche Unterschied. Egal, wie egalitär sich unsere Gesellschaft gibt, der Sex, wie sie ihn definiert, hängt stärker von einem steifen Penis ab als von einer feuchten Vagina. Schließlich gibt es ja Vaseline. Die Männer leben in der Angst vor dem Versagen und dem Gefühl seiner Unausweichlichkeit, genauso, wie wir in der Angst leben, sexuell nicht mehr attraktiv zu sein, denn ein Hängebusen ist letztlich schlimmer als eine beginnende Glatze.

Kürzlich war ich mit einem Freund beim Mittagessen. Wir sahen, wie zwei attraktive Frauen an einem Tisch vorbeigingen, an dem zwei Männer im Anzug saßen und mit einem Auge das beobachteten, was sich auf der Straße tat, und mit dem anderen die beiden Frauen. In ihrer Unterhaltung waren ganz unverblümte Kommentare über gewisse körperliche Vorzüge zu hören. Männliche Sprache eben. »Eiertanz«, sagte mein Freund und freute sich über den Doppelsinn seiner Worte. »Männersprüche. Wenn man mitspielen will, muß man die ganze Zeit drüber reden.« Die Frauen, die den einen oder anderen Satz davon mitbekamen, rümpften die Nase.

Sie hatten sich natürlich gerade darüber unterhalten, daß sie ihm eine nette Karte schicken würden, weil er nicht zurückgerufen hatte.

Kapitel 1: Die Frauensprache — und wie sie für Männer klingt

»Frauen sollten von vornherein offener sein. Männer sind einfach direkter. Sie lassen sich nicht gerne auf Spielchen ein, wenn es darum geht, ob eine Frau Interesse am Sex hat oder nicht. Zuerst tut sie so, als wenn sie interessiert wäre, aber dann sagt sie genau das Gegenteil. Doch vielleicht stimmt das auch wieder nicht. Warum kann sie sich nicht klar und deutlich ausdrücken?« — Ein Manager Mitte Vierzig, der über 75 000 Dollar im Jahr verdient.

Selbst wenn das eigentliche Thema nicht der Sex ist, geht es doch oft unterschwellig darum. In der ersten Phase der gegenseitigen Anziehung ist die Alltagsunterhaltung mit sexuellen Andeutungen durchsetzt, seien sie nun absichtlich eingestreut oder nicht. Männer neigen dazu, sexuelle Anspielungen in alles hineinzudeuten, angefangen beim Minirock bis zur schwarzen Strumpfhose oder einem freundlichen Lächeln. Umgekehrt entsteht manchmal der Eindruck, daß es gar nicht um Sex geht, wenn das Thema tatsächlich der Sex ist. Während Männer glauben, daß wir Erotik signalisieren, wenn wir uns ihnen in Kleidern präsentieren, die wir gerade nach den neuesten Vorbildern in der VOGUE erworben haben und eigentlich nur tragen, um andere Frauen damit zu beein-

drucken, sind sie der Ansicht, wir meinten etwas völlig anderes, wenn wir sagen, wir begehren sie sexuell. Wir kommt es dazu? Oder wieso denkt er, wir wollen mehr als nur Sex, zum Beispiel eine feste Bindung oder ein Baby, obwohl wir sagen, daß wir nur ihn wollen?
Es gibt zwei Ebenen des Sprechens über den Sex: Ich will den Sex und: Ich will ihn auf diese oder jene Weise. Größere Verwirrung entsteht auf der ersten Ebene, während die Möglichkeit, einander wirklich zu verletzen, auf der zweiten größer ist. Sowohl Verwirrung als auch Schmerz sind höchst wirkungsvolle Kommunikationshindernisse. Selbst wenn sie das, was sie meint, klar zum Ausdruck bringt, hört er es unter Umständen nicht. Die Hauptfaktoren, die das, was Männer hören (oder nicht hören), beeinflussen, wenn Frauen auf Ebene eins etwas über den Sex sagen, sind der Macho-Kode des Mannes und die weibliche Täuschung.
Männer, die nach diesem Kode leben, betrachten das, was wir sagen, möglicherweise nur als Gestrüpp, durch das sie sich bei der Durchsetzung ihres *Machismo* hindurchkämpfen müssen. Dieser *Machismo* legt sogar noch mehr Wert auf das Motto »allzeit bereit« als das Handbuch für Pfadfinder. In ihrem Buch *The Intimate Male* (dt.: *Fühlst du mich? Männerphantasien*) beschrieben die Psychotherapeuten Linda Levine und Lonnie Barbach den *Machismo*, den spanischen Ausdruck für Männlichkeit, Dominanz, Mut, Potenz und Aggressivität folgendermaßen:

»*Immer* bereit zum Sex;
immer eine steinharte Erektion;
immer endloses Durchhaltevermögen;
immer die Fähigkeit zur Befriedigung der Frau.«

Das Schlüsselwort lautet »immer«, und es lastet schwer auf Männern, die zwar wissen, daß solche Forderungen nicht erfüllt werden können, sie aber trotzdem einzulösen versuchen. Der *Machismo* beeinflußt das, was der Mann hört. Sie sagt nein oder vielleicht, und er hört ja.

Dieser Kode macht aus den Geschlechtern außerdem Gegner. Er ist wild entschlossen zur Eroberung, sie versucht, sich seiner Angriffe zu erwehren. Er muß sich mit seinem eigenen Vergnügen zurückhalten, bis er ihre Bedürfnisse befriedigt hat; sie muß sichergehen, daß sie soviel wie möglich von ihm bekommt, bevor er sich endlich gehenlassen darf. Alle sind sich darüber einig, daß dies ein lächerlicher Zustand ist. Dennoch wird er weiterhin zu seinem Eroberungsdrang getrieben, und er ist nicht allein mit seiner Sturheit.

Gegner vertrauen einander gewöhnlich nicht die Wahrheit an. Sie begraben sie unter dicken Schichten manipulativer Lügen. Sie sagt, ich will erst mit dir schlafen, wenn ich dich ein bißchen besser kenne — das heißt: Ich will sicher sein, daß ich lange genug gewartet habe, bis ich mich dir hingebe und bis du von selbst zurückrufst. Der *Machisma*-Kode sieht folgendermaßen aus: *Männer sind allzeit bereit, es sei denn, irgend etwas ist mit ihnen nicht in Ordnung. Oder mit ihr. Eine attraktive Frau bekommt den Mann, den sie will, und indem sie den Sex als geeignetes Mittel einsetzt, werden auch ihre Bedürfnisse durch ihn befriedigt.*

Nein, wir Frauen meinen nicht immer, was wir sagen, und wir sagen auch nicht immer, was wir meinen. Viele Männer haben mir gestanden, daß sie folgendes hören, wenn wir über den Sex reden: Unaufrichtigkeit; Manipulation; alles andere als erotische Bedürfnisse; Verachtung oder Mißtrauen oder Ablehnung; manchmal auch positive Gefühle wie Zuneigung, Begehren oder Liebe. Bisweilen gründen sich ihre Annahmen ausschließlich auf den Klang des Gesagten und nicht auf den Inhalt. Ein Mann erzählte mir: »Ich bin plötzlich zu ganz anderen Erkenntnissen darüber gelangt, was eine Frau mir eigentlich sagen wollte, als sie anfing, mir übers Haar zu streicheln.«

Die wohl häufigste Frage über die sexuelle Kommunikation ist:

»Warum sagen Frauen immer, sie schlafen nicht gleich am ersten Abend mit einem Mann, wenn sie es ganz offensichtlich doch tun?«

»Ich bin vierzig, geschieden und schon ganz schön in der Welt herumgekommen. Kürzlich habe ich eine attraktive Blondine Ende Dreißig in einer schicken Bar hier in der Gegend kennengelernt. Nachdem sie mir versichert hatte, daß sie eigentlich nie in Bars geht und Männern (in den Bars, in die sie nie geht) auch nie ihre Telefonnummer gibt, tat sie genau das. Ich habe sie angerufen. Bei unserer ersten Verabredung erklärte sie mir schon nach fünf Minuten, daß sie bei der ersten Verabredung noch nicht mit einem Mann schläft. Ein paar Stunden später erwiderte sie meine Küsse bereits voller Leidenschaft. Sie legte ihre Hand auf meine Hose, die sich über meinem steifen Schwanz wölbte, und drückte so lange, bis ich nur noch nach Luft schnappte. Als sie mir den Reißverschluß aufmachte, faßte ich das als Signal dafür auf, daß sie genau das tun wollte, was sie eigentlich nicht tut. Die Frau war ein grandioser Fick. Ich beklage mich nicht. Aber warum sagen Frauen immer noch nein, wenn sie eigentlich ja meinen?«

Ich kann mir schon vorstellen, welche Gedanken die Blondine in ihm wecken wollte: daß sie nicht mit *jedem* schläft, den sie gerade erst kennengelernt hat, und daß er etwas Besonderes ist. Wahrscheinlich war er das sogar. Offenbar passiert so etwas nicht nur in Romanen und Filmen. Die meisten von uns erinnern sich doch an einmal, oder? Oft jedoch mißtraut er ihrer plötzlichen Kapitulation und damit auch ihren Versuchen, ihm weiszumachen, er sei etwas ganz Besonderes gewesen.

»Ich habe eine großartige Beziehung mit einer Frau gehabt, die gleich am ersten Abend mit mir ins Bett gegangen ist«, erzählt Eric, ein fünfunddreißigjähriger Single. »Sie hat mir erst Monate später gesagt, daß sie das noch niemals zuvor gemacht hatte, und das glaubte ich ihr auch. Wahrscheinlich hätte ich es ihr nicht geglaubt, wenn sie es mir damals gesagt hätte. Aber uns war von Anfang an klar, daß wir uns auf ganz besondere Weise zueinander hingezogen fühlten. Ich bin froh, daß keiner von uns es durch etwas verdorben hat, was man als Lüge hätte auffassen können.«

Männer reagieren noch immer voller Überraschung, Entrüstung, Entsetzen oder Bestürzung, wenn sie genau die Dinge tut, die sie behauptet, nicht zu tun. Die Doppelmoral ist schwächer geworden, aber noch nicht völlig bezwungen. Die Männer handeln noch immer nach dem Macho-Kode, bedrängen sie und erwarten gleichzeitig von ihr, daß sie die eigentliche Verführung hinauszögert — so lange, bis die Lust unerträglich stark geworden ist, was selten bei der ersten Verabredung passiert. (Nein, das ist nicht fair. Schließlich sprechen wir hier über die Realität und nicht über Fairneß.)

Wenn der Mann der Frau nicht glaubt, daß er der einzige

ist, mit dem sie gleich am ersten Abend ins Bett gegangen ist, glaubt er wohl auch kaum jene andere Superlative wie der beste oder der größte.

»Wenn eine Frau mir erzählt, ich bin der beste Liebhaber, den sie je gehabt hat«, sagt ein vierzigjähriger Chauffeur aus dem Mittleren Westen, »dann weiß ich, daß sie lügt. Das kann man möglicherweise glaubwürdig behaupten, wenn man eine Weile zusammen ist und sich wirklich liebt. Es entspricht dann vielleicht immer noch nicht der Wahrheit, aber jedenfalls klingt ein solches Bekenntnis dann glaubwürdiger. Sonst denke ich womöglich, eine Frau, die mich mit Komplimenten überschüttet, weil ich so gut im Bett bin, sagt so etwas zu jedem x-beliebigen Mann. Sie hat dann wahrscheinlich mehr intime Bekanntschaften hinter sich als ich. Und die Schmeichelei gehört einfach zu ihren Tricks.«

Ein Computeranalytiker aus Pittsburgh ist anderer Meinung: »Manchmal haben zwei Leute sofort die gleiche Wellenlänge, und zwar emotional und körperlich. Das ist das Beste überhaupt. Wir Männer sollten akzeptieren, daß eine Frau uns für den Besten hält, weil sie starke Gefühle für uns hat und das, was sie sagt, wirklich von Herzen kommt.«

Aber die Lüge mit der Penisgröße ist etwas, was Männer nicht verzeihen.

Ein geschiedener Architekt Mitte Vierzig meint: »Eine Frau hat mir alles verdorben, als sie gesagt hat: ›Mein Gott, ist der groß! Aber er wird mich doch nicht beißen, wenn ich ihn anfasse, oder?‹ Erstens ist er nicht groß, sondern einfach Durchschnitt. Warum mußte sie lügen und so die ganze Atmosphäre zerstören? Zweitens hat sie mich an meine Exfrau erinnert, die mir immer mit der folgenden Frage auf die Nerven gegangen ist, wenn sie mit mir schlafen wollte: ›Na, darf dein kleiner Peter rauskommen und ein bißchen spielen?‹«

Die zweithäufigste Frage über die sexuelle Kommunikation ist:

Hat sie mir ihre Bedürfnisse nur vorgespielt?

»Kürzlich hat eine Frau, die ich schon eine ganze Weile oberflächlich kenne, mir einen eindeutigen Antrag gemacht. Sie hat mich in der Arbeit angerufen und gesagt: ›Wie wär's, wenn wir miteinander schlafen — keine Bindung, nur Sex.‹ Bevor sie mich gefragt hat, war ich mir nicht so sicher, ob ich mit ihr schlafen wollte oder nicht. Aber welcher Mann schlägt ein solches Angebot schon aus? Mir ist so etwas zum ersten Mal passiert, und in unserer Zeit der sexuellen Paranoia war es vielleicht auch das letzte Mal. Im Bett war sie dann hyperaggressiv, wie eine Heldin aus einem harten Krimi, die sich den Mann einfach nimmt, wenn sie Lust dazu hat. Das hat mich zuerst ein bißchen abgeschreckt, aber dann hab' ich mich wieder ganz gut gefangen. Sie ist ein paarmal gekommen. Jetzt, sagt sie, hat sie kein Interesse mehr an einem Schäferstündchen mit mir, weil der Sex nicht so besonders war. Könnten Sie mir das bitte erklären? Wollte sie etwa doch mehr?«

Möglicherweise war er nicht gerade ein Superliebhaber, weil er dabei keine besonderen Gefühle entwickelte. Vielleicht wollte seine Verführerin ihn lieber schonen, statt ihm zu sagen: »Du bist ein lausiger Liebhaber.« Oder vielleicht hoffte sie auch, daß aus dem arrangierten Sex mehr werden würde, weil sie ihn begehren wollte. Die Unehrlichkeit ging möglicherweise auf ihr Konto, aber ganz gewiß auf das seine.

Er hätte nein oder vielleicht sagen sollen und nicht ja, denn er hatte ja kein so großes Interesse daran, mit ihr zu schlafen. Aber Männer können unglücklicherweise nicht nein sagen. Sie glauben, daß sie die Bitte einer einigermaßen attraktiven Frau genausowenig ausschlagen können wie das Brathähnchen, das ihnen die Großmutter auf dem Lande anbietet. Egal, ob sie den Sex wollen oder nicht — sie glauben jedenfalls, daß sie auf Befehl oder doch zumindest auf eine Bitte hin etwas zuwege bringen müssen. Wenn die Erfahrung sich dann als nicht gerade außergewöhnlich herausstellt, beginnen sie, ihre Motive argwöhnisch zu überdenken.

Mit einem Mann ins Bett zu gehen, der nicht nein sagen kann, ist etwas anderes, als mit einem Mann zu schlafen, der begeistert zustimmt. Sie darf ihn nicht zuerst anrufen, es sei denn, er ruft aus einem guten Grund nicht an — zum Beispiel: Sie ist seine Chefin oder mit seinem Bruder verheiratet. Ein ungebundener Mann wird schon auf eine ungebundene Frau zugehen, wenn seine Lust groß genug ist. Man kann sich nicht darauf verlassen, daß er nein sagt.

Ein Professor Mitte Vierzig ist anderer Meinung, was Frauen anbelangt, die dreist ein intimes Stelldichein vorschlagen und sich dann gegen eine Wiederholung sträuben: »Manche Frauen halten die Eroberung für wesentlich. Es ist fast wie bei einem umgekehrten ›Liebe ihn und dann verlasse ihn‹-Szenario. Manche Dinge brauchen einfach Zeit, um sich zu entwickeln, besonders Gefühle und Bindungen. Oft verursacht ein Zuviel oder ein Zuschnell ein sofortiges Nachlassen des Interesses. Ich habe mehr als nur eine Frau kennengelernt, die sich nicht die nötige Zeit nehmen wollten. Sie sind der Meinung, daß der Sex auf der Stelle phantastisch sein soll — sonst suchen sie sich einen Neuen. Die Männer sind nicht die einzigen, die das machen.«

Warum setzen Frauen den Sex noch immer ein, um das von den Männern zu bekommen, was sie wollen?

»Ich hab' neulich abend zusammen mit einem Freund zu Abend gegessen«, sagt der neununddreißigjährige Juan, der nach fünfzehn Jahren Ehe nun schon seit drei Jahren geschieden ist. *»Er hat mich gefragt, wie's mir nach meiner Scheidung so geht. Ich hab' geantwortet, alle Frauen, die ich kennenlerne, wollen irgend etwas von mir. Man kann sie richtig in Typen einteilen: Das Supermiststück will einen beim Sex nur bis auf den letzten Tropfen aussaugen, alles andere interessiert sie nicht. Die Zukünftige will deinen Namen, dein Sperma und dein Einkommen, bevor sie zu alt ist, um Kinder zu kriegen. Und die Ehebrecherin ist grundsätzlich ganz zufrieden mit dem Sex, den sie zu Hause bekommt, aber es schadet ja nicht, sich auch sonst noch ein bißchen umzuschauen. Wenn du mehr Geld verdienst als ihr Mann, will sie dich. Mein Freund hat nur mit dem Kopf genickt und nicht widersprochen.«*

Aber ich habe Juan widersprochen. Oder haben Sie etwa gedacht, ich nehme es einfach so hin, wenn er die Frauen kurzerhand in drei Kategorien einteilt? Ich habe Beispiele verlangt. Und er konnte sie mir erzählen:

»Ich hab' gleich bei der ersten Verabredung gemerkt, daß Suzanne ein Supermiststück ist«, sagte er. *»Sie ist intelligent und hat Humor — ich hab' noch nie im Leben so viel Spaß gehabt —, sie aber will unbedingt hart sein. Wir haben gleich am ersten Abend miteinander geschlafen. Sie ist sensibel auf mich eingegangen, aber danach hat sie sich zurückgezogen. Am nächsten Morgen hat sie mich ziemlich Hals über Kopf vor die Tür gesetzt. Das hat mich verletzt. Ich wollte an diesem Morgen noch einmal mit ihr schlafen, aber sie war kalt und hat mich abgewiesen. Ein paar Tage später hat sie mich angerufen. Sie war wieder lieb und einfühlsam, weil sie geil war. Vielleicht glauben Sie, daß Männer sich nie sexuell ausgenutzt fühlen, aber das stimmt nicht. Einerseits ist es natürlich schmeichelhaft, zu wissen, daß man eine sexuell anspruchsvolle Frau befriedigen kann; andererseits ist es aber auch entwürdigend.«*

Dann waren da noch die alleinstehenden Frauen, die nicht mit ihm schlafen wollten, bevor sie nicht das Gefühl hatten, daß die Beziehung ein Ziel hatte — nämlich die Heirat. Und die leidenschaftlichen Neofeministinnen, die gleiche Rechte am Arbeitsplatz, bevorzugte Behandlung bei der Bezahlung der Restaurantrechnung und wiederholte Orgasmen verlangten.

»Die letzte verheiratete Frau, mit der ich es zu tun hatte, war wütend, weil ihr Mann nicht das Haus baute, das er ihr versprochen hatte. Der Sex mit ihm war in Ordnung, aber sie wollte das Haus. Sie sagte, sie würde ihn meinetwegen verlassen, nachdem ich ihr erzählt hatte, daß ich ein Haus kaufen wollte. Sie sagte, sie würde im Bett Dinge mit mir machen, die noch nie zuvor eine Frau mit mir gemacht hatte.«

Juans Geschichte mag extrem klingen, aber verheiratete oder anders gebundene Männer beklagen sich oft, daß eine Frau ihnen ihre sexuelle Gunst nur dann gewährt, wenn sie sich materiell erkenntlich zeigen. (Viele Männer glauben sogar, daß das Geldausgeben ihre erotischste Fähigkeit ist.) Auch sie geben zu, daß die eine Hand die andere wäscht, denn Cunnilingus läßt sich gut gegen Fellatio eintauschen, ein ausgedehntes, zärtliches Beisammensein danach gegen bestimmte Lieblingsstellungen oder die Erlaubnis, in ihrem Mund oder auf ihrem Körper zu ejakulieren. Die meisten Männer jedoch schrieben von Partnerinnen, die ihre sexuelle Gunst für materielle Güter oder Dienste außerhalb des Schlafzimmers gewährten. Ein Mann schenkte seiner Frau zu Weihnachten ein Diamantarmband, und sie antwortete mit folgender Notiz: »... Berechtigt den Inhaber dazu, daß ihm im kommenden Jahr zweiundfünfzigmal einer geblasen wird ...«

»Wenn eine Frau den Sex bewußt einsetzt, damit sie den Mann zu einem bestimmten Verhalten bringt, manipuliert sie ihn«, sagt der siebenunddreißigjährige Matt. »Du hörst das ganz genau, wenn sie fragt, ob sie deine Eier in den Mund nehmen soll — dabei weißt du doch, daß sie das haßt. Du weißt, daß du noch dafür zahlen wirst. Ich vertraue bei einer Frau inzwischen nur noch auf die reine sexuelle Lust. Wenn eine Frau genauso geil ist wie ich und mir sagt, wie sie's möchte, tu ich ihr gern den Gefallen. Ich geb' ihr dann mehr, als ich selber kriege, solange es dabei wirklich um Sex geht.«

»Frauen setzen den Sex zu oft zur Erpressung ein«, schreibt ein Unternehmer aus dem Nordosten der Staaten. »Durch dieses Verhalten verstärken sie nur noch die ganzen alten Klischees. So haben sie letztendlich die Kontrolle über alles – und wenn Sie mich fragen, sind die Frauen auch gar nicht bereit, diese Kontrolle abzugeben. Sie sind noch immer diejenigen, die darüber entscheiden, ob es nun zum Sex kommt oder nicht, wie er aussieht, und wo und wann er stattfindet. Wenn in der Liebe wirklich Gleichberechtigung herrschen würde, hätten sie doch sicher nicht die ganze Kontrolle, oder?«

Nicht alle Männer schrecken vor emotional oder finanziell anspruchsvollen Frauen zurück. Manche Männer erregt es sogar, wenn sie glauben, daß eine Frau von ihnen abhängig ist oder es gerne wäre. Doch selbst solche Männer hätten gerne das Gefühl, daß der Sex von jenem anderen Bedürfnis unabhängig ist.

»Man hört es einer Frau an der Stimme an, wenn sie einen Mann braucht, um ihr Leben ganz auszufüllen«, sagt der neunundzwanzigjährige John. »Vielleicht tut sie fürchterlich unabhängig, aber irgendwie zittert ihre Stimme dann ein bißchen und verrät sie. Sie setzt den Sex nicht bewußt ein, um dem Mann die unterschiedlichsten Kleinigkeiten zu entlocken. Für sie ist der Sex eher die Bühne, auf der sie die Rollen spielt, die ihrer Meinung nach den Mann für sie gewinnen kann. Sie hat alle wichtigen Bücher zu dem Thema gelesen und hält sich bis zur dritten Verabredung zurück; deinen Schwanz nimmt sie erst beim vierten oder fünften Mal in den Mund und so weiter. Sie versucht den Mann von dem Augenblick an zu gewinnen, wo sie ihm die Hand ganz leicht auf den Arm legt. Nicht die geringste Spur von Impulsivität!«

Der neunundvierzigjährige Arthur sagt: »Ich gehe inzwischen immer häufiger mit Frauen Ende Vierzig aus, die sich nach einer Altersversorgung umsehen. Wenn sie sagen, daß sie den Sex mögen, ihn aber für eine besondere

Gelegenheit aufsparen wollen, meinen sie damit den Tag, wo der Mann sie als Begünstigte seiner Lebensversicherung einsetzt. Können Sie sich den Sex mit einer Frau vorstellen, die ihn nur als Weg zur Altersversorgung sieht? Sie beruhigt den Mann, wenn er Angst hat, er könnte impotent sein — und hofft wahrscheinlich bereits darauf, wenn er noch die Unterhose anhat.«

Der vierunddreißigjährige Bob sieht die Frauen, mit denen er ausgeht, als »biologische Zeitzünder, die zwischendurch mal ein Plätzchen für meinen Schwanz haben«. Er sagt: »Ich kann verstehen, daß Frauen tiefe Bedürfnisse und Wünsche haben, die nichts mit dem Sex zu tun haben. Genau wie wir Männer. Ich verstehe allerdings nicht, warum sie all ihre Bedürfnisse durch Männer befriedigen wollen — und warum sie den Wunsch nach der Ehe oder einem Kind oder einem besseren Einkommen nicht vom Sex trennen können. Wenn ich mit einer Frau schlafen will, vergesse ich meine beruflichen Frustrationen. Das tut sie nicht immer. Vielleicht läuft in ihrem Hinterkopf dabei immer die folgende Leier ab: ›Wenn der Sex gut klappt, heiratet er mich. Dann kann ich meinen Beruf aufgeben und bei unserem Kind bleiben.‹«

Warum wirken manche Frauen abweisend, selbst wenn sie einen Mann anmachen?

»Mag sie bloß mich nicht, hat sie allgemein was gegen Männer oder was? Ich bin dreißig, und viele von den Frauen, mit denen ich zusammen war — sie sind alle so zwischen neunzehn und fünfunddreißig —, haben die Beziehung mit mir wie einen Kampf begonnen. Sie nehmen mich auf den Arm und machen sich über mich lustig und zeigen mir ständig die

kalte Schulter. Und wenn ich dann genauer hinschaue, sehe ich, daß ihre Brustwarzen ganz hart sind. Gewöhnlich sind solche Mädchen im Bett das reinste Dynamit. Oft sind sie erstaunlich sanfte und einfühlsame Geliebte. Warum muß alles, was sie sagen, so zynisch und aggressiv klingen? Warum können sie nicht einfach nur ein bißchen flirten? Den Männern wird immer vorgeworfen, daß sie nicht sagen, was sie meinen, aber die Frauen sind in dieser Hinsicht manchmal noch schlimmer.«

Tja, wir leben eben in einer zynischen Zeit, mein Lieber. Wahrscheinlich glaubt sie sogar, daß sie flirtet. Vielleicht hat sie das richtige Alter zum Flirten erst dann erreicht, als die Frauenrechtlerinnen es nicht mehr so gerne sahen. Und dann ist die ganze Sache wieder in Mode gekommen. Woher hat sie ihre Technik? Aus Comics und der x-ten Wiederholung im Fernsehen, die sie sich an den seltenen Abenden angeschaut hat, wo sie am nächsten Morgen nicht schon wieder in aller Frühe ins Büro mußte. Also, habe ich bißchen Geduld mit ihr.

Hier sind die zehn Hauptgründe, warum Frauen Männer gleichzeitig abweisen und anmachen:

10. Sie träumt lieber und/oder masturbiert, als es mit einem richtigen Mann zu machen — bis sie sich ganz sicher ist, daß er sie nicht enttäuschen wird.

9. Sie setzt ein aggressives verbales Feuerwerk in Gang, um einen möglichen Liebhaber einer Belastungsprobe zu unterziehen.

8. Sie will wirklich mit keinem Mann schlafen, bis ihre Oberschenkel wieder dünner sind.

7. Sie glaubt das, was die Medien über den Tod des Sex sagen.

6. Sie beklagt sich bei ihren Freundinnen gerne über den Mangel an guten Männern, so daß sie es nicht riskieren möchte, ihren angestammten Platz unter den Klageweibern zu verlieren, wenn sie herausfinden sollte, daß eigentlich mehr ganz gut sind.

5. Sie ist zu schüchtern, um über den Sex zu sprechen, also versetzt sie Ihnen statt dessen lieber verbale Schläge.

4. Sie hat gerade keine Kondome zur Hand und will Sie hinhalten, bis sie sich heimlich welche beschaffen kann.

3. Sie will Sie so einschüchtern, daß Sie nichts mehr dagegen haben, wenn sie oben liegt.

2. Sie hat Angst vor ihrer eigenen gewaltigen Leidenschaft, die Sie erweckt haben.

Und der Grund Nummer eins: sie will sich genausowenig verlieben wie Sie. Vielleicht hat sie Ihnen die Sache mit Ihrem Wunsch nach einer festen Bindung tatsächlich abgekauft.

Auch Männer verhalten sich oft abweisend — allerdings selten, wenn sie eine Frau verführen wollen. Sogar die abgebrühtesten Nörgler geben sich sanft, wenn sie mit ihr ins Bett wollen. Frauen, die aggressive Dinge sagen, während sie eigentlich Signale der Lust entsenden, tun dies wahrscheinlich, um echte Gefühle zu überspielen, die sie fürchten, nicht in den Griff zu bekommen — oder auch, um einen Mann abzuweisen, ohne direkt nein sagen zu müssen. Aber dadurch verwirren sie die Männer oft oder verletzen sie.

»Ich erwarte ja nicht, daß eine Frau gleich sagt: ›Na los, laß uns zusammen ins Bett gehen‹«, meint der siebenunddreißigjährige James, »aber ich glaube, daß sie zumindest den einen oder anderen verbalen Hinweis geben könnte. Ich habe zum Beispiel sechs Monate lang neben einer schönen Frau gearbeitet, die mir immer wieder gesagt hat, daß ich nicht ihr Typ bin, und mir ihre anderen Liebhaber knallhart beschrieben hat. Nachdem sie in eine andere Stadt versetzt worden war, hat mir eine Freundin von ihr erzählt, daß sie eigentlich scharf auf mich war. Mein Gott, ich hätt' so gerne mit ihr geschlafen, aber ich hab' Angst gehabt, ihr das zu zeigen.

Sie war die Sorte Frau, wo man Angst hat, wenn sie deinen Schwanz sieht. Man ist sich sicher, daß sie einen nur auslacht.«

Manchmal klappt es allerdings auch mit der Kommunikation.

Wenn meine Partnerin mit mir über Sex redet, wird ihr Blick ganz sanft.

»Sie ist ein bißchen zu schüchtern, um meinen Penis einfach zu packen. Wenn sie mit mir schlafen will, rollt sie sich neben mir auf dem Sofa zusammen und streichelt meinen Arm, bis sich die Haare aufstellen. Im Bett sagt sie mir dann, was sie möchte. Ich bin ganz versessen drauf, wie sie mir süße, sexy Dinge ins Ohr flüstert. Wenn sie sagt: ›Bitte leck mich‹, reiß ich mir fast ein Bein aus, um sie zu befriedigen«, schreibt der Inhaber eines Haushaltswarengeschäftes in Michigan.

In manchen der zufriedenen Briefe an PENTHOUSE FORUM geht es um tatsächliche oder erträumte sexuelle Erlebnisse. Oft stecken hinter dem Lob Hinweise darauf, wie Männer hinter den prosaischsten Gesprächen über den Sex noch geflüsterte Liebesgeständnisse, einen Ausdruck der Zuneigung, Achtung, Lust oder Leidenschaft vernehmen. Häufig loben Männer die Frau dafür, daß sie ihnen sagt, was sie sich sexuell wünscht, ohne ihnen dabei das Gefühl zu geben, sie seien nicht einfühlsam genug, nur, weil sie es nicht von selbst merken. Sie können ein einfaches »Ich will dich« auf vielerlei unterschiedliche Weise verstehen, je nachdem, wie die Stimme der Frau dabei klingt, welche Gesten sie dabei macht und wie sie ihn ansieht.

»Ich reagiere eher auf die Stimme einer Frau als auf das, was sie tatsächlich sagt, wenn es um sexuelle Dinge geht«, berichtet der zweiunddreißigjährige Alex. »Wenn ihre Stimme ehrlich klingt, kann sie mich führen; dann merke ich kaum, daß sie mich führt. Wahre Begierde läßt sich nicht verbergen. Sie verleiht der Stimme wunderbare Schwingungen.«

»Ich mag es, wenn eine Frau mir genau sagt, was sie will«, meint der vierunddreißigjährige Keith. »Es erregt mich, wenn sie sagt: ›Bitte streichle meine Klitoris‹ oder ›Leck die Innenseite meiner Oberschenkel und dann meine Muschi.‹ Es würde mich nur abstoßen, wenn sie mir so etwas in gönnerhaftem Tonfall sagt, wie zum Beispiel: ›Mein

Gott, was bist du langsam, daß du das nicht merkst.‹ Wenn sie es mir dagegen auf andere Weise sagt, habe ich das Gefühl, daß sie mich wirklich will; sie hilft mir dabei, sie für mich zu gewinnen, wenn sie mich ein wenig anleitet.«

Für einen Mann gibt es nichts Schmeichelhafteres als das Gefühl, daß er tatsächlich das Objekt ihrer Begierde ist. Ich glaube nicht, daß man bei der Lust so tun kann »als ob«, genausowenig, wie man sich »bewußt« als Rührmichnichtan geben kann. Warum sollte jemand — sei es nun Mann oder Frau — auf diesem Gebiet so tun wollen als ob?

Was Sie wissen sollten, wenn sich das Gespräch um Sex dreht:

- Sagen Sie nicht nein, wenn Sie schon in zwanzig Minuten ja meinen könnten.
- Verlassen Sie sich nicht darauf, daß ein Mann etwas anderes als ja sagen könnte, auch wenn er nein meint.
- Wenn Sie die Lust nicht von dem trennen können, was Sie sich sonst vielleicht noch von einem Mann erwarten, dann gehen Sie lieber nicht mit ihm ins Bett, bis Sie wirklich nur noch an den Sex denken. Und sagen Sie ihm, daß Sie ihn wollen.
- Sagen Sie ihm nur dann, wie er Sie anfassen soll, wenn Sie sich wirklich wünschen, daß er Sie so berührt.

Kapitel 2: Die Männersprache — wie Frauen sie selten zu hören bekommen

»Was für mich toller Sex ist? Eine Frau mit einer geschickten Zunge und einer Menge Zeit. Ich möchte, daß sie mit ihrer Zunge um meinen Schwanz kreist und sich dabei besonders der Öffnung fürs Pinkeln widmet. Dann soll sie mit der Zunge entlang der Vene auf der Unterseite des Schaftes hin und her fahren. Ich möchte, daß sie so lange an mir herumleckt und an mir saugt, bis es an meinem Schwanz und an meinen Eiern kein trockenes Fleckchen mehr gibt. Ich hab's gern, wenn meine Schamhaare zwischen ihren Zähnen stecken, und dann drücke ich ihr mit den Knien die Beine auseinander und befriedige sie mit den Zehen.« — Ein neunundzwanzigjähriger Systemanalytiker aus dem Mittleren Westen.

Die Platte, die da in seinem Kopf abläuft, spielt keine Liebeslieder. Der Text ist eher schmutzig. Der Rhythmus ist schnell und hart. Stellen Sie sich vor, daß die Rolling Stones PENTHOUSE vertonen, dann haben Sie seine Sprache des Sex, wie Sie sie selten hören. Die Frauen sind oft der Meinung, daß es Männer, die sich so ausdrücken, nur im dreckigen, verschwitzten Milieu drittklassiger Filme gibt. Falsch gedacht.
Solche Männer sind schlicht und ergreifend jedermann.

»Bis vor wenigen Jahren war das noch die einzige Art und Weise, wie Männer sich über den Sex auszudrücken wußten«, sagt ein sechsunddreißigjähriger Psychologe von der Westküste. »Heutzutage beherrschen viele von uns auch die einfühlsame Sprache des Sex. Wir sind in der Lage, diese Worte auszusprechen — wenn auch mit einem unterschiedlichen Grad an Ehrlichkeit und Wohlbehagen. Aber ich kenne, außer in Filmen und Romanen, keinen einzigen Mann, der auch mit anderen Männern so reden könnte. Wir sitzen einfach nicht herum und sagen: ›Die Erde hat zu beben begonnen, als ich gestern nacht meine Angebetete geliebt habe.‹
Männer denken ziemlich schnell an den Penis. Aber sie sprechen, anders als die Frauen, nur selten vom Sex, von der Liebe zwischen zwei Menschen. Sie reden ganz anschaulich über rein physische Vorgänge, über die Zusammenfügung verschiedener Körperteile.«
Männer sprechen untereinander und mit Frauen, die sie wahrscheinlich nicht kennen, so über den Sex. Sie haben in Restaurants oder Bars oder auf Partys sicher schon solche leisen Gespräche zwischen Männern aufgeschnappt: »Schau dir mal diese Titten an. Würd' ich jetzt gern dran saugen. Die Brustwarzen sind schon ganz hart. Na komm schon, red mit ihr. Die hat doch schon 'nen ganz feuchten Slip.« Sie rümpfen dann die Nase und gehen schnell weiter.
Oder noch schlimmer: Irgendwelche Männer machen Sie auf der Straße an. »Na, Baby, du siehst aber gut aus... Baby, ich könnt' dafür sorgen, daß es dir auch gutgeht, ich könnt' dir's machen, wie dir's noch keiner besorgt hat, Baby. Hast du's gerne groß, Baby? Da hab' ich was für dich! Ja!« Und Sie eilen dann mit gesenktem oder in die

Ferne gerichtetem Blick weiter. Sie fragen sich, wodurch Sie ihn zu solchen Äußerungen veranlaßt haben. Ist der Rock zu kurz? Die Absätze zu hoch? Ist Ihr Dekolleté zu tief? Sie nehmen die Sprache persönlich, aber das sollten Sie nicht. An dieser Anmache ist nichts Persönliches. Die Männersprache ist unpersönliches Sprechen.

Männer schüren das Feuer einfach, um die Flamme am Lodern zu halten. Die eigentlichen Worte, die wie Holzkohle düster und kalt wirken, gelten nicht einer bestimmten Frau. Sie sollen nur das Feuer, sprich den Penis, am Glimmen halten. Vieles von dem, was Männer zu anderen Männern über die Frauen sagen oder unbekannten Frauen auf der Straße nachrufen, dient sozusagen nur der Aufrechterhaltung der »Penismoral«.

Warum können Frauen nicht verstehen, daß Männer sie auf der Straße nicht als Individuen betrachten?

»Als ich noch aufs College ging, habe ich im Sommer öfter beim Bau gearbeitet«, erzählt der dreiunddreißigjährige Jeff. »Manche von den Typen dort haben das ihr ganzes Leben lang gemacht. Andere waren Studenten oder Lehrer, die sich im Sommer ein bißchen was dazu verdienen wollten. Auf der Baustelle waren wir alle gleich. Höhlenmenschen. Ein paar Kerle, die schreckliche Angst vor den Frauen und der sexuellen Macht haben, die sie über uns ausüben. Ein paar verschreckte Kerle, die einfach in die Offensive gehen, um sich gegenseitig zu beeindrucken. Selbst wenn man nicht selber gepfiffen oder einer Frau was nachgerufen hat, hat man doch so getan, als ob man mitmacht. Keiner hätte das bei einer Frau gemacht, die er persönlich kennt.«

Männer geben nicht einmal sich selbst gegenüber gerne zu, daß sie sich manchmal über die Macht ärgern, die die Frauen über sie ausüben. Man hat ihnen beigebracht, daß sie ihre Gefühle im Zaum halten müssen; und ihre Leidenschaft, insbesondere die leidenschaftliche Liebe, läßt sich nicht so leicht im Zaum halten. Während wir mit dem Mythos vom Prinzen aufgewachsen sind, der uns eines Tages entführen wird, sind sie mit der Last des Wissens großgeworden, daß sie dieser Entführer sein werden. Wir können es uns erlauben, einfach in Ohnmacht zu fallen, aber sie müssen stark bleiben, kühlen Kopf bewahren, um uns aufzufangen. Außerdem müssen sie auf ein Zeichen von uns warten, damit sie uns überhaupt auffangen — und berühren dürfen. Manchmal verbergen sich hinter ihrer lautstarken und höchst anschaulichen Prahlerei Ärger und Gefühle, vor denen sie sich fürchten. Und so wird die unbekannte Frau zur Verkörperung und zum Ziel ihres Zornes und ihrer Angst.

»Ich erinnere mich noch, als ich jung und ziemlich abgebrannt war«, schreibt ein fünfunddreißigjähriger Ingenieur. »Ich habe ein Jahr lang als Hilfsarbeiter gearbeitet, um mir das Geld zusammenzusparen, damit ich das College abschließen konnte. Ich weiß noch, wie zornig ich auf all die schönen Frauen war, die an mir vorbeigingen, ohne mich eines zweiten Blickes zu würdigen. Ich war verdreckt, und ich stank. Und was noch wichtiger war: ich konnte sie mir nicht leisten. Ich schäme mich jetzt dafür, aber damals habe ich sie manchmal ›Mösen‹ genannt, so laut, daß sie mich hören konnten. In dem Jahr habe ich eine ganze Menge über analen Sex phantasiert. Ich wollte ihn ihnen ganz reinrammen und sie dazu bringen, daß ihnen das gefällt. Junge Männer ohne Geld sind oft wütend

auf schöne, sexy junge Frauen, die nur solchen Männern ihre Gunst gewähren, die sie sich leisten können.«
Die Neigung zu rauher, derber Sprache beschränkt sich jedoch nicht nur auf die Arbeiter. Auch Männer, die normalerweise einen höflichen Umgangston pflegen, verhalten sich ganz ähnlich. Doch gerade die Männer, die einer völlig fremden Frau auf der Straße sagen, wie sie es ihr gerne besorgen würden, reden mit ihren besten Freunden nur selten über den Sex mit ihrer Frau oder Freundin. Anders als Frauen vertrauen sie einander keine intimen Einzelheiten an. Viele von ihnen empfinden unsere eigene Bereitschaft dazu als peinlich oder abstoßend.

Warum verstehen Frauen nicht, daß der Sex eine private Sache ist?

»*Manche Dinge gehen nur den Mann und die Frau selbst etwas an. Es stört mich, wenn Frauen über solche Dinge reden. Das erste Mädchen, in das ich mich an der High-School verliebt hatte, hat mehreren anderen Mädchen von unserem ersten Kuß erzählt. Und eines von den anderen Mädchen hat es dann wieder mir erzählt. Ich weiß noch ganz genau, wie peinlich mir das gewesen ist. Ich bin nie mehr mit dem Mädchen ausgegangen, obwohl ich sie so gerne berühren wollte, daß mir manchmal fast die Luft wegblieb. Sie hat mir einen Zettel geschrieben, um sich zu entschuldigen, und den habe ich dann im Mathekurs herumgehen lassen. Ich wollte es ihr heimzahlen. Ich erinnere mich noch ganz genau an das Gefühl. Es kommt ab und zu wieder, wenn ich höre, wie meine Frau am Telefon mit einer ihrer besten Freundinnen redet. Manchmal habe ich dann den Verdacht, daß es um Sex geht, unseren Sex*«, schreibt ein vierzigjähriger Manager aus dem Mittleren Westen.

Männer fühlen sich nicht wohl dabei, wenn sie auf dieselbe persönliche und doch distanzierte Weise über den Sex reden sollen. Wir beschuldigen sie manchmal der Gefühllosigkeit, weil sie ihre Emotionen nicht so ausdrücken können wie wir. Aber sie haben diese Gefühle trotzdem. »Mein Gott, ob wir Gefühle haben...«, schreibt ein Jurist, der gerade erst sein Studium abgeschlossen hat. »Manchmal komme ich mir bei Frauen vor wie ein Tauber, der versucht, sich bei den Hörenden verständlich zu machen. Der eine von uns spricht mit dem Mund, der andere mit den Händen, und wir verstehen einander nicht.«

Männer haben Probleme dabei, uns ihre sexuellen Gefühle zu übermitteln, doch bei männlichen Freunden ist es ihnen fast völlig unmöglich. Sie haben keinerlei Möglichkeit, Informationen auszutauschen und sich über Ängste oder Schuld zu unterhalten. Als junge Männer geben sie an und werfen sich in Pose. Als Erwachsene achten sie den Kode des Gentleman und bewahren Stillschweigen über die Frauen, die sie lieben. Die anderen, die, die sie nicht lieben, werden reduziert auf eine recht anschauliche Sammlung einzelner Körperteile.

»Frauen verstehen oft nicht, daß (ein Mangel an Ausdrucksmöglichkeiten) nichts mit... einer Sturheit der Männer zu tun hat«, sagt Bernie Zilbergeld, ein bekannter Psychologe von Human Sexuality Program an der University of California in San Francisco in dem Buch *Male Sexuality* (dt.: *Männliche Sexualität. Was (nicht) alle schon immer über Männer wußten...*). »Wir hatten und haben einfach noch immer nicht die Erlaubnis dazu, uns so auszudrücken, wie die meisten Frauen es tun. Uns war es nicht einmal gestattet, uns selbst all jene Emotionen ein-

zugestehen, die als unmännlich gelten, was dazu geführt hat, daß wir nicht in der Lage sind, sie zu erkennen und zwischen ihnen zu unterscheiden... Nach den Vorbildern, mit denen wir aufgewachsen sind, haben diese Gefühle den Beigeschmack des Weiblichen.«
Männer wachsen in dem Glauben auf, daß echte Männer nicht so über den Sex reden wie Frauen. Aber sie haben auch in jungen Jahren bereits gelernt, daß die Frauen, die ihnen wichtig sind, von ihnen wenigstens ein paar Worte erwarten. »Man sagt ihnen einfach, was sie hören wollen«, schreibt ein sechsundzwanzigjähriger Buchhalter. »Und was sie hören wollen, ist Liebesgeflüster, nicht Sex. Der Mann will Sex — und redet über die Liebe. Damit ist jeder zufrieden.«

Männer stellen oft die folgende Frage über die Lüge in der Liebe:

Wissen die Frauen denn nicht, daß sie die Männer dazu zwingen, sie anzulügen?

»Was mich am Thema Frauen und Sex am meisten stört, ist die Tatsache, daß sie die Sache nicht einfach so belassen können, wie sie ist. Man verliebt sich eben nicht immer. Ich habe das Gefühl, daß viele Frauen sich verlieben wollen, bevor sie sich einem Mann wirklich öffnen. Das ist ein Teufelskreis. Wie soll ich mich verlieben, wenn man sich nicht öffnet? Und wie soll man sich öffnen, ohne daß man miteinander schläft? Solange eine Frau für einen Mann nichts empfindet, geht sie mit ihm auch nicht ins Bett. Also lügt sie sich selbst an wegen ihrer Gefühle. Ich liebe dich, Baby. Ich ruf' dich an, Schatz. Ja, ja!« schreibt ein New Yorker Computeranalytiker.

Männer sind Frauen gegenüber genausowenig ehrlich wie umgekehrt. Wir lügen sie manchmal an und behaupten, wir wollen Sex, wenn wir uns eigentlich nur Liebe oder materielle Sicherheit wünschen, und sie lügen uns manchmal genauso an, wenn sie behaupten, sie lieben uns oder wollen uns wiedersehen, wenn sie eigentlich nur auf ihre sexuelle Befriedigung aus sind oder waren. Eine erstaunlich große Anzahl von Männern hat keinerlei Skrupel, uns die folgenden drei Grundlügen zu erzählen, wenn wir sie hören »wollen«: Ich ruf' dich an. Ich liebe dich. Du bist die einzige für mich. Vielleicht glauben die Männer, daß diese Lügen besser klingen als der Text, der eigentlich in ihrem Kopf abläuft: *Ich würde dir gern meinen Schwanz reinstecken...*

Die Redakteurin einer Frauenzeitschrift sagte mir neulich: »Jede Nummer mit einer Titelgeschichte, die verspricht, endlich das Rätsel zu lösen, warum er nicht anruft, obwohl er es doch versprochen hat, verkauft sich gut. Die Frauen zerbrechen sich immer wieder den Kopf über diese Frage, besonders, wenn sie mit ihm ins Bett gegangen sind und er *danach* nicht angerufen hat.«

»Was sollen wir denn zu einer Frau sagen, mit der wir gerade geschlafen haben?« fragt ein Zahnarzt aus dem Süden. »›Laß uns zum Essen gehen? Wir wollen uns bald wieder treffen, ja?‹ Manchmal schläft man mit einer Frau, weil man ihr weisgemacht hat, daß man sich stärker für sie interessiert, als man das eigentlich tut. Und selbst wußte man vielleicht gar nicht, wie groß das Interesse sein würde, bis man mit ihr geschlafen hat. Möglicherweise war die Sache gar nicht so toll, aber beide lassen sich doch darauf ein. Man ruft sie dann wahrscheinlich nicht mehr

an, weil man sich nicht sonderlich zu ihr hingezogen fühlt.
Frauen sehen darin gerne eine Eroberung und verurteilen die Männer für ihren Eroberungswillen — oder sie machen sich selbst Vorwürfe, weil sie sich zu schnell haben ›rumkriegen‹ lassen. Sie denken: ›Wenn ich bloß bis zur dritten Verabredung gewartet hätte, wie es im GLAMOUR-Magazin immer heißt, hätte er sich sicher in mich verliebt.‹ Nicht unbedingt. Drei Verabredungen oder fünf oder auch sechs sind noch keine Garantie, daß alles gut läuft. Frauen interpretieren zuviel in die ganze Angelegenheit hinein. Es geht erst einmal nur um den reinen Sex. Keine Frau hört das gerne, besonders heute, wo man doch von uns allen soviel mehr Einfühlungsvermögen erwartet als früher. Also lügt man und sagt: ›Ich ruf' dich an.‹«
Manche Männer gehen sogar soweit zu sagen: »Ich liebe dich« oder »Ich glaube, ich hab' mich in dich verliebt«, um eine Frau ins Bett zu bekommen. Vielleicht machen sie sich deshalb Vorwürfe. Dann verschwinden sie wieder, weil ihnen die Sache peinlich ist. Sie denken, daß sie ihnen jedes Wort geglaubt hat und jetzt eine ernsthafte Beziehung mit ihnen erwartet.
»Ich versuche, nur beim ›Ich will dich‹ zu bleiben«, erklärt ein vierunddreißigjähriger Anwalt aus Tulsa. »Das ist wenigstens ehrlich. Nein, ich nehme zurück, was ich gerade gesagt habe. Manchmal ist nicht einmal das ehrlich. Männern fordern ab und an Sex, wenn sie eigentlich nur die körperliche Nähe wollen. Aber dann klingt man ja wie ein Kätzchen, das gestreichelt werden will.«
Zilbergeld erklärt in *Male Sexuality*: »Wir neigen dazu, alle positiven Gefühle, die wir einem anderen Menschen entgegenbringen, als sexuell zu bezeichnen. Wir alle — Män-

ner, Frauen, Kinder — brauchen Unterstützung, Bestätigung, körperliche Zuneigung, Zärtlichkeit und das Wissen, daß wir geliebt und gebraucht werden. Manchmal werden diese Bedürfnisse am besten durch sexuelle Aktivitäten befriedigt, oft dagegen auf andere Art. Aber da Männer nie gelernt haben, zwischen diesen Bedürfnissen zu unterscheiden, und da ihnen diese Bedürfnisse selbst suspekt sind — ist es wirklich in Ordnung, wenn ich nur will, daß sie mich im Arm hält, mit mir kuschelt oder mir sagt, daß sie mich mag? —, nehmen sie immer, wenn eines davon sich meldet, an, daß sie auf Sex aus sind. Durch den Sex lassen sich auch andere Bedürfnisse befriedigen, ohne daß dabei Zweifel an der Männlichkeit aufkommen müßten.«

Männer deuten alle Bedürfnisse nach körperlicher Nähe als sexuell. Der Sex ist gleichbedeutend mit dem allzeit bereiten erigierten Penis. Der Mann kann seine Bedürfnisse nur dann befriedigen, wenn dieser Penis tatsächlich bereit ist. Alles, was der Mann einer Frau sagen muß, um ihre sexuelle Gunst zu gewinnen, rechtfertigt sich durch die Ansprüche eben dieses Penis.

»Man sagt einer Frau einfach nicht, daß sie nicht die einzige ist«, schreibt ein Vertreter aus dem Nordosten der Staaten. »Sie vertraut einem nicht, wenn sie das Gefühl hat, mit der oder den anderen Frauen im Leben eines Mannes verglichen zu werden. Die Lüge läßt sich rechtfertigen, weil er sich dann wohler fühlt. Dadurch hat sie mehr Spaß am Sex. Der Mann will, daß Sex ihr genausoviel Spaß macht wie ihm, also läßt er sich auf ihre Bedingungen ein. Und glauben Sie mir: ihre Bedingungen sind weit komplexer als nur die Suche nach ihrer Klitoris.«

Wie man das, was er über den Sex sagt, übersetzt:

* Vertrauen Sie eher darauf, was er tut — wenn er Sie zum Beispiel anruft, um sich wieder mit Ihnen zu verabreden —, als auf das, was er sagt — zum Beispiel: »Ich ruf' dich an.« (Ihre Mutter hatte da schon recht: Taten sprechen lauter als Worte.)

* Fordern Sie keine Liebesschwüre oder Versprechen, wieder anzurufen. Sie bekommen sie schon — das heißt, die Versprechen. Ein Mann, der sich in die Enge getrieben fühlt, lügt und hat kein schlechtes Gewissen dabei.

* Vergessen Sie nicht: Er ist sich auch nicht sicher, was Sie eigentlich sagen.

Kapitel 3: Die neutrale Sprache — die Sprache der Autorität

»Unmittelbar vor und während des ersten Stadiums der Ejakulation (Kontraktionen der akzessorischen Geschlechtsorgane) entwickelt sich beim Mann ein Gefühl der Unvermeidbarkeit der Ejakulation... Dieses subjektive Erleben der Unvermeidbarkeit entwickelt sich, wenn sich der Samen vor dem Beginn der eigentlichen Austreibung in der Pars prostatica urethrae *ansammelt. Die zwei- bis dreifache Ausdehnung des* Bulbus corporis cavernosi urethrae, *die sich am Ende der Plateauphase einstellt, kann auch propriozeptiv zur Empfindung der Unvermeidbarkeit beitragen.*
Während des zweiten Stadiums der Ejakulation (Austreibung des Samens vor der Pars prostatica urethrae *bis zum* Orificium urethrae externum) *erlebt der Mann subjektiv zwei Phasen: 1. Eine Empfindung der Kontraktionen wird durch die regelmäßig sich wiederholenden Kontraktionen des* Sphincter urethrae *bedingt. 2. Eine spezifische Wahrnehmung des Samens erfolgt, wenn dieser aus der verlängerten und erweiterten* Pars cavernosa urethrae *unter Druck herausgepreßt wird.«* — Masters und Johnson über den männlichen Orgasmus in *Die sexuelle Reaktion.*

»Sie hat mich ganz wahnsinnig gemacht mit ihrem Lecken und Beißen und Saugen. In meinen Eiern hat es schon ganz heiß gebrodelt. Ich hab's nicht mehr länger ausgehalten,

also hab' ich voll in ihren Mund abgespritzt.« — Aus dem Brief eines FORUM-Lesers über einen seiner Orgasmen.

Die erste Passage könnte gut und gerne auf der Rückseite einer Kirchenschrift abgedruckt sein, ohne allzuviel Argwohn zu erregen, denn nur die beharrlichsten Leser würden sie überhaupt mit voller Aufmerksamkeit bis zum Ende lesen. Masters und Johnson sind wahrscheinlich die schlechtesten Bestsellerautoren der Welt. Die Tatsache, daß niemand sich an ihren Ausführungen aufgeilen konnte, hat der Sextherapie zu mehr Ansehen verholfen als dem Sex selbst. Die Wissenschaftler, die in die Fußstapfen des berühmten Paares getreten sind, schreiben zugänglicher, aber sie bedienen sich noch immer der neutralen Sprache, einer Sprache, die der Frauensprache ähnlicher ist als der der Männer. Sie beschäftigt sich mit Gefühlen, auch wenn sie sie nicht vermittelt.

Im Jahre 1978 interviewte ich Masters und Johnson für einen Artikel über die Sextherapie im ST.-LOUIS-Magazin an ihrem Institut in St. Louis. Sie sagten mir, in den frühen Tagen der Therapie sei das vorrangige Problem der vorzeitige Samenerguß gewesen. Inzwischen seien an die Stelle des vorzeitigen Samenergusses und anderer »Fehlfunktionen«, die, wie sie erklärten, durch »mangelnde Information« hervorgerufen würden und »durch einfache physische Techniken ganz leicht zu beheben« seien, ein Mangel an Begierde bei einem oder beiden Partnern getreten. Heute, mehr als ein Jahrzehnt später, stellt dieser Mangel an Begierde noch immer das Problem Nummer eins dar.

Obwohl Masters und Johnson gleichberechtigt zusammenarbeiten, waren ihre Erkenntnisse aber — zumindest ein paar Jahre lang — hauptsächlich auf die Tätigkeit von Masters zurückzuführen. Virginia Johnson erwarb ihren Doktortitel erst Jahre nach ihrem Partner. Nachdem ich sie kennengelernt hatte, konnte ich jedoch nicht mehr an ihrem umfangreichen Wissen und ihrem Einfluß auf Masters zweifeln. Ihre berufliche Gleichstellung war eine feministische Stellungnahme, die die Richtung für alle künftigen Therapien angab, und diese Richtung war von der weiblichen Ausdrucksweise geprägt. Sie versuchten, einen Ausgleich zu schaffen für den Vorwurf der Frigidität, der sich einzig und allein darauf gründete, daß die Frauen bis dahin offiziell noch nichts von der Klitoris wissen durften.

Fast alle früheren Sextherapeuten wurden am Masters and Johnson Institute ausgebildet. Nachdem diese Therapeuten — unter ihnen Lonnie Barbach, Eve Margolies und andere — allgemein anerkannt waren, schrieben sie ebenfalls Bücher, die sich vorrangig mit dem bis dahin vernachlässigten weiblichen Orgasmus und seinen nahezu unbegrenzten Möglichkeiten beschäftigten. Sie verwendeten die neutrale Sprache und brachten Erklärungen und Erläuterungen zu Papier, die den Frauen eine ganz neue Welt der Erotik eröffneten.

Diese Sprache der Autorität wurde sehr schnell zu der Stimme, auf die wir hören, wenn es um den Sex geht. Die Gründe liegen auf der Hand.

Die neutrale Sprache im Kampf zwischen den Geschlechtern

Erstens bedienen sich Mann und Frau nicht der gleichen Sprache, wenn es um den Sex geht. Die neutrale Sprache ist für beide Geschlechter offen und läßt sich verwenden, ohne daß dabei irgend jemand erregt oder verlegen werden würde. Als Mittel zur Diskussion von sexuellen Problemen oder zur Vermittlung neuer Informationen ist sie allen anderen Ausdrucksweisen überlegen. Im Bett jedoch ist diese Sprache ein wenig zu ernsthaft und zu wissenschaftlich.

»Für eine Frau ist es einfacher, über ›klitorale Stimulation‹ zu sprechen, als dem Mann zu sagen, wie er sie anfassen soll und wie schön es ist, wenn er es tut«, schreibt ein Büroangestellter aus Chicago. »Aber mir ist es lieber, wenn sie unanständige Wörter sagt. Sobald ich höre, wie eine Frau ›klitorale Stimulation‹ sagt, habe ich das Gefühl, daß sie mir einen Vortrag hält.«

Zweitens läßt die neutrale Stimme unsere Ängste bewältigbarer erscheinen. Wir akzeptieren, daß Frauen die Männer fürchten, weil sie — tatsächlich oder angeblich — körperliche, politische oder finanzielle Macht über sie haben. Wir Frauen akzeptieren jedoch nicht, daß die Männer auch Angst vor uns haben. Nach Ansicht von Zilbergeld ist »die weibliche Sexualität für den Mann ein besonders schwieriges Gebiet gewesen, denn er hat vergeblich versucht, an viele exotische und widersprüchliche Ideen darüber zu glauben, wie die Frau zum Sex steht... Unkenntnis erzeugt Zweifel und Ängste, und zu diesen Gefühlen gesellen sich andere — Neid und Zorn.«

Die Stimme der Autorität vermittelt Wissen, das dazu beiträgt, daß die Ängste aller unterdrückt werden, auch wenn männlicher Neid und Zorn sich dadurch vielleicht bewußt verstärken. »Meine Freundin glaubt alles, was sie über Männer und Sex liest, solange nur der Tonfall respekteinflößend genug ist, besonders, wenn der Artikel von einer Frau stammt«, schreibt ein Jungakademiker.

»Ich habe ihr den Brief eines Mannes an PENTHOUSE vorgelesen, der meiner Ansicht nach genau meine eigenen erotischen Erfahrungen beschrieb, wenn mir einer geblasen wird. Sie hat gesagt, richtige Männer denken nicht so, nur die Perversen, die Briefe an Sexmagazine schreiben.«

Drittens macht die neutrale Sprache den Sex gesellschaftlich akzeptabler, zum Beispiel als Thema für Bücher, Artikel oder Talk-Shows. (Fördert die Tatsache, daß Frauen das hauptsächliche Zielpublikum dieser Medien darstellen, die weibliche Ausrichtung der Sprache oder lediglich ihre schnelle Verbreitung?) Vor Masters und Johnson unterhielten sich die Frauen in ihrer eigenen Geheimsprache über sexuelle Dinge: »da unten«, »meine Tage«, »in guter Hoffnung«, sein »Ding«. Das Wort »Schwangerschaft« war im Fernsehen noch nicht einmal in den fünfziger Jahren möglich, als Lucille Ball den kleinen Ricky erwartete.

Außerdem verleiht die neutrale Sprache den Gefühlen eine akzeptable Stimme. Sie ermöglicht es dem redegewandten Mann, über seine sexuellen Gefühle mit einem gewissen Gleichmut zu sprechen. Die neue Sprache hat die Gefühle der Frau von der Ebene des Schundromans auf die der psychologischen Literatur gehoben. Und sie gab den Frauen, die sich auf dem Gebiet der Gefühle ohnehin wohler fühlen als die Männer, ein Kommunikationsmittel an die Hand.

Wie man die Lautstärke der Expertenstimme erhöht

»Der G-Punkt war der letzte Strohhalm für mich. Wissen Sie, mir ist es wirklich wichtig, daß es der Frau Spaß macht. Ich verstehe nicht, warum die Stelle, wo sie ihren Orgasmus

hat, sich alle paar Jahre ändern muß wie die Länge ihres Rockes«, schreibt ein siebenunddreißigjähriger Vertreter.

Die neue Sprache des Sex führte zu einer wahren Flut an Informationen und zu einigen Veränderungen in unserem kollektiven Denken über das Thema. Zum Beispiel betrachten heute nur noch wenige Leute den gleichzeitigen Orgasmus als *die* erotische Erfahrung; nur wenige glauben überhaupt noch daran. Die meisten Männer wissen, daß die meisten Frauen irgendeine Form der klitoralen Stimulation benötigen, um zum Orgasmus zu kommen. Nur eine Minderheit der Frauen kommt allein durch den Geschlechtsverkehr zum Orgasmus. Dem Mann gefällt es unter Umständen nicht, daß seine Frau nicht zu dieser Minderheit gehört. Manche Männer reden sich vielleicht ein, daß ihre Frau allein durch den Geschlechtsverkehr zum Orgasmus kommt, aber die meisten von ihnen akzeptieren die Tatsache, daß noch eine zusätzliche Form der Stimulation nötig ist. Mann und Frau betrachten den Orgasmus heute als Ziel, zu dem man sich getrennt, aber gleichberechtigt, aufmacht. Zuerst kommt sie und dann er.

»Ein Gentleman tut sein möglichstes, damit seine Partnerin wirklich zum Orgasmus kommt«, schreibt ein Mann aus Cleveland, der für viele andere spricht. »Das ist das Schwierigste am Sex, besonders mit einer neuen Partnerin. Der Mann will sich nicht so sehr auf die Sache einlassen, daß er dabei ihr gegenüber seine Manieren vergißt.«

Die Stimme der Autorität ist hier ganz offensichtlich vernommen worden. Unglücklicherweise haben wir unseren Preis dafür zahlen müssen. In *Re-making Love* schreiben Ehrenreich, Hess und Jacobs: »Die Experten rissen sich fast ein Bein aus, um Methoden zu entwickeln, wie Männer sich zurückhalten oder Frauen ein bißchen schneller werden können ... Sex ähnelte immer mehr dem Joggen: Es war besser, wenn man sich beim Sex nach seiner eigenen Geschwindigkeit richtete ... In *How to Make Love to a Man* (dt.: *So macht man Liebe mit einem Mann*) von Alexandra Penney kam stärker als in jedem anderen Handbuch zum Ausdruck, wie sehr sich die heterosexuellen Partner körperlich entfremdeten. Es fiel Männern und Frauen so schwer, sich gleichzeitig zu befriedigen, daß Penney ihnen den Rat gab, sich abzuwechseln, und zwar nicht am selben Abend, sondern an unterschiedlichen Tagen. Die Frau sollte dem Mann an einem Abend geben, was immer er sich wünschte, und er sollte sich dann an einem anderen revanchieren ... Das war Sextheater, und die Regieanweisungen ließen so wenig Spielraum, daß kaum noch eine Möglichkeit zu spontanen heterosexuellen Regungen bestanden.«

Es war sogar noch weniger Spielraum für die männliche Stimme des Sex, die als vulgär, derb, grob und technisch unpräzise galt. Frauen wollten letztlich nicht hören, wie der Mann seinen eigenen Orgasmus beschrieb, und seine Phantasien in allen plastischen Einzelheiten teilen. Und noch schlimmer: sie wollten auch gar nicht die Wahrheit darüber erfahren, was die Männer wirklich anmacht.

Zensur der Männersprache

»Ich hab's so satt, wenn Frauen mir Vorträge darüber halten, wie schlimm Pornos sind«, schreibt ein einundvierzigjähriger Fernsehproduzent. *»Ja, ich mag die Nacktfotos in* PLAYBOY *und* PENTHOUSE. *Ja, ich lese auch die Briefe gern. Gewalt macht mich nicht an, egal, ob sie nun gegen Frauen oder ge-*

gen Männer oder gegen Ratten im Labor gerichtet ist. Warum hat ein Nacktfoto für manche Frauen immer gleich mit sadomasochistischen Spielchen zu tun? Das ist nicht das gleiche. Ich hätte nie gedacht, daß ich in dem Alter meine Heftchen immer noch unter dem Bett verstecken muß.«

Unser Mißtrauen gegenüber allen Aussagen, außer der neutralen Stimme des Experten, erklärt nur zum Teil, warum die Männersprache als die minderwertigste der drei Sprachebenen gilt. Ihr anschaulicher, zupackender Wortschatz entspricht den schmutzigen Bildern auf der verbalen Ebene, er ist sozusagen vertonte Pornographie, die männliche Sprache, wie sie am lautesten und eindringlichsten klingt. Nach einer kurzen Zeit, in der die Pornographie einen so hohen gesellschaftlichen Stellenwert besaß, daß die Klatschspalten sogar über Jackie Onassis berichteten, die sich den Film *Deep Throat* ansah, zogen rechte Politiker, religiöse Führer und Feministinnen im Namen Gottes und der Frauenrechte mit vereinten Kräften dagegen ins Feld.

Die negativen männlichen Stereotypen nahmen überhand. In einem Leitartikel des Ms-Magazins schrieb Gloria Steinam nach ihren Ausführungen über die Kinderpornographie: »Doch wie sehr unterscheiden sich jene besessenen, machthungrigen Käufer von Kinderpornographie von den vielen ›normalen‹ Männern, die überzeugt sind von der Notwendigkeit und dem Freibrief, auf sexuellem Gebiet Gewalt anzuwenden?« Ähnliche Äußerungen, daß »alle Männer Vergewaltiger sind«, waren immer wieder in Ms und anderen Blättern zu lesen, die ein breiteres Publikum ansprachen.

Wenn Frauen keine pornographischen Darstellungen

brauchen, um erregt zu werden, so argumentierten die Feministinnen, warum brauchen Männer sie dann? Die Antipornographiebewegung schert alles, von PENTHOUSE über Kinderpornographie bis zu Hardcorefilmen, über einen Kamm. Diese Haltung, sozusagen eine politisierte Version der »Squeeze«-Technik fürs Gehirn statt für den Penis, ist noch wesentlich stärker als jede Sextherapie darauf aus, die männliche Sexualität unter akzeptableren, *weiblicheren* Bedingungen neu zu gestalten. Sie weigern sich einfach, die unterschiedliche sexuelle Biologie des Mannes hinzunehmen.

Der Pornographie wird alles mögliche zur Last gelegt, von der Förderung eines gesellschaftlichen Klimas, in dem sexuelle Belästigung oder Gewalt gegen Frauen als positiv gilt oder zumindest toleriert wird, bis zu einer Anstachelung des Mannes zur Vergewaltigung. Während die Pornographie das offene Ziel ist, ist das eigentliche Objekt des Angriffs die männliche Sexualität an sich. Die nackten Männer oder die Striptänzer in den Nachtlokalen sind akzeptabel und unterhaltsam, weil sie Unterhaltung für die Frauen sind. Wenn wir Gefallen an nackten Männern finden, sind wir sexuell befreit; wenn die Männer Gefallen an nackten Frauen finden, sind sie sexistische Schweine.

»Die männliche Lust gilt heute wieder als Sünde«, schreibt Alan Bloom in *The Closing of the American Mind*, »weil sie im ›Sexismus‹ kulminiert. Die Frauen, so heißt es, werden zu Objekten degradiert, sie werden von ihren Männern genauso vergewaltigt wie von völlig Fremden, sie werden von Lehrern in der Schule und von Vorgesetzten am Arbeitsplatz belästigt. Gegen all diese Übergriffe müssen Gesetze und Strafen gefunden werden. Welcher

sensible Mann kann sich heute noch davor drücken zu erkennen, wie gefährlich seine Lust ist?«
Die Feministinnen sind eigentlich gegen die Pornographie, schreibt er, weil »sie noch an die alte Liebesbeziehung erinnert, in der es differenzierte sexuelle Rollen gab — Rollen, die heute als erzwungene Unterwerfung und Dominanz gedeutet werden. Die Pornographie befriedigt und fördert die Sehnsucht, die die Männer nach den Frauen haben. Dagegen sind die feministischen Pornographiegegnerinnen eigentlich eingestellt, nicht gegen die Erniedrigung des Gefühls oder die Bedrohung der Familie. Deshalb schließen sie auch die homosexuelle Pornographie aus ihrer Zensur aus, denn sie ist laut Definition keine Bestärkung der Herrschaft des Mannes über die Frau und hilft sogar, sie zu unterminieren.«
Wer kann es dem Mann schon verdenken, daß er sich angegriffen fühlt, wenn seine Sexualität als vulgär gilt, wo doch seine Partnerin den Finger genau auf sein Versagen legen und ihm in schönster Therapiesprache ein Heilmittel dafür vorschlagen kann und dazu noch eine ganze Liste von Bestsellern, von denen sich mindestens einer mit der Frage beschäftigt, was emotional mit ihm nicht stimmt? Seine Stimme wird heute von der Frauensprache und der neutralen Sprache, also der Stimme der Autorität, übertönt.
In »Stop Blaming Men for Everything!«, einem Artikel in der Ausgabe vom August 1989 der Zeitschrift MADEMOISELLE, schrieb Alex Heard etwas, was mir wie ein Warnschuß vorkam: »Viele Männer sind tatsächlich schlecht, aber wir sind nicht alle testosterongeschädigte Laboraffen, die man erst wieder völlig neu schulen muß, bevor wir durch Elektroschocks zum Traualtar getrieben werden können.«

Vorschläge, wie man am besten mit Sexbüchern und Artikeln von Experten umgeht:

* Zitieren Sie Ihrem Partner gegenüber nicht daraus, besonders nicht unmittelbar vor, während des oder nach dem Sex.
* Schlagen Sie ihm nicht vor, daß er Ihre »Sexführer« lesen soll, weil er daraus etwas lernen könnte.
* Bewahren Sie sie nicht im Schlafzimmer auf.
* Kaufen Sie Bücher und lesen Sie Artikel, die Ihnen sagen, wie Sie selbst den Sex schöner gestalten und Ihre eigene oder seine Sexualität besser akzeptieren können.

TEIL ZWEI

Die Verführung: Wer schläft mit wem und wann?

Das Geheimnis des sexuellen Verlangens

»Eigentlich ist das sexuelle Verlangen ein menschliches Rätsel, das noch nie zufriedenstellend definiert worden ist.« — F. Gonzalez-Crussi, *On the Nature of Things Erotic*

Bis in unsere Tage hatte der Mann die Rolle des Verführers zu spielen, und wenn sie glückte, steckte sie voll moralischer Gefahren für beide Beteiligten. Die Tatsache, daß so viel vom Ergebnis abhing, verlieh dem Werben eine Spannung, die im heutigen Amerika nach der sexuellen Revolution, wo die Verführung unmittelbar in die Anfänge einer *Beziehung* führen muß, ihresgleichen sucht. Was ist das doch für ein solides, ernstes, verantwortungsvolles und langweiliges Wort geworden! Sehen Sie sich doch nur mal an, was Lancelot und Ginevra mit Camelot gemacht haben. Können Sie sich vorstellen, daß eine *Beziehung* einen solchen Aufruhr in der Welt verursacht? Heutzutage würde ihr Verhältnis toleriert, bis sie von selbst ihr Ende findet — vorausgesetzt natürlich, daß alle Hauptdarsteller einmal ihren großen Auftritt gehabt haben.

In unseren Tagen wird die Verführung allgemein als das erste Mal betrachtet, wo Mann und Frau miteinander schlafen, oder, nach weniger verbreiteter Ansicht, als all die

Male, wo einer der Partner den weniger bereiten dazu bringt, mit ihm zu schlafen, insbesondere, um eine nachlassende sexuelle Beziehung wieder zum Leben zu erwecken. Die Frau verführt oft den Mann oder läßt sich auch von ihm verführen, weil sie das Gefühl hat, daß die Beziehung vorangetrieben werden muß. Frauen machen sich noch immer Gedanken darüber, wann sie das erste Mal mit ihm schlafen sollen, weil sie glauben, daß das eine wesentliche Rolle dabei spielt, ob der Mann sich dann an sie bindet oder nicht. Und sie machen sich auch Gedanken darüber, ob sie selbst die Verführerin spielen sollen. Offenbar wird von ihnen erwartet, daß sie in dieser Hinsicht Vorsicht walten lassen. Obwohl etwa achtzig Prozent der Männer sich in meiner Umfrage über die Passivität der Frauen im Bett beklagten, beschrieben sie auch die sexuell aggressive Frau, die den ersten Schritt macht.
Die sexuelle Revolution hat uns den Mythos des Mannes beschert, der allzeit bereit ist, und den der Frau, die immer willig ist — was letztlich keinerlei Erklärungsmöglichkeit für mangelnde Lust ließ. *Sie ist nicht attraktiv. Er ist kein richtiger Mann.* Da die Frau beides nicht als Entschuldigung akzeptieren will, stürzt sie sich auf alle verfügbaren Ratschläge über verführerische Kleidung und plant sexuelle Zwischenspiele mit ihrem Partner. Wenn diese fehlschlagen, legt sie es ihm zur Last, und/oder er sieht sich anderweitig um.
Auf dem Höhepunkt jener Revolution waren wir schließlich an den Nervenkitzel der Talk-Shows gewöhnt, die uns Geschichten verbotener Liebe zeigten zwischen Frauen und ihren Schwiegervätern, Männern und den Babysittern ihrer Kinder, Männern in Frauenkleidung und ihren stinknormalen Ehefrauen und sogar — früher wäre

so etwas nicht möglich gewesen — lesbische Nonnen. Es gab keine leidenschaftliche, vorzugsweise monogame Verbindung mehr, die Phil oder Oprah nicht schon erkundet hätten. Nichts war zu abwegig, und alle Formen der Verführung waren grundsätzlich möglich.

Aber nun hatten wir es mit einer neuen Fehlfunktion zu tun, der mangelnden Lust, die manchmal der Frauenbewegung zur Last gelegt und am besten durch das Yuppie-Paar illustriert wurde, das ständig darüber klagte, keine Zeit zu haben — denn die wurde ja gänzlich dem Verdienen, Zählen und Ausgeben von Geld gewidmet. Erotisierten sie die Gier, weil das Geld inzwischen schwerer zu bekommen war als der Sex und deshalb als romantischer galt? Während die Lust etwas Flüchtiges bleibt, läßt sich die Verführung — so glauben wir wenigstens — erklären, planen und ausführen, wenn nötig, mit Hilfe einiger grundlegender Schritte. Wenn man das Richtige tut, kann man den Sex ganz leicht herbeiführen.

Die Frau glaubt, daß die erfolgreiche Verführung von ihr abhängt, weil der Mann ja *immer* zum Sex bereit ist, egal, ob er wirklich Interesse hat oder nicht. Oder, wie Barry McCarthy in *Male Sexual Awareness* schreibt: »Starke sexuelle Begierde gilt als natürliches Charakteristikum der männlichen Sexualität und als Maßstab der Männlichkeit.« Wenn diese Begierde nachläßt, muß es einen Schuldigen für die Trägheit des Penis geben. »Die meisten Männer schreiben ihren Mangel an Lust äußeren Faktoren zu (ihrer Arbeit, dem Gewicht ihrer Partnerin, ihrem eigenen Mangel an Zeit, der sexuellen Routine usw.) und glauben, daß sie eine ›magische Pille‹ oder irgendeinen äußeren Faktor (zum Beispiel den Sex-Appeal einer Sechsundzwanzigjährigen) brauchen, um ihre Lust wiederzufinden. Es scheint fast so, als wäre die Begierde nicht ein Teil der Person des Mannes, sondern als unterliege sie äußeren Einflüssen oder dem kulturell vorgegebenen Klischee der Männlichkeit.«

»Die Begierde ist eine wunderbare, glückselige Erfahrung«, sagt mein Freund Jeff, der gerade im Alter von zweiundvierzig die Frau, mit der er zwanzig Jahre lang verheiratet gewesen ist, wegen einer anderen Frau verlassen hat. Er, der früher ein Meister der Doppelzüngigkeit war, läßt sich jetzt lang und breit über das aus, was er sich von einer Frau wünscht, jetzt, wo er sich so sehr nach ihr verzehrt. (Seine Ergüsse erzeugen in mir meist Abneigung, obwohl ich zugegebenermaßen neidisch bin auf sein blindes Glück, selbst wenn es nur vorübergehender Natur ist, was ich ja weiß.) »Es gibt keine geplante Verführung, keine Machtkämpfe«, erklärt er mir, »wenn die Zeit reif dafür ist, daß zwei Menschen zueinander finden.«

Trotz Jeff und seiner Entdeckung des gefühlvollen Sex setzen die Männer die Begierde noch immer mit der Lust gleich — mit dem körperlichen und manchmal auch emotionalen Bedürfnis, in die Frau hineinzukommen, die sie begehren. Vielleicht verstehen sie nicht, warum, aber jedenfalls wissen sie, daß sie sie für eine kurze, aber intensive Zeit körperlich besitzen wollen. Wenn sie in ihr sind, hoffen sie, sich selbst zu verlieren, akzeptiert zu werden und Wertschätzung zu finden — und das alles gleichzeitig. Die Wahrheit ist für die Frau vielleicht zu erschreckend und überwältigend, als daß sie sich diese anders als rein mechanisch oder sentimental eingestehen könnte.

Das Gefühl ist flüchtig, und wir haben keinerlei Garantie, daß es genauso lange hält wie die Beziehung. Manche Kulturen nehmen diese Tatsache mit Gleichmut hin. Ein

Franzose erklärte mir neulich zum Beispiel kichernd: »Ihr Amerikaner seid ja so naiv — ihr seid schockiert, wenn die Menschen älter werden und sterben, und noch schockierter, wenn mit der Begierde das gleiche passiert. Ihr glaubt, ihr habt ein Anrecht auf die Wiedergeburt der Lust und nehmt sie nicht als Gottesgeschenk hin, wenn sie sich einstellt.«

Kapitel 4: Das Spielfeld des Sex

»Sie hat mich mit zu sich genommen; und ich habe gewußt, daß sie mich verführen würde. Ich hatte beim Abendessen ihre sexy Unterwäsche zwischen den Knöpfen ihrer nüchternen Geschäftsbluse hervorlugen sehen. Sie hatte die richtigen Signale ausgesandt, und ich hatte sie erwidert. In ihrer Wohnung hatte sie mit dem Dimmer für gedämpftes Licht gesorgt. Alles war weich und mit feingemusterten Kissen ausgelegt, geschmackvoll weiblich. Sie hatte Pflanzen, gesunde Pflanzen, das ist immer ein gutes Zeichen bei einer Frau. Sie hatte ihre Schuhe ausgezogen, ist aus der Jacke geschlüpft und hat mir gesagt, ich soll mich setzen, während sie den Wein einschenkt. Ich habe mich aufs Sofa gesetzt und eine Zeitschrift in die Hand genommen. Auf dem Umschlag war Roseanne Barr, diese Männerhasserin. Ich habe mich gefragt, ob es wohl etwas zu sagen hatte, daß sie mir hier, im Wohnzimmer dieser sexy Frau, vom Beistelltisch entgegengrinste?« — ein Zeitungsredakteur aus Chicago.

Die Geschichte dieses Mannes illustriert zwei altbekannte Weisheiten über weibliche Verführungsstrategien: Sie sind genauso offensichtlich wie die Spitzenunterwäsche, die unter der gestärkten weißen Bluse hervorschaut; und selbst der ausgeklügeltste Plan kann durch äußere Einflüsse unterlaufen werden. Offensichtlichkeit ist nicht unbedingt etwas Schlechtes. (Der Zeitungsredakteur aus Chicago freute sich und fühlte sich geschmeichelt über die kleinen Dinge, die sie als verführerisch erachtete.) Doch die Außenwelt mischt sich, sei es nun in guter oder in schlechter Absicht, ein. (Zum Glück, so berichtet er, gelang es ihm, Roseanne, die für ihn den Zorn der Frauen auf die Männer symbolisiert, mit dem Gesicht nach unten auf den Boden zu legen und unters Sofa zu schieben.) Manchmal stürzen sich Männer wie Frauen auf die kleinsten Störfaktoren, um sich zu drücken. (»Dann hab' ich gemerkt, daß sie...« raucht, Kaugummi kaut, schlechte Zähne, breite Hüften, dünne Beine, einen Leberfleck auf der linken Brustwarze hat und so weiter und so weiter.)

Der perfekte Hintergrund für den Sex existiert, genau wie der perfekte Körper und der perfekte Sex, nur im Film. Die meisten Männer sagen, sie haben es am liebsten zu Hause, bei schummrigem Licht, aber bitte keine Kerzen neben dem Bett. Machen Sie ihn lieber nicht im Büro an. Beschränken Sie sich in der Öffentlichkeit am besten auf einen leichten Flirt.

Der ideale Zeitpunkt für die Verführung ist eine Erfindung der Autoren von Eheberatungsbüchern, aber die meisten Männer ergreifen beim ersten Mal, aber nicht bei der ersten Verabredung, am liebsten selbst die Initiative. Doch auch wenn Sie gleich am ersten Abend mit ihm schlafen, kann sich dadurch noch eine Beziehung entwickeln, vorausgesetzt natürlich, daß diese Möglichkeit von Anfang an bestanden hat. Frauen neigen nicht dazu zu denken, er hätte sowieso nicht angerufen. Sie erklären sich das stille Telefon viel lieber damit, daß sie zu früh mit

ihm ins Bett gegangen sind. Die Männer sagen mir immer wieder, daß wir uns da täuschen.
Vielleicht haben sie die Verführung gerne im Griff, weil sie nicht wissen, wie sie zu einer attraktiven Frau nein sagen sollen. Eine der Fragen, die mir die von mir befragten Männer stellten, lautete: »Glauben Sie, daß ein richtiger Mann immer Lust haben sollte, mit einer attraktiven Frau zu schlafen?« Mehr als drei Viertel der Befragten — verschiedenster geographischer, rassischer und religiöser Herkunft und mit einem Einkommen von unter zehntausend bis über hunderttausend Dollar — antworteten mit ja. Ein Mann schrieb: »Ja, ich werde diese Überzeugung nicht los, obwohl ich weiß, daß sie albern ist.« Und fünfundachtzig Prozent, offenbar auch viele Männer, die die erste Frage mit nein beantwortet hatten, sagten ja auf die Frage: »Glauben Sie, daß ein Mann mit einer attraktiven Frau immer zum Sex in der Lage sein sollte?«
Seien Sie am Anfang lieber indirekt als zu direkt. Er weiß, was Sie machen, besonders, wenn Sie es bei der dritten Verabredung tun, die gemeinhin als richtiger Zeitpunkt dafür gilt, mit ihm zu schlafen. Aber ihm ist es am liebsten, wenn er Ihre Planung kaum merkt. (»Ich mag's, wenn eine Frau mich verführt, wenn ich spüre, wie mir ihre Begierde wie eine Hitzewelle entgegenschlägt«, sagt ein Kaufmann aus Georgia.)
Männer wissen ganz genau, wann sie verführt werden sollen. Selbst wenn sie das Interesse der Frau nicht unmittelbar spüren, entdecken sie es doch in der sexy Unterwäsche, auf die sie einen Blick erhaschen, oder in den weichen Sofakissen. (»Warum flirten Frauen immer weiter, wenn ich nicht reagiere?« fragt ein Mann aus Texas. »Schließlich bin ich auf diesem Gebiet nicht taub. Sie

muß es mir doch nicht entgegenbrüllen, wenn ich ganz bewußt etwas nicht höre, was ich nicht hören will.«) Die Mehrheit der Männer läßt sich verführen und sexuell führen — auch wenn sie sich später ausgenutzt fühlen. (»Nachdem wir miteinander geschlafen hatten, habe ich mich noch ein bißchen mit einer Frau unterhalten, die mich fast ins Bett geschleift hatte. Sie hat mich aufgezogen von wegen ›wie kannst du mich nur so ausnützen‹, aber meine Güte, wie hab' ich mich selber dabei ausgenützt gefühlt!«) Vielleicht sagen sie, sie lassen sich lieber bei ihr zu Hause verführen, weil sie immer eine Ausrede finden, nicht dorthin zu gehen, wenn sie nicht mit ihr schlafen wollen.

Warum kann ein Mann eine willige Frau nicht abweisen, ohne dabei Schuldgefühle zu haben?

»Ich weiß, es ergibt nicht allzuviel Sinn, aber ich fühle mich nicht wie ein richtiger Mann, wenn ich eine Gelegenheit, mit einer attraktiven Frau zu schlafen, nicht ausnütze. Die Ausnahme wäre natürlich eine Klientin, die sich mir im Büro an den Hals wirft, was im Laufe der Jahre ein paarmal passiert ist. Frauen, die gerade in der Scheidung stecken, sind gefährlich, besonders wenn die Affären ihres Mannes dabei eine wesentliche Rolle gespielt haben. Ich würde das als Frontalangriff, nicht als Verführung bezeichnen, die entweder das Ergebnis eines langen Flirts oder einer spontanen körperlichen Zündung sein kann, der auf den anderen überspringt. Glauben Sie etwa, ich übertreibe und benutze die Verführung als Vorwand dafür, daß ich das direkte Angebot einer Fremden ohne Schuldgefühle ausschlagen kann?« schreibt ein Anwalt aus Cleveland.

Männer denken, sie bräuchten einen guten Grund, um die Annäherungsversuche einer Frau abzuweisen. Sie erzählen immer wieder Geschichten von »geilen« Kolleginnen, Ehefrauen oder Freundinnen von Brüdern, manchmal auch von Freundinnen der eigenen Frau oder Freundin, die sie verschmäht haben. Nur selten ist die Rede von Frauen, die sie aus einem guten Grund abgewiesen haben, der *nichts* mit Sex zu tun hatte.

»Man kann nein sagen, wenn eine wichtigere Verbindung einem vorgibt, nichts mit dieser Frau anzufangen«, erklärt der Inhaber eines Sanitärunternehmens aus den Südstaaten. »Andernfalls fühlt man sich wie eine Memme.«

Verschmähte Frauen, so schreiben die Männer, können dieses Gefühl noch ganz brutal verstärken.

»Eine Frau bei mir im Büro war hinter mir her«, schreibt der Leiter der Kommunikationsabteilung eines Unternehmens im Mittleren Westen. »Ich habe mir das nicht nur eingebildet. Anderen Leuten ist es auch aufgefallen, und sie haben mich damit geneckt. Sie ist hübsch und intelligent, aber ich fühle mich sexuell nicht von ihr angezogen. Ich habe ihre Einladungen zu Drinks nach der Arbeit immer wieder abgelehnt, habe ihre Bemerkungen über meinen sexy Körper überhört und bin ihr unauffällig ausgewichen, wenn sie mich ganz ›zufällig‹ berührt hat. Eines Tages hat sie mich gefragt, warum ich solche Angst vor einer emotionalen Beziehung zu einer Frau habe, die mir gleichgestellt ist. Wie kann eine Frau zu so einem Schluß gelangen, nur weil ein Mann nicht mit ihr ins Bett will? Später hab' ich von Leuten gehört, daß sie mich für einen Frauenfeind oder für schwul hält. Wenn eine Frau mich nicht will, dann will sie mich eben nicht. Ich mache keine psychologische Fallstudie daraus. Aber um fair zu sein: wahrscheinlich machen Männer dasselbe, wenn sie einer Frau vorwerfen, frigide zu sein oder sie nur an der Nase herumzuführen, nachdem sie abgewiesen worden sind.«

Und ein Jungakademiker schreibt, daß der Zorn einer abgewiesenen Frau ihn zum Wahnsinn treibt: »Ich werd' sauer, wenn eine Frau glaubt, daß man ihren Annäherungsversuchen immer mit Begeisterung begegnet. Bei mir ist das nicht so!«

Seit die Frauen in puncto Sex selbstbewußter geworden sind, wehren sich die Männer immer mehr gegen die Beschränkungen, die ihnen der Machismo-Kode auferlegt. Es war einfacher, angeblich immer zum Sex bereit zu sein, wenn nur die Männer den Sex anregen durften. Ein Mangel an Begierde konnte immer noch mit dem Spruch von der »zu großen Achtung vor ihr« kaschiert werden. Jetzt haben sie keine so leichte Ausrede mehr, und das macht sie wütend.

Ihre Wut richtet sich jedoch viel eher gegen uns als gegen den Kode. Auch unser eigener Zorn bei mangelnder Begierde und dem Versagen aller Verführungsstrategien zielt eher auf sie als auf den Kode ab. Wir stellen doch nicht den Gedanken in Frage, daß jeder Mann, den wir wollen, auch uns wollen sollte, oder? Das ist der Kode der Machisma: *Jeder Mann, den ich begehre, muß auch mich begehren — es sei denn, ich bin nicht begehrenswert, oder mit ihm ist etwas nicht in Ordnung.*

Vielleicht ist das der Grund, warum so viele von uns, egal, ob Mann oder Frau, irgendeinen kleinen körperlichen Mangel als Rechtfertigung für ihre Ablehnung angeben.

Wissen Frauen denn nicht, wie wesentlich Kleinigkeiten sein können?

»Mir gefällt es, wenn Frauen den ersten Schritt unternehmen, solange sie wirklich Sex wollen und nicht durch den Sex etwas anderes beweisen wollen. Viele wütende Frauen kleiden und verhalten sich verführerisch. Sexuelle Vampire. Ich erinnere mich noch an eine Frau, die ich auf einer Party kennengelernt habe. Unglaublich sexy. Lange rote Fingernägel, wahrscheinlich falsch. Ich hab' mir vorgestellt, wie sie mir mit diesen Fingernägeln den Rücken zerkratzt, und das hat mich angemacht. Ich hab' ihr angeboten, sie nach Hause zu fahren, und sie hat angenommen. Sie war Kettenraucherin. Sie fuhr mir mit den Fingernägeln den Oberschenkel rauf und runter, immer knapp an meinem Penis vorbei, und in der anderen Hand hatte sie dabei eine Zigarette. Es hat mich abgestoßen, wie sie mit diesen langen, roten Fingernägeln Zigarettenasche aus meinem Fenster gestippt hat. Ein und dasselbe Bild kann sich ganz plötzlich von sexy zu unangenehm wandeln. Es war etwas unglaublich Feindseliges an der Art und Weise, wie sie die Zigaretten gehalten hat. Ich hab' sie nie wieder angerufen«, schreibt ein Werbetexter.

Wieder ein Beispiel für einen Mann, der das verführerische Verhalten der Frau als aggressiv, bedrohend und unheimlich beschreibt. Manche Männer empfinden die Verführung bei der sexuell aggressiven Frau als Wut. Sie haben das Gefühl, daß sie ihre Einwilligung eher fordern als sanft entlocken. Sie wollen mehr von ihnen als nur den Sex, sagen sie. Egal, ob die Männer nun auf die Frauen reagieren oder nicht, sie nehmen es ihnen übel, daß sie von ihnen etwas fordern, was sie gar nicht geben wollten —

oder es ihnen nehmen, bevor sie überhaupt Gelegenheit hatten, es zu geben.

»Vielleicht ist das Rache. Rache für das, was ein anderer Mann oder mehrere andere Männer ihr angetan haben«, mutmaßt ein Mann. »Sie will deine Eier als Trophäe.« Ein anderer sagt: »Sie ist eines Morgens aufgewacht, hat beschlossen, daß sie jetzt heiraten und ein Kind haben will und daß du genau der Richtige bist, um ihr das zu geben. Und sie nimmt's dir ganz schön übel, wenn du andere Pläne hast!«

Sind das alles Männer, die nicht mit ihrem sexuellen Desinteresse an einer bestimmten Frau fertig werden, an der sie ihrer Meinung nach eigentlich Interesse haben sollten, oder wollen sie vielmehr betonen, daß der Zorn in der Verführungsstrategie der Frau eine wesentliche Rolle spielt?

Es überrascht kaum, daß sie jenen Zorn am häufigsten in Frauen zu spüren glauben, die die Initiative bei den Männern ergreifen, die sie nicht sehr gut kennen. Andererseits wünschen sie sich jedoch nach dem ersten oder zweiten Mal, daß Frauen beim Sex viel öfter den ersten Schritt machen würden. Ein Mann aus dem Nordosten der Staaten, der beim Telefonentstörungsdienst arbeitet, schreibt: »Ich wünschte, die Frauen in meinem Leben hätten öfter die Initiative ergriffen. Mir wäre es am liebsten, wenn eine gewisse Ausgeglichenheit bestünde. Ich hasse es, wenn immer ich den ersten Schritt machen muß. Noch schlimmer ist es, wenn man die Initiative ergreift und dann abgewiesen wird, besonders wenn man erst ein- oder zweimal mit ihr geschlafen hat. Hat sie einen dann abgeschrieben?

Ich bin letzte Woche mit einer Frau ins Bett gegangen. Sie hat zu mir gesagt: ›Ich bin froh, daß du von selber gekommen bist, sonst wären wir hier jetzt nicht so beisammen.‹

Ich hab' geantwortet: ›Du meinst, wenn ich mich an der Tür verabschiedet hätte, hättest du mich einfach gehen lassen?‹ Sie hat geantwortet, daß sie ziemlich scharf war, aber sich nicht überwinden konnte, mich zu fragen, ob ich die Nacht mit ihr verbringen wollte. Das war nicht das erste Mal, daß ich mit ihr geschlafen habe. Wir waren schon über ein Jahr zusammen. Sie hat gesagt, sie hätte Angst gehabt vor einem Nein, weil sie mit Abweisung nicht so gut zurechtkommt. ›Und was ist mit den Männern‹, hab' ich gefragt, ›glaubst du nicht, daß wir auch so unsere Schwierigkeiten damit haben?‹«

Zu den Lieblingsphantasien der Männer gehört es, von einer attraktiven Frau verführt, vielleicht sogar mit Gewalt genommen zu werden — doch genau wie bei den weiblichen Vergewaltigungsphantasien kann auch hier ein falscher Eindruck entstehen. Frauen wollen nicht vergewaltigt werden. Sie wollen eine so starke Begierde empfinden, daß ihre Hemmungen und Schuldgefühle dadurch Lügen gestraft werden. Männer wollen genommen werden — wenn sie dazu bereit sind. Sonst haben sie unter Umständen das Gefühl, daß man ihnen vorwirft, versagt zu haben.

»Die beste Geliebte, die ich jemals gehabt habe«, sagt ein Manager aus Indiana, »war eine höchst verführerische Frau, die im Bett ausgesprochen aktiv war. Sie hat sich ganz auf meine Stimmung eingestellt. Wenn sie gespürt hat, daß ich zu müde war, hat sie mich nicht gedrängt. Dann hat sie mir den Rücken massiert oder meinen Kopf auf ihren Schoß genommen und mir die Schläfen gestreichelt, bis ich eingeschlafen bin. Wenn ich dann wieder wach wurde, hatte ich natürlich eine gute Ausgangsposition, um es mir anders zu überlegen.«

Manchmal kommt ein Mann im nachhinein zu dem Schluß, daß das Timing nicht gestimmt hat. Das ist genau die Art Mann, in dessen Kopf der Macho-Kode am stärksten verwurzelt ist. Nachdem er die Frau erotisch fast überfahren hat, achtet er sie am nächsten Morgen nicht mehr. Leider läßt sich dieser Mann nicht von vornherein mit völliger Sicherheit ausmachen, denn er gehört keinem bestimmten Typus an. Allerdings hat er oft eine südliche und/oder katholische Herkunft vorzuweisen. Andererseits kann er jedoch auch blonde Haare, einen uramerikanischen Namen wie Skip und einen ererbten Sitzplatz in der anglikanischen Kirche haben.
»Erst kürzlich war ich mit einer Frau zusammen, die ich sehr gut leiden konnte«, erzählt Carlos. »Ich hab' die erotische Spannung immer mehr angeheizt, weil sie mitgemacht hat. Wann soll ich noch in der Lage sein, damit aufzuhören, wenn sie mich nicht zurückhält? Also sind wir schon bald miteinander im Bett gelandet. Es war toll, aber als es vorbei war, hat es mir leid getan, daß sie sich mir so schnell hingegeben hat. Ja, ich weiß, daß immer zwei dazu gehören. Frauen haben mir gesagt, daß ich nicht so drängen soll, wenn ich insgeheim hoffe, daß sie sich weigern. Ich weiß, daß ich es nicht tun sollte. Aber ich mach's trotzdem.«
Sie sollten sich keine Sorgen darüber machen, was er denkt. Betrachten Sie die Erfahrung als eine Nacht der zügellosen Leidenschaft — und leben Sie Ihr Leben weiter. Die meisten Männer glauben, daß die Angst vor einem negativen Urteil uns sexuell zurückhält. Und viele glauben, daß wir uns zuviel Mühe geben, verführerisch zu wirken.

Warum strengen sich Frauen so sehr an, sexy zu sein?

»Was mich bei einer Frau als erstes anmacht, ist ihre Kleidung. Wenn ihre Kleider zu ihrem Körper und zu ihrer Persönlichkeit passen — und wenn man sehen kann, daß sie tatsächlich einen Körper darunter hat — hat sie für mich Sex-Appeal. Persönlicher Stil ist sexy für mich. Eine Frau muß keine Idealfigur haben, um Stil zu zeigen. Wenn sie gut küßt und auf meine Küsse und Zärtlichkeiten eingeht, gehöre ich ihr, wenn sie mich will«, schreibt ein Unternehmer aus St. Louis.

Was eine Frau trägt und wieviel Wärme sie ausstrahlt, ist wichtiger als ihre Verführungstechnik. (»Die Einstellung ist alles.«) Über sechzig Prozent der Männer in meiner Umfrage bewerten Reizwäsche als sexy. (»Ich liebe es, wenn man die Spitze erahnen kann, auch wenn sie sich nur durch ihre Bluse abdrückt.«) Die Kleidung über dieser Unterwäsche sollte eher unterschwellig sexy sein als ganz direkt. (»Ich fühl' mich nicht wohl bei Frauen, die man für Nutten halten könnte, wenn sie im falschen Viertel herumlaufen.«) Vielleicht gibt es ein paar Männer, die nicht auf Beine in schwarzen Strümpfen ansprechen, aber die haben sich bei mir noch nicht gemeldet.

»Die Frauen in New York tragen oft schwarze Strümpfe und hochhackige Schuhe zu ihren Karrierekleidern«, sagt ein Börsenmakler von der Wall Street. »Sie sind wahrscheinlich die Frauen mit dem stärksten Sex-Appeal der Welt. Ich weiß nicht, wie sie es machen, aber sie sehen schick, mächtig *und* sexy aus. Sogar die Sekretärinnen haben gleichzeitig den Blick, der sagt: ›Rühr mich nicht an‹

und dieses kleine Zwinkern, das hinzufügt: ›Aber würdest du's nicht gerne machen?‹
Das Verführerischste an den New Yorker Frauen ist die Art und Weise, wie sie bei Drinks oder beim Abendessen die Beine übereinanderschlagen. Wenn eine Frau die Beine im Laufe eines Abends die ganze Zeit übereinanderschlägt, macht sie dich an. Sie macht's nur ein paarmal? Dann setzt sie sich lediglich ein bißchen bequemer hin.«
Männer haben durchaus ein Auge für kleine Eigenheiten, und sie lesen in ihnen die mögliche positive oder negative Reaktion auf Annäherungsversuche. Wenn sie sich zu ihm herüberbeugt, während sie sich unterhalten, und dabei vielleicht den einen oder anderen Blick in ihr Dekolleté gestattet, hat sie Interesse. Wenn sie wegrutscht, hat sie keines.
»Eine Frau agiert verführerisch, wenn sie die Berührungen des Mannes duldet und erwidert und gleichzeitig den Blickkontakt aufrechterhält«, schreibt ein Mann aus Philadelphia. »In ihren Augen ist das Interesse ganz deutlich zu sehen. Frauen können das besser als Männer, ohne gleich geil zu wirken. Frauen verführen mit den Augen.
Ich kann einer Frau in die Augen schauen und darin ihre Einstellung zu Männern lesen — ob sie uns mag oder vertraut —, und ich weiß auch, ob sie im Bett gut ist oder nicht. Frauen, die die Männer lieben, sind bessere Geliebte als solche, die es nicht tun — egal, wie oft sie zur Übung an grünen Bananen lutschen.«
Interessanterweise ist es am verführerischsten, wenn sie nicht ein körperliches Abbild seiner Traumfrau darstellt.
»Frauen, die bei der ersten Verabredung herauszufinden versuchen, welche Kleidung und welches Verhalten ein Mann an einer Frau sexy findet, und sich dann bei der

zweiten so anziehen und benehmen, stoßen mich ab«, sagt Michael. »Bei meiner ersten Verabredung mit Irene, die ich sehr attraktiv fand, habe ich ihr von meinen Phantasien von einer Frau erzählt, die ich in einer Bar treffe und die einen kurzen, engen Rock, einen Straps und Strümpfe und sonst keine Unterwäsche trägt. Außerdem duftet sie intensiv nach meinem Lieblingsparfüm Shalimar, nach dem Irene dann beim zweiten Treffen auch prompt roch. Sie hatte sich fast in dem Zeug gebadet und trug einen kurzen, engen Rock. Ich hab' mich neben sie auf den Barhocker gesetzt, und sie hat mir ins Ohr geflüstert: ›Ich hab' keine Unterwäsche an.‹ Dann hat sie an meinem Ohr geleckt, was mich normalerweise ganz wild macht.
Ich bin mir vorgekommen wie eine Ratte, die man in die Enge getrieben hat. Ich hab' ihr gesagt, daß etwas Unvorhergesehenes im Büro passiert ist und daß ich nur Zeit für einen kurzen Drink habe. Ich hab' sie nie wiedergesehen. Sie hat sich viel zu sehr angestrengt. Wissen Sie, wenn Sie es gemacht hätte, nachdem wir eine Weile zusammen gewesen wären, wäre es das reinste Paradies gewesen.«

Was Sie über verführerisches Verhalten wissen müssen:

* Sie können sich ohne weiteres an einem Modemagazin orientieren, dürfen es aber nicht bis ins Detail kopieren. Wählen Sie sorgfältig aus den Tips für Kleidung, sexy Gesten und Sprechen aus. Fügen Sie Ihrem ganz eigenen, persönlichen Stil neue Details hinzu. Überdecken Sie ihn nicht zugunsten eines fremden Stils.

* Es ist eine Todsünde, wenn Sie sich zu offensichtlich anstrengen.

* Hören Sie auf Ihren und seinen Körper. Vielleicht haben Sie sich aus Gründen, die nichts mit der Lust zu tun haben, für den heutigen Abend entschieden. Vielleicht sollten Sie es sich noch einmal überlegen.

* Vergessen Sie nicht: er hat das Recht, nein zu sagen. Aber seien Sie nicht niedergeschlagen, wenn er sie abweist.

Kapitel 5: **Die Spieler**

»Die Phase der Verführung ist das interessanteste an einer Beziehung — nicht nur deshalb, weil sie im Bett endet. Man kann fast alles, was man über eine Frau wissen muß, dadurch erfahren, wie sie sich vor und nach dem Sex verhält. Beim Sex selber bin ich zu erregt, um noch gut beobachten zu können. Nachher weiß ich ganz genau, ob sie alles durch Übertreibung verdirbt, nur weil sie mir ihren Körper geschenkt hat: wiederholte Seufzer der Zufriedenheit, die in direkt proportionalem Verhältnis zu den Kontraktionen beim Orgasmus stehen, welchen sie mir wahrscheinlich nur vorgespielt hat; bedeutungsvolle, seelenvolle Blicke aus feuchten Augen; die nächste Begegnung der näheren Art steht schon auf dem Programm, bevor mein Schwanz noch richtig trocken ist. Oder ob sie den Sex als Belohnung einsetzt oder zur Strafe vorenthält: sie lobt mich nie für meine Leistung im Bett; stellt viele Fragen über ihre eigene, um ihren Einfluß auf mich besser einschätzen zu können; sie bittet mich um ein Glas Wein oder eine Tasse Tee, obwohl wir in ihrer eigenen Wohnung sind. Oder ob sie fast bis zur Besinnungslosigkeit bumsen und dann immer noch als derselbe Mensch aus dem Bett steigen kann, als der sie hineingefallen ist: sie ist sanft und zärtlich, aber nicht sentimental. Sie wird wahrscheinlich reden wollen, was toll ist, denn sie wird nicht über Sex oder Beziehungen reden. Während sie mir über den Kopf

streichelt, fragt sie mich, wie ich als kleiner Junge war oder wo ich war, als Kennedy erschossen wurde.« — Der Leiter eines Unternehmens aus dem Mittleren Westen.

Die Verführung ist schon immer ein sexuelles Kräftemessen gewesen, in dem die Verteilung der Macht in hohem Maße vom Status der Spieler abhängt. Am Ende war er gewöhnlich in der stärkeren Position, die er meist schon am Anfang innegehabt hatte. Bis vor kurzem hatten nur die Männer das Vorrecht, sich eine viel jüngere Partnerin zu wählen oder jemanden aus einer niedrigeren sozialen Schicht. Frauen heirateten oder schliefen sich nach oben, die Männer nach unten. Frauen verloren etwas, indem sie »nachgaben«, während Männer genau das gewannen, was die Frauen angeblich verloren. Sie hatten die doppelte Macht, wir die Doppelmoral. Doch all das hat sich ein wenig verändert. Ein Teil der Verwirrung, unter der die Männer heutzutage leiden, wenn es um Fragen wie die Vertauschung der Rollen oder die Gleichberechtigung im Schlafzimmer geht, hat vermutlich mit dieser neuen Verteilung der Macht zu tun.

Das Kräfteverhältnis verschiebt sich — und zwar dramatisch —, je nachdem, was die Spieler von Anfang an in das Spiel mitbringen und wie sie dann diese Macht einsetzen. Die stärksten Einflüsse auf das Gleichgewicht sind: Alter, Familienstand, soziale Schicht und Verletzlichkeit. Normalerweise hat der Ältere die stärkere Position, der Verheiratete, wenn die Beziehung zwischen einem Verheirateten und einem Single besteht, derjenige mit dem höheren gesellschaftlichen, insbesondere wirtschaftlichen, Status, und derjenige, der von den beiden weniger verletzlich ist.

Frauen schlafen mit jüngeren Männern, die unter Umständen sehr viel weniger Geld als sie selbst verdienen. Weibliche Manager gehen mit männlichen Chauffeuren ins Bett. Manchmal hat die Frau mehr sexuelle Erfahrung als der Mann. In vielen Fällen kommen die Männer mit dieser neuen Verteilung der Macht ganz gut zurecht.

»Meine Geliebte hat einen College-Abschluß und ich nicht«, schreibt ein Arbeiter aus Mississippi. »Sie ist zehn Jahre älter als ich und hat mehr Erfahrung. Ich hab' eine Menge von ihr gelernt, sexuell und auch sonst. Deshalb fühle ich mich aber nicht weniger männlich.«

Andere Männer ziehen sich in die Passivität zurück: »Sie hat von Anfang an die Initiative ergriffen«, sagt ein junger Videotechniker. »Ich habe das zugelassen, weil sie mir an Alter, Einkommen und Erfahrung voraus war. Sie hat mich angerufen, um sich mit mir zu verabreden. Ich hab' sie nie von mir aus angerufen. Das hat sie zum Wahnsinn getrieben. Sie hat gesagt: ›Ich weiß genau, daß du mich sehen willst, weil du immer ja sagst. Warum rufst du mich nie an?‹ Darauf hab' ich ihr keine Antwort geben können.«

Oder die Männer ziehen sich unvermittelt aus einer solchen Beziehung zurück, ohne zu erklären, warum. Wir nennen sie Ex-und-Hopp-Lover oder Don Juans. Manchmal gehört er zu keiner der erwähnten Gruppen, sondern hat einfach nur Angst. Das trifft oft für den emotional verletzlichen Mann zu, den Mann, der erst vor kurzem und/oder unter unglücklichen Umständen wieder zum »Single« geworden ist.

»Das erste Mal, als ich nach meiner Scheidung mit einer Frau geschlafen habe, die mir wirklich etwas bedeutet hat, bin ich durchgedreht«, sagt John. »Ich hatte schreckliche

Angst davor, mich wieder möglichen Verletzungen auszusetzen. Ich habe mich am Morgen aus dem Staub gemacht, während sie noch schlief, und ich habe sie nicht mehr angerufen. Ich habe mir eingeredet, daß ich ihr nicht vertrauen konnte. Die Frauen haben ja gar keine Ahnung, wieviel Macht sie über uns Männer haben. Jetzt, nach einem Jahr, denke ich immer noch an diese Frau. Ich bringe es immer noch nicht fertig, sie anzurufen. Es ist inzwischen einfach zuviel Zeit vergangen. Wahrscheinlich hält sie mich für ein Arschloch, wenn sie überhaupt noch an mich denkt.«

Oder sie treibt ihn dazu, ihr irgendwie die Kontrolle abzunehmen. Wer wüßte nicht von einer Beziehung zu erzählen, in der eine Frau in einer wirtschaftlichen und gesellschaftlichen Machtposition dem Mann die Führung überlassen hat — weil *sie* es nicht ertrug, daß er sich ihr unterlegen fühlen mußte?

»Ich habe gerade die schlimmste Beziehung meines Lebens hinter mir«, schreibt ein Maler aus dem Nordosten der Staaten. »Ich habe diese Frau geliebt, aber ich hab' sie schlecht behandelt. Sie hat mich fast angefleht, mich so zu verhalten. Als wir uns kennengelernt haben, hatte ich gerade meine Arbeit verloren, und sie war zur Vizepräsidentin ihrer Firma gemacht worden. Bei unserer ersten Verabredung hat sie ihre Leistungen und sich selbst heruntergespielt. Ich habe das als Zeichen für ihre Schwäche und für ihre abwertende Meinung von mir verstanden. Wir haben eine Beziehung voller Haß und Liebe begonnen und zwischendurch hemmungslos wild miteinander geschlafen.

Wir haben die Machtverhältnisse über den Sex ausgeglichen. Ich hab' sie zuerst mit der Hand geschlagen, dann mit dem Gürtel. Ich hab' nie so fest zugeschlagen, daß die Haut aufgeplatzt wäre, aber irgendwann bin ich an einen Punkt gekommen, wo ich erst erregt war, wenn ich sie geschlagen hab'. Am Ende unserer Beziehung hab' ich sie nur noch von hinten genommen. Ich hab' sie angelogen und angeschmiert und ihr gesagt, daß sie im Bett lausig ist. Irgendwann ist sie dann gegangen. Und wissen Sie was? Ich wünschte, sie hätte mich aufgehalten, bevor es zu spät war. Ich hab' das nämlich selbst nicht geschafft.«

Warum geben Frauen schon so bald so viel von sich her?

»Am Anfang einer Beziehung hat die Frau die gesamte Macht. Ein Mann macht sich Sorgen, ob er verführt wird — aber sie hat ihn ganz in der Hand. Wenn er dann verführt wird, macht er sich Sorgen, ob das regelmäßig weiterhin passiert — und das liegt ganz an ihr. Wenn es dann regelmäßig passiert, macht er sich Gedanken, ob er so verführt wird, wie er das gerne hätte — und auch das liegt letzten Endes bei ihr. Wenn das schließlich der Fall ist, beginnt er, sie für selbstverständlich zu halten, weil sie es zuläßt. Sie gibt ihm sozusagen die Schlüssel zu allem in die Hand«, schreibt ein Siebenundzwanzigjähriger aus Philadelphia.

Im Lauf der Jahre haben mir viele Männer ähnliche Geschichten erzählt: Sobald eine sexuelle Beziehung gut läuft, gibt die Frau, die bis dahin die Kontrolle hatte, sie plötzlich auf. Die Männer wissen nicht so recht, warum sie das tut. Manchmal merken sie es nicht einmal. Sie sind sich jedoch darüber einig, *daß* sie es tut.

»Den Männern wird immer wieder vorgeworfen, daß sie

das Interesse an einer Frau verlieren, sobald sie wissen, daß sie sie ohne weiteres haben können«, sagt der neunundzwanzigjährige Gene. »Ich persönlich habe nicht deshalb von einer Frau genug, weil ich mir sicher sein kann, daß sie weiterhin mit mir schläft. Ich habe genug von ihr, weil sie sich in einen Menschen verwandelt, der jetzt nicht mehr so interessant ist. Sie läßt es zu, daß ich sie in kleinen Dingen ausnütze, daß ich zum Beispiel zu spät komme, ohne sie vorher anzurufen. Vielleicht glauben Frauen, daß sie mehr in sexuelle Beziehungen investieren als Männer. Vielleicht glauben sie, eine solche Beziehung aufrechterhalten zu können, wenn sie in den Punkten Zugeständnisse machen, die nichts mit dem Sex zu tun haben.«

Alle sind sich einig, daß es schwierig ist, eine Beziehung auf der Basis eines ausgeglichenen Kräfteverhältnisses aufrechtzuerhalten. »Einer von beiden liebt den anderen immer ein bißchen mehr oder braucht ein bißchen mehr«, sagt ein Bankier aus Chicago, »aber in einer guten Beziehung ist das nicht immer derselbe. Die Bedürfnisse verschieben sich.« Er gesteht auch, daß Frauen gegen ihre gesellschaftliche Konditionierung ankämpfen müssen, sich im Schlafzimmer wie auch außerhalb zu unterwerfen und die Kontrolle ihm zu überlassen.

»Was ich jetzt sage, ist reine Mutmaßung«, meint ein fünfundvierzigjähriger Makler aus Florida, »aber vielleicht geben Frauen ihre Kontrolle auf, weil ihnen beigebracht worden ist, daß genau das der Preis für den Sex ist. Ich habe im Verlauf der letzten fünfundzwanzig Jahre viele Beziehungen gehabt, mit Frauen aller Altersgruppen, und die meisten von ihnen waren nicht dazu in der Lage, den Sex zu genießen, ohne sich gleichzeitig einzureden, daß sie sich verliebt haben.«

Unter der Aufgabe dieser Kontrolle versteht er »zuviel von sich selbst herzugeben. Sie richtet ihre Aktivitäten nach den meinen aus, ißt Sushi, weil ich Sushi mag, und übernimmt in extremen Fällen sogar meinen persönlichen Geschmack, was Musik, Film und Sport angeht oder vertritt plötzlich meine politische Meinung. Und all das nur, weil wir miteinander schlafen.«
Ein anderer Mann sagt: »Eigentlich gibt die Frau gar nicht die Macht innerhalb der Beziehung auf, sondern sie halst einem die Verantwortung für ihr Leben auf. Das ganze verbrämt sie dann damit, daß sie etwas von sich weggibt. Dabei gibt sie lediglich die Verantwortung für sich selbst weg, die sie nicht mehr will.«
Manche Männer glauben, daß das Ungleichgewicht der Kräfte eher in traditionellen Konstellationen wie älterer Mann, jüngere Frau oder reicher Mann, arme Frau auftritt — insbesondere wenn der Mann viel älter oder reicher ist. In unkonventionelleren Verbindungen hat die Frau von Anfang an so viel Macht, daß sie selbst dann noch auf gleicher Stufe mit dem Mann steht, wenn sie ihm ein wenig davon abgibt. Wenn Männer beschreiben, warum sie jüngere Frauen mögen, schwingt oft der Aspekt der Macht mit:
»Jüngere Frauen sind im Denken noch nicht so eingefahren«, sagt ein vierundvierzigjähriger Professor, als er erklärt, warum er selten mit Frauen über fünfunddreißig zusammen ist. »Sie sind sich noch nicht sicher, daß sie für alles und jedes die richtige Lösung wissen, vom richtigen Zeitpunkt fürs Kinderkriegen bis zu der Frage, ob die Hemden von der Reinigung auf einem Hänger oder in der Schachtel geliefert werden sollen. Mit diesen ganzen besserwisserischen Frauen kann ich's einfach nicht. Das ist

die einfache Wahrheit. Ihre ständigen Vorträge zermürben mich.«
»Frauen über fünfunddreißig sind die besten Geliebten«, sagt ein zweiundzwanzigjähriger Lastwagenfahrer. »Sie wissen, wie sie verführerisch sein können, ohne kokett zu wirken. Sie halten im Bett alles, was sie versprechen — und geben dann noch ein bißchen mehr. Vielleicht brauchen sie jüngere Männer. Wahrscheinlich überfordern sie die Typen in ihrem Alter.«
Abgesehen von Kinsey, der unterschiedliche Verbindungen zwischen sozialer Schicht und Sexualverhalten herstellte, schrecken die Fachleute vor diesem Thema zurück. Kinsey stellte fest, daß die niedrigeren sozialen Schichten früher Geschlechtsverkehr haben, schneller Seitensprünge begehen und sich nicht so lange dem Vorspiel hingeben wie die höheren. Heutzutage würde er vermutlich weniger Unterschiede im Sexualverhalten der sozialen Schichten finden und dafür mehr klassenüberschreitende Beziehungen, in denen andere Faktoren den Sex beeinflussen. Vielleicht würde er sich heute eher auf das Kräfteverhältnis konzentrieren.
»Ich war mit einer Frau verheiratet, die plötzlich sehr viel mehr Geld verdient hat als ich«, erzählt ein Postangestellter aus Georgia. »Das hat unsere Ehe kaputtgemacht, besonders den Sex. Ich kann nicht ihr die ganze Schuld geben. Nicht sie hat mir meine Kraft geraubt, sondern das Geld.«
»Ich bin mit einer Weißen gegangen«, sagt Miguel, ein New Yorker puertoricanischer Abstammung. »Ich habe wahnsinnig gern mit dieser Frau geschlafen. Aber dann sind alle möglichen kulturellen Probleme aufgetaucht. Ich wollte, daß sie sich ein bißchen ziert, aber ihr waren Ehrlichkeit und Offenheit in der Diskussion ihrer Bedürfnisse und

Wünsche besonders wichtig. Sie hat ›Spiele‹ gehaßt, obwohl ich genau wußte, wie man sie spielen muß, damit sie Spaß machen. Ich glaube, sie hat mich als Menschen gemocht und sich keine Gedanken über meine Hautfarbe gemacht. Wenn wir zusammen ausgegangen sind, hab' ich uns immer genauso gesehen, wie die anderen uns auch gesehen haben — als eine weiße Frau mit einem Puertoricaner. Ich hab' gedacht, wenn ein Weißer uns anschaut, denkt er sicher: ›Mein Gott, diese Latinos, die packen's die ganze Nacht.‹ Ich hab' dieses Gefühl nicht ausstehen können — wie wenn ich bloß ihr Hengst aus der Unterschicht wäre.«
Vielleicht trifft ein fünfundvierzigjähriger Investmentmakler bei der Diskussion des Verhältnisses zwischen Sex und Macht noch am ehesten den wahren Sachverhalt: »Ich bin schwarz, und ich fühle mich unbehaglich, wenn ich mit schwarzen Frauen meines Alters zusammen bin. Die sind völlig übergeschnappt. Die lassen sich nichts mehr gefallen. Und das sagen sie mir auch, und zwar als allererstes. Natürlich sind diese Beschwerden darüber, wie die Welt mit ihnen umspringt, berechtigt ... aber ich bin nicht die Welt.
Bei jüngeren schwarzen oder weißen Frauen oder Asiatinnen jeglichen Alters begegne ich dieser Wut gegen den schwarzen Mann nicht. Sie versuchen nicht, mir die Kontrolle innerhalb der Beziehung zu entreißen. Frauen unter Dreißig sind noch nicht so aggressiv. Und weiße Frauen sehen mich als jemanden, der innerhalb des weißen Establishments genauso hart wie sie selbst hat arbeiten müssen, um es zu etwas zu bringen. Wir verstehen uns auf Anhieb. Sie sind wütend auf die älteren Weißen, aber nicht auf mich.«
Ein Teil des weiblichen Sex-Appeals hat mit der Macht zu tun, die eine Frau hat oder nicht hat. Möglicherweise

fühlt er sich nur von einer starken oder nur von einer schwachen Frau angezogen — oder von einer starken Frau, die er in die Knie zwingen kann. Ihre Chancen, ihn zu beeindrucken, wenn sie nicht sein »Machttyp« ist, sind sehr gering.

»Nicht, daß sie irgend etwas falsch gemacht hat oder etwas anderes hätte besser machen können«, erklärt Miguel. »Sie hat für mich eine Situation bedeutet, die ich nicht im Griff hatte, und das hat mir nicht gepaßt — das Gefühl darüber, mit ihr zusammenzusein, nicht sie selbst.«

Was Sie bezüglich Sex und Macht erinnern sollten:

* Die Partner sind nie absolut gleichberechtigt.

* Frauen sind besessen von dem Gedanken, den Sex bis zum richtigen Moment zu verwehren, und geben ihre Macht dann in anderen Bereichen als beim Sex auf. Die meisten Männer wünschen sich, daß sie das nicht tun würden. Aber wie jeder, der einen Fußabstreifer vor sich hat, treten sie darauf.

* Egal, ob Sie ihm nun lieber über- oder unterlegen sind: Lassen Sie nie einen größeren Spielraum als maximal fünf bis zehn Prozent der gesamten Macht zu. Ein gezielter Einsatz der Macht ist richtig; diese auszunützen, nicht.

* Männer unter Dreißig fühlen sich unter Umständen wohler bei Frauen mit mehr Macht, weil ihr Penis sie bisher noch nicht auf nennenswerte Weise im Stich gelassen hat.

TEIL DREI

Die Stimulierung

Der Neid auf die Erregung der Frau

Vielleicht sind Männer deshalb so versessen darauf, unsere Motive kennenzulernen, warum wir den Sex wollen, weil sie sich unserer Erregung nie so sicher sein können, wie wir uns der ihren. Eine Erektion kann man nicht simulieren. Ironischerweise macht der Penis, das Symbol männlicher Macht, den Mann verletzlicher, als Frauen wissen. Der Penis befindet sich sozusagen außerhalb des Körpers, wo er immer genau beobachtet werden kann. Und der Geschlechtsverkehr hängt in hohem Maße von seiner begeisterten Beteiligung ab. Ja, es kann durchaus Begierde geben, auch wenn keine Erektion zustande kommt — genauso wie es eine Erektion geben kann, ohne daß eigentlich Lust vorhanden ist. Es kann sogar Sex geben — wunderbaren, befriedigenden Sex —, ohne daß es zur Erektion kommen muß. Und doch reagieren nur wenige Männer auf die fehlende Erektion mit einem optimistischen Lächeln.

Der erigierte Penis symbolisiert für den Mann und die Frau gleichermaßen die männliche Erregung. Vor Jahren las ich einen Ausschnitt aus Gail Sheehys *Passages* (dt.: *In der Mitte des Lebens. Die Bewältigung vorhersehbarer Krisen*), in dem eine Frau erklärt, wie man einen schlaffen oder nur teilweise erigierten Penis trotzdem in die Vagina bekommt. Irgend etwas störte mich damals an dieser Beschreibung, aber ich wußte nicht, was. Jetzt weiß ich es. Nämlich, daß Sheehy weder an dieser Stelle noch sonst irgendwo in diesem Kapitel erwähnte, daß das gar nicht nötig ist, weil guter Sex auch ohne erigierten Penis möglich ist. Wenn sie und die Frau, die sie zitierte, das damals nicht begriffen hatten, können wir es den Männern dann verübeln, wenn sie heute nach wie vor damit Probleme haben?

Wir sagen, wir wollen keine Macho-Männer — bis wir es mit einem schlaffen Penis zu tun haben, der doch eigentlich hart sein sollte. (Es geht hier übrigens um denselben Penis, der nicht hart sein sollte, wenn er uns dadurch in peinliche Situationen bringt oder aggressiv auf uns wirkt.) Dann überschütten wir ihn und den Mann mit Ermutigungen und Verständnis. Wenn unsere Versuche mißglücken, suchen wir die Schuld auf seiner Seite des Bettes oder auch auf unserer.

Viele Schriftstellerinnen haben im vergangenen Jahrzehnt gesagt oder angedeutet, daß der schlaffe Penis die Waffe des Mannes ist, mit der der Mann die sexuell aggressive Frau in die Schranken verweist. Sie sehen die Erektion als Mittel in einem Machtkampf, den er auf die eine oder andere Weise unbedingt gewinnen will. Entweder beharrt der Mann auf seinem Recht, wenn wir nicht wollen, oder er enthält ihn uns vor, wenn wir wollen. Ihre Annahmen gründen sich auf einen Glauben, den sie gar nicht offen zugeben würden: den Kode der Machisma, der besagt, daß der Penis immer von einem Mann oder einer sexuell erfahrenen und entschlossenen Frau kontrolliert werden kann. Wenn es weder ihm noch ihr gelingt, stimmt irgend etwas mit ihm oder ihr nicht.

Vielleicht ließe sich die Erregung des Penis vortäuschen,

genau wie unsere, wenn er nicht so sichtbar wäre. Ein bißchen Vaseline und ein wenig Schauspielerei ermöglichen es uns, auch dann mit jemandem zu schlafen, wenn wir nicht unbedingt in der Stimmung sind. Das ist ein angenehmes Privileg, das es uns erlaubt, die Liebe langsam angehen zu lassen, bis sich unsere Leidenschaften wirklich entzünden, dann können wir mit dem Tempo immer noch ein bißchen nachziehen. Er jedoch muß von Anfang an voll da sein. Sollte sie vor ihm in der Stimmung sein, konzentriert sie ihre ganze Energie darauf, ihn so schnell wie möglich zur Erektion zu bringen. Sie widmet sich dann zuerst dem Penis und dann dem Mann. Wir, und sie, verhalten uns weiterhin so, als wäre der Mythos wahr, auch wenn die Realität uns eines besseren belehrt.
Als Erica Jong kürzlich befragt wurde, wie sich die sexuellen Gewohnheiten der Amerikaner verändert hätten, seit sie 1973 *Fear of Flying* (dt.: *Angst vorm Fliegen*) geschrieben hatte, sagte sie: »Heute gibt es mehr oralen Sex und mehr Impotenz.« Sie ist nicht die einzige, der das auffällt. Mehrere Forschungsprojekte sind zu demselben Ergebnis gekommen. Sextherapeuten unterstützen diese Erkenntnisse mit Fallbeispielen aus der eigenen Praxis.

Die Gründe für den Vormarsch des oralen Sex werden folgendermaßen angegeben:

- Aufgrund der umfassenden Information über den Sex neigen wir heute stärker dazu, ihn wirklich nur so zum Spaß zu betreiben.
- Wir wissen um das Bedürfnis der Frau nach klitoraler Stimulation und akzeptieren deshalb eher getrennte

Orgasmen, die durch orale Stimulation herbeigeführt werden, ja, suchen sie sogar.

— Männer versagen oft bei sexuell gleichberechtigten Frauen und behelfen sich deshalb mit oralem Sex.

Impotenz ist heute häufiger anzutreffen als früher, weil:

— das Streben nach Erfolg den Geschlechtstrieb unterdrückt,

— der oberflächliche Sex dem Geschlechtsverkehr seine Faszination geraubt hat,

— Männer oft bei sexuell gleichberechtigten Frauen versagen.

Folgende Dinge erfahren wir hingegen nicht:

— Der orale Sex ist ein Mittel, bei dem der Mann sich sicher sein kann, daß er der Frau wirklich zum Orgasmus »verholfen« hat.

— Das Durchschnittsalter der Bevölkerung erhöht sich; ältere Männer haben nicht immer automatisch eine Erektion, sobald sie an eine attraktive Frau denken. Mit zwanzig ist der Penis nicht sonderlich wählerisch. Mit dreißig, vierzig und später schon eher.

— Die neue Freiheit der Frau, zu verführen, hat unmittelbar zur neuen Freiheit des Mannes geführt, sich *nicht* verführen zu lassen. Natürlich war der Penis vor fünfzig Jahren immer erigiert, wenn die Frau mit ihm zu tun hatte. Schließlich hatte der Mann ja solange gewartet, bis er es war.

— Der Zwang zum Sex zwischen Mann und Frau, seien sie nun verheiratet oder nicht, hat zu immer mehr Situationen geführt, in denen der Sex nicht nach dem Kode funktioniert.

Die sexuelle Befreiung setzt den Mann stärker unter Druck, vorzeigbare Ergebnisse zu produzieren, als früher, und der Penis ist wichtiger denn je. Nach den neuen Regeln des Machismo ist es wesentlich, ihr zu mehreren Orgasmen zu verhelfen. Stellen Sie sich einmal vor, Ihre eigenen vaginalen Sekretionen stünden genauso im Blickpunkt der Öffentlichkeit wie seine Erektionen. Dann würde man Vaseline unter dem Ladentisch verkaufen, und zwar in den natürlichen Duftnoten der Frau.

Kapitel 6: **Die Feinde der Lust**

»Wenn eine Frau sagt: ›Komm, laß uns bumsen‹, interessiert mich das nicht — es sei denn, ich weiß, daß sie zu bumsen nicht unbedingt bedeutet, daß sie mir auch gehört. Ich kann das nicht so richtig erklären. Sie muß sozusagen einen eingebauten Widerstand haben. Wenn sie den nicht hat, dann sollte sie ihn lieber aufbauen, indem sie mir den Sex hin und wieder vorenthält. Ohne Widerstand kann ich meine Erregung nicht aufrechterhalten. Genau das ist faul an der Ehe, besonders in der Ehe mit der modernen Frau, die glaubt, alles sein zu müssen, auch die immer verfügbare Geliebte.« — John, fünfundvierzig Jahre.

Die Feinde der Lust greifen im Stadium der Erregung an. Diese Feinde sehen genauso aus, wie Frauen sie sich vorstellen: Wiederholung des immer gleichen Aktes, das Alter — alternde Körper, Doppelkinn und Hängebrüste altgedienter Ehefrauen oder Geliebter, und, noch wichtiger: alternde Beziehungen. Gerade wenn der Mann den biologischen Zeitpunkt erreicht, wo er stärker erregt werden muß, stellt er fest, daß seine langjährige Partnerin das immer weniger tut. Vielleicht macht er sich dann auf die Suche nach einer anderen, meist jüngeren Frau. Im Laufe der Jahre habe ich immer wieder Briefe von Männern bekommen, die mich im Grunde alle dasselbe fragten:

- Wie kann ich meine Frau dazu bewegen, bei Gruppensex oder Partnertausch mitzumachen?
- Wie bekomme ich sie dazu, etwas Neues auszuprobieren (besonders analen Sex)?
- Obwohl ich meine Frau liebe, habe ich ein Verhältnis mit einer anderen (oder onaniere heimlich oder habe die wildesten Phantasien über andere Frauen), und ich habe Schuldgefühle dabei. Ist das normal?

Auch Frauen stellen fest, daß sich heftige Leidenschaft innerhalb einer lang andauernden Beziehung nicht pausenlos aufrechterhalten läßt. Die Lust nimmt bei beiden Geschlechtern zu und ab. Nach den Erkenntnissen demographischer Umfragen der Princeton University, die durch nationale und internationale Forschungen bestätigt werden, nimmt die Häufigkeit des Geschlechtsverkehrs nach dem ersten Jahr der Ehe (oder des Zusammenseins) rapide ab. Am Ende des zweiten Jahres ist die Aktivität nur noch halb so groß wie im ersten Jahr. Wichtiger als das Alter des Paares ist die Dauer der Beziehung. Auch meine eigene Umfrage bestätigt diese Ergebnisse: Während weniger als ein Drittel der befragten Männer angaben, mit zunehmendem Alter stärker von erotischer Stimulierung wie Reizwäsche, Obszönitäten oder Pornographie abhängig zu werden, sagte mehr als die Hälfte, diese Dinge würden zunehmend wichtiger, je länger die Beziehung andauere. Vielleicht konzentrieren sich Frauen, die weniger stark von optischen Reizen abhängen, dafür im Lauf der Zeit

eher auf romantische Phantasien. Doch egal, wie die Motivationen letztlich tatsächlich zusammenspielen, eines steht fest: Frauen haben heutzutage mehr Affären als früher. Kinsey stellte noch fest, daß nur etwa sechs bis sechsundzwanzig Prozent der verheirateten Frauen einen Seitensprung begangen hatten. Heutige Umfragen geben die Zahl mit etwa fünfzig Prozent an. Männer haben noch immer mehr außereheliche Verhältnisse — laut Forschungsergebnissen angeblich bis zu achtzig Prozent. Sie behaupten, das sei auf ein Bedürfnis der Abwechslung zurückzuführen, nicht auf eines nach Romantik. Manche Männer glauben, daß wir Frauen besser mit der Langweile sexueller Routine umgehen können, solange wir das Gefühl haben, geliebt zu werden und/oder zum Orgasmus kommen. Mit zunehmendem Alter werden wir leichter erregt. Wir unterliegen weit weniger sexuellen Zwängen als der Mann — und müssen die Erregung auch nicht vorzeigen.
Egal, ob die Antwort auf diese Konstellation nun »Partnertausch« oder »Seitensprung« lautet, die Frage ist jedenfalls:

Wie soll ein Mann es nur schaffen, sein ganzes Leben, Tag für Tag, von ein und derselben Frau erregt zu werden?

»Der Mann reagiert auf erotische Behaglichkeit mit Unruhe. Wir brauchen einfach die richtige Kombination aus Behaglichkeit und Herausforderung. Wenn die Frau immer verfügbar ist, wenn sie jederzeit das macht, was der Mann von ihr will, wo liegt dann noch der Unterschied zwischen ihr und irgendeinem Sexsklaven aus den Schriften von de Sade?« schreibt ein dreißigjähriger Texaner.

Da haben wir also wieder einmal die Geschichte mit dem Widerstand! Fachleute geben Frauen immer wieder den Rat, die sexuelle Routine ein wenig abzuwandeln und/oder dem Mann das zu geben, was er im Bett will, so daß er sich nicht anderswo umsehen muß. Abwechslung ist die Würze des Geschlechtslebens. Doch es ist wahrscheinlich kein guter Gedanke, ihm immer das zu geben, was er sich einbildet — ganz abgesehen davon, daß es gar nicht möglich ist. (Sagt er denn nicht auch, daß er weniger will, nicht mehr?)

Alle Männer haben in ihren sexuellen Phantasien natürlich mehr und anderen Sex als im richtigen Leben. Aber im Regelfall gilt es auf dem Weg zu diesem Ziel erst einmal, den weiblichen Widerstand zu überwinden — das ist ein wichtiger Teil des Szenarios. Seine sexuelle Traumidentität — die sich teilweise durch seine persönliche Interpretation des Kodes speist — besteht eigentlich aus einem Mann, der erotische Schlachten schlägt und sie zum Wohle aller gewinnt, sich selbst dabei befriedigt und auch die Frau gegen ihren Willen befriedigt. Natürlich ist er dabei immer erregt. Es fällt ihm schwerer, diese Phantasien rund um eine willige Frau herum aufzubauen.

Warum verstehen Frauen nicht, daß Männer nichts dafür können, wenn sie mit jeder Frau ins Bett wollen, die sie sehen?

»Meine Freundin dreht durch, wenn wir zusammen ausgehen und ich anderen Frauen nachschaue. Sie versteht nicht, daß Männer einfach nicht monogam sind. Ich bringe ihr wirklich ein Opfer, wenn ich ihr treu bin. Wenn andere Frauen mich erregen, kann ich sie besser befriedigen. Sollte

sie nicht glücklich sein über die Ergebnisse und sich keine Gedanken darüber machen, wie es dazu kommt?« schreibt ein neunundzwanzigjähriger Einzelhandelskaufmann aus dem Südwesten der Staaten.

Jeder Mann schaut — mehr oder weniger oft — anderen Frauen nach und stellt sich vor, wie es wohl wäre, mit ihnen ins Bett zu gehen. Die Männer machen die Frauen sexuell zu Objekten, während die Frauen die Männer in einem romantischen Licht sehen. Männer betrachten Frauen als eine Sammlung von einzelnen Körperteilen, nicht als Menschen. Wenn ein Mann sagt, seine wandernden Blicke bedeuten nicht, daß er unzufrieden mit seiner Partnerin ist, dann sagt er vermutlich die Wahrheit. Der frühere amerikanische Präsident Jimmy Carter verhalf dieser männlichen Eigenheit zu einer gesellschaftsfähigen Bezeichnung: »Die Begierde des Herzens.« Offenbar verstand Rosalyn, daß diese Blicke genau wie das Imponiergehabe dazu dienen, den Penis in Erregung zu halten.
Die meisten Männer wissen, daß es tatsächlich nur bei Blicken bleibt, aber manche reden sich auch ein, daß sie wirklich mit jeder Frau schlafen wollen, die sie sehen. (»Sogar mit den häßlichen. Alle Frauen sind grundsätzlich gleich gebaut, was macht's da im Dunkeln schon aus, wenn sie häßlich ist?«) Lediglich die gesellschaftlichen Beschränkungen und die Bande der Liebe halten ihren wilden Geschlechtstrieb im Zaum — das glauben sie zumindest.
»Männer haben einen Geschlechtstrieb, Frauen nicht«, erklärt allen Ernstes ein Mann. »Wir Männer wollen mit einer Frau ins Bett, so oft es geht.«
Männer, die dieser Philosophie anhängen, haben den Macho-Kode so verinnerlicht, daß sie nicht die geringsten

Zweifel bei der Beantwortung der Frage: »Sollte ein richtiger Mann *immer* mit einer attraktiven Frau schlafen wollen?« haben. Sie hängen dem alten Kode genauso unbeirrbar an wie dem neuen: Es ist wesentlich, so oft wie möglich mit einer Frau ins Bett zu gehen und ihr dabei zu so vielen Orgasmen wie möglich zu verhelfen. Sie brüsten sich damit, als Superliebhaber genau zu wissen, was eine Frau will.

In manchen Fällen leben solche Männer ihre Philosophie auch tatsächlich aus. Immer neue Eroberungen sind nötig, um ihr Selbstverständnis und ihre sexuelle Erregung aufrechtzuerhalten. Frauen, die solche Männer lieben, fügen sich entweder in die Tatsache, eine Beziehung mit einem Schürzenjäger zu haben, oder sie verlassen diesen Mann. (So ein Mann würde einen Seitensprung seiner Frau als Todesstoß verstehen, denn für sie »bedeutet das ja etwas«.)

»Ich verberge meine Affären vor meiner Frau, aber ich glaube, daß sie doch — zumindest von einigen — weiß«, schreibt ein siebenunddreißigjähriger Anwalt. »Ich liebe meine Frau, aber Männer sind von Natur aus nun mal nicht monogam. Eine der Lieblingsgeschichten meines Vaters handelt von Präsident Coolidge und dem Hahn. Coolidge und seine Frau besichtigten eine Farm. Mrs. Coolidge fragte, wie denn ein einziger Hahn so viele Hennen ›versorgen‹ könnte. Als man ihr antwortete, daß er mehrmals täglich eine Henne besteigen könne, meinte sie: ›Erzählen Sie das Mr. Coolidge.‹ Sie verstehen, was ich meine. Es liegt einfach in der Natur. Der Mann ist praktisch das einzige monogame männliche Wesen in der ganzen Tierwelt. Das ist nicht natürlich, sondern von der Gesellschaft vorgegeben.«

Viele Männer, die dieser Auffassung sind, sind monogame Ehemänner und Liebhaber. Sie führen nur in ihrer Phantasie ein Leben wie Don Juan. Bei ihnen ist die Traumwelt genauso wichtig für die Erregung wie für den Schürzenjäger seine tatsächlichen Eroberungen. Während sie behaupten, nur »ihr zuliebe« treu zu sein, sind sie vermutlich ganz froh, ihr sexuelles Stehvermögen nicht ständig an neuen Frauen erproben zu müssen.

»Wenn ich gleichzeitig glücklich verheiratet sein und mit so vielen Frauen schlafen könnte, wie ich wollte, würde ich es tun«, sagt ein zweiunddreißigjähriger Mann aus Georgia. »Ich sehe schöne Frauen und will mit ihnen ins Bett gehen. Aber ich kann meine Begierden nicht ausleben. Männer verbringen viel Zeit damit, sexuell frustriert zu sein. Ich habe festgestellt, daß ich mir diese Frustrationen zunutze machen und auch meine Frau besser befriedigen kann, wenn ich meine aufgestauten Wünsche zu Hause lustvoll auslebe. Muß sie unbedingt wissen, daß der Auslöser für diese Lust nicht immer sie selbst ist? Nein.«

Andere Männer sprechen über erotische Veränderungen innerhalb der Beziehung — das hat nichts mit Partnertausch zu tun —, wenn von Abwechslung die Rede ist.

Warum versteht eine Frau nicht, daß guter Sex von erotischer Abwechslung abhängig ist?

»Meine Frau ist der Meinung, daß die Liebe allein genügen sollte, um meine Leidenschaft anzufachen. Vor zehn Jahren war das auch noch so. Heute ist es oft nicht mehr so. Sie verweigert mir den Sex nie. Sie ist immer einfühlsam und liebevoll und beklagt sich nicht, wenn es einmal nicht so gut klappt. Aber sie beklagt sich über die Häufigkeit. Ich möchte

auch öfter mit ihr schlafen, aber ich hätte gerne, daß sie die Frau meiner Träume ist, die sich sexy kleidet und sich mir hemmungslos hingibt, als würde sie einzig und allein für meinen Schwanz leben«, schreibt ein Mann nach zehn Jahren Ehe.

Höchstwahrscheinlich wäre er nicht sonderlich angetan, wenn seine Frau sich plötzlich wirklich in die lüsterne Geliebte seiner Phantasie verwandeln würde. Ja, er hätte gerne seine erotische Abwechslung — aber nicht eine völlige Veränderung. Eigentlich will er sagen: ich möchte genauso oft und genauso leicht erregt werden wie noch vor zehn Jahren, aber das klappt nicht, und deshalb mache ich mir Sorgen. Während ein Mann, der dem Macho-Kode anhängt, immer neue Frauen als einziges Heilmittel sieht, glaubt dieser Mann an die erotische Abwechslung mit ein und derselben Frau. Er will nicht hinnehmen, daß der Sex eben oft nicht außergewöhnlich ist. Häufig teilt seine Partnerin diese Überzeugung.

»Als wir vor fünf Jahren zusammengezogen sind, wollte meine Freundin nicht so oft mit mir schlafen, wie ich mit ihr«, schreibt ein Siebenundzwanzigjähriger. »Jetzt will sie öfter mit mir ins Bett. Wir haben uns damals gestritten, und wir streiten uns auch heute. Das liegt zum Teil daran, daß wir in unterschiedlichen Schichten arbeiten. Früher hat's mich immer wahnsinnig erregt, wenn sie mich aufgeweckt hat, indem sie meinen Schwanz in den Mund genommen hat. Heute glaube ich manchmal, daß dafür keine Zeit ist oder daß ich zu müde bin. Trotzdem denke ich gleichzeitig heute viel mehr an andere Frauen als noch vor fünf Jahren. Ich habe Schuldgefühle, wenn ich mir andere Frauen vorstelle und masturbiere, während

sie in der Arbeit ist und ich dann zu müde bin, sie zu befriedigen, sobald sie nach Hause kommt.«
Diese Männer und ihre Partnerinnen sind der Ansicht, daß ein Mann erregt sein sollte, sobald sie zum Sex bereit ist. Wenn die Dauer einer Beziehung die Erregung dämpft, machen sie sich selbst oder einander Vorwürfe, weil sie nicht genug Abwechslung in ihr Geschlechtsleben bringen. Ja, natürlich: Abwechslung ist gut, mit Sicherheit viel besser, als zwanzig Jahre lang zweimal pro Woche zehn Minuten in der Missionarsstellung zu verbringen. Aber Abwechslung — genau wie dieses andere vielstrapazierte Wort, die Kommunikation — ist kein Allheilmittel gegen Beziehungsprobleme.
»Es ist unrealistisch, zu glauben, daß ein Mann immer erregt ist, wenn seine Partnerin das will«, schreibt ein Bezirksverkaufsleiter aus dem Nordosten der Staaten. »Manchmal ist Sex etwas anderes als Geschlechtsverkehr, nämlich Streicheln und gegenseitiges Masturbieren, wenn einer mal gerade nicht so in Stimmung ist. Ich wette, viele Leute versagen sich angenehme Körperkontakte, weil sie glauben, daß Sex nur Geschlechtsverkehr bedeutet. Manche Männer würden sogar noch weiter gehen: Sex ist lediglich dann richtiger Geschlechtsverkehr, wenn sie sich stark genug fühlen, die Frau beim Sex völlig fertigzumachen. Sie fühlen sich nicht wie richtige Männer, wenn ihr Schwanz nicht hart wie eine Eisenstange ist. Also schlafen viele Leute mit dem Gefühl ein, nicht geliebt zu werden, nicht wahr?«
Andere Männer gestehen, daß zu der Abwechslung, die sie sich vom Sex erwünschen, auch gehört, einmal nicht mit Volldampf an die Sache heranzugehen oder vielleicht sogar auch einmal abwinken zu können.

»Ich bin das zweite Mal verheiratet«, schreibt ein Geschäftsinhaber aus Kentucky. »Meine erste Frau hat die Nummer mit der Sexbombe abgezogen, als unser Sexleben ein bißchen ruhiger geworden ist. Anfangs war es natürlich aufregend, zu einer Frau heimzukommen, die nackt auf dem Boden liegt und in deren Möse allmählich kleine Stückchen Halbbitterschokolade vor sich hinschmelzen. Aber das wird nach einiger Zeit langweilig. Und schließlich wurde es — ich zögere, das Wort zu gebrauchen, weil sie mich dann vielleicht für eine Memme halten — bedrohlich. Wieviel wollte sie denn noch von mir? Ließ sie mir meinen schlaffen Schwanz nie durchgehen, ohne daß ich deswegen gleich einen Minderwertigkeitskomplex haben mußte?
Meine zweite Frau hat nicht immer Lust auf Sex. Sie kann genauso heiß werden wie die erste, aber zum Glück hat sie auch mal Tage, wo sie nicht will. Sie können sich gar nicht vorstellen, wie schön der folgende Satz klingen kann: ›Nicht heute nacht, Schatz, ich habe Kopfweh.‹«
Und ein Arzt aus Chicago sagt: »Der Mann glaubt gerne, daß er nicht soviel bekommt, wie er eigentlich noch schaffen würde. Er freut sich über kleine sexuelle Frustrationen, besonders wenn er älter wird. Sein Geschlechtstrieb speist sich hauptsächlich aus dem Widerstand. Frauen hören das nicht gerne, aber er mag das lieber, was er nicht so leicht haben kann. Keinesfalls will er sich fragen müssen, ob er in der Lage ist, mitzuhalten, oder ob er sie enttäuschen muß.«
Dieses ganze Gerede vom Widerstand vermittelt fast den Eindruck, als wünschten sich Männer jede Nacht eine erotische Schlacht. Das stimmt nicht. Aber der Verdacht, daß

es doch so sein könnte, verführt viele Frauen zu dem Ratschlag: »Zieren Sie sich ein bißchen.« Männer wünschen sich, daß die Frau ihre Sexualität mit ihren ganzen Höhen und Tiefen akzeptiert. Sie haben mit ihrem eigenen Mythos schon genug zu tun. Sie verstehen ihre Entschlossenheit, sie zu erregen, wenn sie nicht erregt sind — oder ihre fast völlige sexuelle oder anderweitige Unterwerfung —, als Manifestationen ihres eigenen Mythos. Sie erwartet von ihnen, daß sie allzeit bereit sind, sie völlig zu befriedigen, für sie die Verantwortung übernehmen. Verständlicherweise haben die Männer davor Angst.

Der »Widerstand«, den die Männer sich wünschen, läßt sich nicht planen. Auch die Frau, die sich »ziert«, kann ihre Lust nicht verbergen, wenn sie da ist. Männer sagen mir immer wieder, daß sie sich eine intelligente Frau wünschen, keine »Nutte«, keine »fanatische Spielerin« und auch keine Frau, »die bereit ist, sich in einen anderen Menschen zu verwandeln, nur um es dem Mann recht zu machen«. Intelligente, unabhängige Frauen besitzen einen ganz natürlichen Widerstand, den Männer sexy und attraktiv finden. (»Eine dumme Frau ist okay, wenn ich einen geblasen haben will«, erklärt ein neunundzwanzigjähriger Mann aus Texas, »aber nicht für richtigen Sex. Wenn man mit einer Frau schläft, braucht man noch etwas anderes als nur einen Körper, an dem man sich festhält.«) Diesen natürlichen Widerstand bieten:

— Partner, die ihre gegenseitigen sexuellen Bedürfnisse und Wünsche kennen und akzeptieren;

— Frauen, die von ihm nicht immer die Erfüllung dieser Bedürfnisse erwarten, weil sie ganz genau wissen, daß auch sie selbst nicht *immer* die seinen erfüllen können;

— Frauen, die sich nicht völlig selbst aufgeben, nur weil sie sich verliebt haben.

»Frauen können ganz schön blöde sein«, sagt John. »Wenn sie es ihrem Partner — im Bett oder auch außerhalb — recht machen wollen und sich selbst dabei aufgeben, sind sie verrückt. Außerdem nehmen sie ihm damit auch etwas weg. Sie machen es ihm zu leicht. Sie nehmen ihm die Herausforderung, machen es ihm zu leicht, fett, faul und selbstzufrieden zu werden. Natürlich strampelt er sich ab, um die Oberhand zu gewinnen. Aber das bedeutet nicht, daß er sie auch tatsächlich will, wenn er sie bekommen hat.«
Mit fast völliger Sicherheit tut er das nicht.

Was Sie zum Punkt männlicher Erregung nicht vergessen sollten:

* Weil er stärker auf optische Reize anspricht als sie, wird er von einer attraktiven Frau vielleicht erregt, während Sie einen attraktiven Mann wahrscheinlich nur aus der Ferne bewundern.

* Selbst wenn er gerne glauben würde, daß er dieser Erregung nachgeben könnte oder sollte, wird er es wahrscheinlich nicht tun.

* Wenn Sie ihn nicht mehr so leicht oder so oft wie früher erregen können, dann glauben Sie nicht, daß das

Problem sich dadurch lösen läßt, daß Sie ihm mehr von dem geben, was er Ihrer Ansicht nach mag. Akzeptieren sie die ganz natürlichen Höhen und Tiefen der Begierde.

* Sexuelle Abwechslung ist etwas Wunderbares. Doch eine der Variationen, die Sie nicht aus dem Auge verlieren sollten, ist die einfache Zuneigung ohne Leistungsdruck. Halten Sie ihn in den Armen oder streichen Sie ihm übers Haar. Vermitteln Sie ihm nicht das Gefühl, daß das unbedingt zu mehr führen muß.

Kapitel 7: Die freundliche Möse

»Wenn es die Frauen erregen soll, sind's Erotika. Wenn es den Mann erregen soll, ist's Pornographie. Halten Sie das etwa für fair?« — James, ein Verfasser von Erotika.

Fair nicht, aber wahr. Wenn Sie Zweifel an dieser Aussage haben, schauen Sie sich mal die Erotika im nächsten Homosexuellen-Bücherladen an. Andrea Dworkin, die mit radikalfeministischen Ansichten gegen die Pornographie zu Felde zieht, verfaßt gleichzeitig gepfefferte lesbische Geschichten, die sich oft in den Bereich des Sadomasochismus vorwagen. (Nein, ich kann Ihnen nicht erklären, warum eine Frau eine andere Frau verletzen darf, während ein Mann eine Frau nicht verletzen darf. Vielleicht kann die Autorin das.)

Seit Hugh Hefner 1954 am Küchentisch seines Hauses in einem Vorort von Chicago die Idee zum PLAYBOY hatte, werden alle Arten von Publikationen und Videos, die darauf abzielen, Männer zu erregen, von Frauen, Predigern wie Jim Bakker und »besorgten Bürgern« angegriffen. (Von Kinderpornographie und Hardcore-Pornos, die sich weder rechtlich noch moralisch rechtfertigen lassen, soll in diesem Buch nicht die Rede sein. Auch extrem gewalttätige sadomasochistische Praktiken haben meiner Meinung nach hier nichts zu suchen.) Andererseits sind Erotika von Frauen, so zum Beispiel Lonnie Barbachs *Pleasures* und *Erotic Interludes* sowie *Deep Down: The New Sensual Writing by Woman,* herausgegeben von Laura Chester, von vielen gelobt worden. Allerdings muß man eines zugestehen: Frauenerotik spielt sich fast ausschließlich im verbalen Bereich ab, kaum jemals im visuellen.

Die meisten Männer werden von pornographischer Literatur und Videos für Erwachsene erregt. Über neunzig Prozent der von mir befragten Männer gaben eine oder beide Kategorien als Stimulationsmittel an. Die Mehrheit von ihnen benützt diese Materialien sozusagen als »Sprungbrett« für die Masturbation oder andere sexuelle Erlebnisse. (Hier ist nicht von dem geringen Prozentsatz der pornobesessenen Männer die Rede — jene Männer, die sich stundenlang mit ihrer Sammlung beschäftigen können und die Masturbation dem Sex mit Frauen vorziehen.) Shere Hite schreibt in *The Hite Report on Male Sexuality* (dt.: *Hite-Report,* 2. Bd.), daß die überwältigende Mehrheit der Männer die ästhetisch anspruchsvollen Nacktfotos in PENTHOUSE und PLAYBOY dem unverblümteren Sex in den billigeren Publikationen vorzieht.

Lonnie Barbach sagt: »Für die meisten Männer stellt die Betrachtung von PLAYBOY, PENTHOUSE oder FORUM eine Möglichkeit der Erregung dar; der Mann sucht nicht nach einer anderen Frau und vergleicht auch seine Partnerin nicht mit der Frau auf der Seite des Magazins. Er schaut sich die Fotos einfach deshalb an, weil es ihm Spaß macht. Für ihn hat das nichts mit Abwertung zu tun. Männer verwenden Bilder als sexuelle Stimulation, Frauen nicht. Sie reagieren eher auf Berührungen und emotionalen Austausch.«

Die Frage, die Männer mir über die Pornographie am häufigsten gestellt haben, lautet:

Wie bringe ich eine Frau dazu, mit mir zusammen pornographische Bücher, Magazine oder Videos anzuschauen?

»Ich glaube, es könnte sie auch anregen, wenn sie mal was Neues sehen würde. Sie ist überhaupt nicht für Abwechslung zu haben, nicht einmal für Reizwäsche. Sie sagt, die Magazine, die ich mag, sind ›schmutzig‹ oder ›abartig‹. Sie sagt, daß die Frauen darin ausgenützt werden. Ich sage, die Bilder sind doch nur zur Stimulation gedacht, und in den Geschichten geht's um tollen Sex, für Mann und Frau. Was soll daran so schlimm sein?«

Ich persönlich halte die Magazine, die dieser Mann mag, nicht für schlimm. Männer finden darin handfeste Informationen über sexuelle Techniken und die sexuellen Bedürfnisse der Frau, also die gleichen Informationen, die wir Frauen über unsere Magazine bekommen, nur sie lesen sie eben in ihrer Sprache. Sie sind ein sicheres Ventil für die Phantasien der Männer. Und öfter, als man eigentlich erwarten würde, wenn man solche Hefte nicht regelmäßig liest, enthalten sie Geschichten und Briefe von Frauen, die im Bett die Initiative übernehmen.

Frauen, die etwas gegen solche Magazine haben, argumentieren, daß Frauen darin zu Objekten gemacht werden, was sie abstoßend finden. Die Pornographie macht Frauen tatsächlich zu Objekten, weil sie dazu dient, Männer zu erregen, und Männer machen Frauen beim Sex nun einmal zu Objekten. Sie tun dies, weil sie in der Lage sind,

Liebe und Sex voneinander zu trennen. Die meisten Frauen können das nicht, weil sie entweder wirklich anders reagieren oder aber von der Gesellschaft dazu gebracht werden, anders zu reagieren. Ob Frauen das nun angenehm finden oder nicht, es ändert nichts an der Realität. Die Haltung der Frau bringt den Mann unter Umständen dazu, hoch und heilig zu schwören, daß er sich eine Frau *nie* nur als eine Ansammlung einzelner erotischer Körperteile vorstellt, aber damit lügt er sie an und wahrscheinlich auch sich selbst.

»Ein Mann sagt Ihnen sofort, ob er auf Brüste, Beine oder Hinterteile steht«, sagt James. »Eine Frau hingegen sieht vielleicht auch einmal ganz gerne einem knackigen männlichen Hintern nach, aber sie würde niemals sagen, daß sie auf knackige Hintern steht. Selbst eine Frau, die sich ihrer besonders attraktiven Körperteile bewußt ist, ist nicht auf diese Teile fixiert und legt sich auch keine Phantasien darüber zurecht. Wenn sie sich die Liebe mit einem Mann vorstellt, ist das eine Angelegenheit, die den ganzen Körper und alle Gefühle umfaßt. Der Mann jedoch sieht diese Riesentitten vorbeilaufen, und vor seinem geistigen Auge sieht er sich schon dazwischen abspritzen. So ist das eben.«

Die Fähigkeit des Mannes, die Frau körperlich zu objektivieren, unterscheidet ihn von der Frau. Wir Frauen jedoch machen ihn auf andere Weise zum Objekt, nämlich zum leistungsorientierten Erfolgsobjekt. Viele Frauen, die Pornographie abstoßend finden, merken nicht, daß unsere Bücher und Magazine vielleicht den Mann abschrecken, weil sie ihn als Gegenstand behandeln, den wir durch unseren Charme, unsere Schläue und unsere Schönheit erringen können. Diese Frauen fühlen sich wohl dabei, weil in unsere puritanischen Gesellschaft der Sex für

Sünde steht, während die finanzielle Abhängigkeit der Frau etwas mit Gott und allem Guten zu tun hat. Sie sehen die Pornographie als weiteren Beweis dafür, daß der Mann eine niedrigere Spezies ist. Doch die Männer merken allmählich, daß ein Objekt tatsächlich ein Objekt ist, egal, wie die Verpackung aussieht.

»Meine Exfrau war päpstlicher als der Papst, wenn's um Pornographie ging«, schreibt ein Installateur. »Sie hat mir Schuldgefühle gemacht, weil ich mir jeden Monat PENTHOUSE und PLAYBOY gekauft habe. Sie hat mir gesagt, ich bin pubertär und pervers, weil ich mehr brauche als nur die reine Liebe, um erregt zu werden. Dann bin ich sechs Monate arbeitslos gewesen. Sie mußte sich selbst einen Job suchen, damit Geld ins Haus gekommen ist. Sie war wütend auf mich, weil ich sie im Stich gelassen habe, und sie hat Angst gehabt, daß ich nie wieder eine Arbeit finde ... unser Verhältnis war schrecklich, bis ich wieder einen Job gefunden habe. Sie wollte die ganze Zeit über nicht mit mir schlafen. Daraus habe ich gelernt: meine Lohntüte hat sie mehr angemacht als mich die Fotos von nackten Frauen.«

Sogar Frauen, die nichts dagegen haben, wenn ihr Mann Pornohefte liest, behaupten, selbst durch Pornographie nicht erregt zu werden. Doch Untersuchungen haben gezeigt, daß Frauen genau wie Männer körperlich auf pornographische Sprache und Bilder reagieren. Der Pulsschlag beschleunigt sich, die Vagina sondert mehr Sekrete ab — die üblichen Zeichen der Erregung. Die Frauen in den Tests behaupten, nicht erregt zu sein, während ihr Körper doch ganz klar zeigte, daß sie es waren. Offenbar waren sie in der Lage, ihre Erregung vor sich selbst zu verbergen, weil man ihnen beigebracht hat, daß Pornographie moralisch verwerflich ist, besonders wenn Frauen damit zu tun haben. Viele Männer würden diese Art der Stimulation jedoch gerne mit ihren Partnerinnen teilen. »Ich hab' meine Frau dazu gebracht, mit mir zusammen die PENTHOUSE LETTERS zu lesen, und jetzt bringt sie die Hefte sogar selber mit nach Hause«, erzählt ein Leser. »Wir lesen einander die Briefe und Geschichten laut vor, und das macht uns beide heiß. Manchmal probieren wir die Ideen aus den Briefen aus, oder etwas Ähnliches. Dadurch wird unser Sexleben viel interessanter.«

Die zweite Frage, die Männer zur Pornographie oft stellen, lautet:

Warum fühlen Frauen sich durch Pornofilme bedroht?

»Ich liebe den Körper meiner Frau. Sie hat phantastische Brüste. Am liebsten spritze ich voll drüber ab. Sie sagt, daß ich das von den Videos hab', und das macht sie nervös. Die ganze Sache macht sie nervös, weil sie glaubt, daß sie sich mit den Frauen in den Filmen nicht vergleichen kann. Ich hab' auch keinen von diesen Superschwänzen, aber es macht mich an, wenn einer bei einer Frau unterwegs ist. Warum hat sie solche Komplexe wegen ihrem Körper?«

Wahrscheinlich hat er die Idee tatsächlich von den Videos. Die wachsende Anzahl von Briefen, in denen diese spezielle Technik erwähnt wird, fällt eindeutig mit dem Videoboom zusammen. Viele Männer fragen mich, warum sie weniger Samen haben als sie auf dem Bildschirm sehen. (Antwort: Das ist wie mit dem Tomatenketchup — nicht alles ist echt, was echt erscheint ...)

Die meisten Männer bekommen keine Minderwertigkeitskomplexe, wenn sie Videos ansehen (obwohl manche Männer gestehen, von der Penisgröße der männlichen Darsteller ziemlich beeindruckt zu sein). Sie können nicht verstehen, warum wir unseren eigenen nackten Körper als minderwertiger ansehen als die Idealfiguren auf dem Bildschirm — und wir verstehen dafür ihre Sorge um die Penisgröße nicht. Wir haben Angst, daß sie unseren Körper mit dem der Pornostars vergleichen und nicht attraktiv finden. Manche Frauen glauben sogar, daß Männer lieber Videos ansehen als die Frau, die neben ihnen im Bett liegt. Das stimmt nicht.
Die Männer gehen mit uns Frauen längst nicht so hart ins Gericht wie wir mit uns selbst. Sie sagen vielleicht, daß sie schlanke Frauen attraktiv finden, aber ihre Definition von schlank ist bei weitem nicht so eng gefaßt wie die unsere. Sie übersehen schon mal ein paar Gramm zuviel und konzentrieren sich dafür lieber auf die besten Seiten (oder objektivieren sie). Den meisten Männern gefällt das Ideal der fünfziger Jahre à la Marilyn Monroe, also ein Typ Frau, der heutzutage bei den Trendsettern als »dick« gilt. Die Frau mit den »phantastischen Brüsten« ist in den Augen ihrer Geschlechtsgenossinnen vielleicht einfach nur dick.
Männer betrachten Pornofilme als Sexhilfen. Sie haben das Gefühl, daß sie sie am intensivsten zusammen mit ihrer Partnerin genießen können. Genau wie sie wäre auch der Mann gelangweilt, wenn er einfach nur zusehen würde. Bei dieser Erotika geht's ums Mitmachen.
»Zu meiner Zeit hat man heiße Filme draußen in der Garage gezeigt«, erzählt ein Mann aus Virginia. »Das war furchtbar schlechte Qualität, körnige Bilder, stümperhafte Aufnahmen, kein Ton. Das war nicht mal sonder-

lich aufregend. Wir haben sie angeschaut, weil man als richtiger Mann solche Dinge eben zusammen gemacht hat, genauso wie Zigarren rauchen, Pokern und sich besaufen. Diese Dinge haben sich zum Besseren gewandelt. Die Videos heute werden eigens fürs Schlafzimmer produziert, wo sie viel Gutes bewirken können.«

Ein Mann aus South Dakota sagt: »Normalerweise holt meine Frau die Videos, weil sie in einer Einkaufsstraße arbeitet, wo's auch eine Videothek gibt. So einmal die Woche bringt sie einen Film heim, den wir dann gemeinsam genießen. Durch die Videos sind wir erst auf die Idee gekommen, uns beim Vorspiel gegenseitig zu masturbieren. Es macht sie an, wenn sie mir dabei zusieht, wie ich komme. Wir machen jetzt auch mehr oralen Sex. Ich würde sagen, unser Geschlechtsleben hat dadurch ziemlich gewonnen.«

Egal, ob die Pornographie Paare zu Experimenten ermutigt, ihre Leidenschaft entzündet oder nur ihrer Phantasie neue Nahrung gibt, sie ist jedenfalls zu einem verbreiteten Hilfsmittel beim Sex geworden. In den letzten Jahren ist viel über die wachsende Grausamkeit in manchen Formen der Pornographie gesprochen worden. Weniger die Rede ist von dem neuen Trend der paarorientierten Videos mit romantischen Geschichten, sanfterer Pornographie und romantischer Musik. Viele davon werden von Produzentinnen und Regisseurinnen gemacht, zum Beispiel von der ehemaligen Pornofilmdarstellerin Candida Royalle, der Inhaberin von Femme Productions. Wenn Sie sich bis jetzt geweigert haben, zusammen mit ihrem Partner Erotika anzusehen, dann holen Sie sich einen von Royalles Filmen. Vielleicht ändern Sie dann Ihre Meinung über Pornographie.

Warum Sie die ganz normale Pornographie nicht überbewerten sollten:

* Sein Bedürfnis nach anderen Mitteln der sexuellen Stimulation bedeutet nicht, daß Sie zu wenig Sex-Appeal haben.
* Er erwartet von Ihnen nicht, daß Sie wie die Frau auf dem Bildschirm aussehen oder sich so verhalten.
* Auch Sie können von den Sextechniken profitieren, die er aus den Pornos lernt, und von seiner größeren Erregung.
* Schließlich zensiert er Ihre Lektüre doch auch nicht, oder?

Kapitel 8: Vielleicht ist es Ihnen lieber, wenn Sie's nicht wissen

»Eine ganze Zeit nach der Scheidung hatte ich gewalttätige Phantasien über meine Frau. Ich ließ sie fesseln und knebeln und von einem goldenen Haken an der Decke herunterbaumeln. Ich ließ sie dort hängen, bis ihr der Schweiß in Strömen herunterlief und sie Muskelkrämpfe bekam. Sie weinte und stöhnte trotz des Knebels. Dann peitschte ich sie aus — den ganzen Körper, vom Hals bis zu den Knien. Mein Schwanz schwoll auf die doppelte Größe an. Manchmal hab' ich sie im Stehen genommen, manchmal hab' ich sie auch losgemacht, auf den Boden geworfen und es ihr von hinten besorgt. Als alles vorbei war, gab sie zu, daß es ihr bei niemandem so gut gekommen war wie bei mir. Es war sozusagen ein therapeutisches Erlebnis.« — Ein zweiundvierzigjähriger Manager aus dem Mittleren Westen.

Dieser Mann hat nie ein wirklich sadomasochistisches Erlebnis gehabt. Er ist auch seiner Exfrau gegenüber nie gewalttätig gewesen. Die Scheidung liegt zwei Jahre zurück, und er ist inzwischen mit einer anderen Frau zusammen, die er liebt. Er hat nach wie vor Phantasien, manchmal sogar gewalttätige, aber nie über seine Exfrau. Die meisten Männer haben solche Phantasien. Bisweilen kommt es darin zu Gewalt, gewöhnlich in Form von leichten Schlägen oder Peitschenhieben, die die Partnerin sich wünscht, um zum Orgasmus zu kommen. Auch der umgekehrte Fall ist möglich — die Frau tut ihm Gewalt an, und zwar aus ganz ähnlichen Gründen: es handelt sich dabei sozusagen um eine Erlaubnis, zu fühlen.

Der Durchschnittsmann hat pro Stunde acht sexuelle Phantasien, die von der flüchtigen Wahrnehmung schöner Beine bis zum Gedanken an den tatsächlichen Geschlechtsverkehr reichen. Genau wie die Frau benutzt er diese Phantasien, um sich bei Masturbation oder Geschlechtsverkehr zu stimulieren. Die Phantasien des Mannes lassen sich in ähnliche Grundkategorien einteilen wie die der Frau.

— Ersatz des eigentlichen Partners durch einen eingebildeten oder real existierenden;
— Gruppensex;
— homosexueller Sex;
— Sex mit Gewalt;
— exhibitionistischer Sex;
— und eine Kategorie, die fast ausschließlich männlich ist: analer Sex.

Nancy Friday stellt in *Men in Love*, gewissermaßen *der* Sammlung männlicher Phantasien vom Sex, fest, daß seine erotischen Tagträumereien gewöhnlich gewalttätiger und weit weniger persönlicher sind als die der Frauen. Wenn wir einen Mann sehen oder kennenlernen, der uns gefällt, bauen wir rund um ihn herum eine romantische Geschichte mit einer Einleitung und einer Verführungsszene und dann schließlich auch mit Sex auf. Wir verleihen diesem Mann dabei romantische Qualitäten, die ihm in der

Realität häufig fehlen. Manchmal sehen unsere sexuellen Phantasien ganz ähnlich aus wie eine Liebesgeschichte aus dem Hollywood der fünfziger Jahre und enden weder im Geschlechtsverkehr noch im Orgasmus. Selbst in unserer Vorstellungswelt kommt es selten zum anonymen Sex oder zum Sex nur um der körperlichen Entspannung willen. Die Lieblingsvorstellung der Frau hat mit Vergewaltigung und/oder Gewalt zu tun, oder wie Nancy Friday es ausdrückt, mit einem Szenario des: »Er hat mich dazu gezwungen!« Natürlich wollen Frauen in der Wirklichkeit nicht vergewaltigt werden. Solche Phantasien zeigen nur, wie sehr wir nach einer Erlaubnis suchen, den Sex zu genießen. Und die bekommen wir von einem verwegenen Helden, der uns gegen unseren Willen nimmt und uns so sexuell befreit. Man möchte meinen, daß unsere eigenen Phantasien in denen der Männer ihre Entsprechung finden, die sich selbst als »romantische Vergewaltiger« sehen. Doch Nancy Friday stellte das genaue Gegenteil fest: *»Eines der Hauptthemen in den männlichen Phantasien ist die Aufgabe der Aktivität zugunsten der Passivität*... Die Lieblingsphantasien der Männer drehen sich letztlich nicht um Vergewaltigung und Zwänge. In ihrer Vorstellungswelt wünschen die Männer sich genau dasselbe wie die Frauen, nämlich daß der Partner den aktiven Part übernimmt.« Genau wie wir brauchen auch die Männer sozusagen eine Erlaubnis, um den Sex genießen zu können. Ihre Phantasien von lüsternen Frauen oder Frauen, die sie sexuell dominieren oder strafen, bieten ihnen eine Ausrede, sich gehenzulassen. Die Peitsche in ihrem Kopf nimmt ihnen auch die Schuldgefühle. Wenn wir jedoch das, was sich vor dem geistigen Auge des Mannes abspielt, sehen könnten, wären wir wahrscheinlich so bestürzt, verängstigt oder verlegen, daß wir es nicht deuten oder mit unseren eigenen Träumen vergleichen könnten. Manchmal ist er selbst auch verwirrt oder besorgt über das, was sich da in seinem Kopf abspielt. Die Frage, die mir Männer im Zusammenhang mit ihren Phantasien am häufigsten stellen, lautet:

Bin ich anormal?

»In der Phantasie bin ich oft mit einer Frau und einem anderen Mann im Bett. Sie saugt an meinem Schwanz, während ich ihn mit der Hand masturbiere. Dann verändern wir die Stellung; ich sauge an ihren Fingern, während sie ihm einen bläst, und er holt mir einen runter. Sein Geschmack an ihrer Hand erregt mich. Der andere Mann und ich haben schon wieder einen Ständer, und sie fleht uns an, daß wir sie befriedigen. Sie setzt sich auf meinen Schwanz, und er besorgt's ihr von hinten. Ich spüre meinen Schwanz in ihrem Körper. Es ist fast so, als würde ich sie beide bumsen, etwas Aufregenderes habe ich noch nie erlebt. Wir kommen alle drei gleichzeitig. Ich bin weder schwul noch bisexuell. Ist es anormal, solche Phantasien zu haben?« schreibt ein Steuerberater aus Cleveland.

Männer machen sich oft Sorgen über ihre homosexuellen oder gewalttätigen Phantasien, aber diese Phantasien sind nach Aussagen der Experten *normal*, solange sie nicht in Besessenheit ausarten. Es gibt nicht viele psychologische Schriften, die sich mit sexuellen Phantasien befassen, was erstaunt, wenn man bedenkt, wie wichtig sie in unserem Leben sind. Vor Nancy Friday hatte sich noch niemand systematisch dieser Erfahrung zugewandt, und nicht einmal C. G. Jung wußte viel zu dem Thema zu sagen. Die The-

rapeuten sind im allgemeinen der Meinung, daß eher die Häufigkeit dieser Vorstellungen als ihr Inhalt das Problem darstellen.
Etwas zu denken, bedeutet nicht unbedingt, daß man es wirklich getan hat, tut oder noch tun wird. In meiner eigenen Umfrage bekannte sich weniger als ein Fünftel zu einer tatsächlichen homosexuellen Erfahrung, und fast die Hälfte der Männer, die es taten, betrachteten solche Erfahrungen als isolierte Erlebnisse, die sich in der Jugend zugetragen hätten. (Ich habe nur von einigen bisexuellen Männern gehört, was die Theorie vieler bestätigt, die Leserbriefe an Sexmagazine schicken: offenbar gibt es mehr bisexuelle Frauen als Männer.) Mehr als die Hälfte der Befragten hatte jedoch hin und wieder homosexuelle Phantasien.
Tagträume von Vergewaltigungen und/oder Fesselungsspielchen sowie Sadomasochismus waren sogar noch häufiger. Die tatsächliche Teilnahme an solchen Fesselungsspielen beschränkt sich auf etwas mehr als ein Drittel der Befragten (meist nur ein- oder zweimal, hauptsächlich aus Neugierde); sadomasochistische Praktiken wurden von weniger als einem Drittel erwähnt. In ihrer Untersuchung über den männlichen Masochismus beschreibt Nancy Friday das Verhältnis der Masochisten zu dem der Sadisten mit vier zu eins. Meine eigene Umfrage und die Briefe, die mir zugesandt werden, bestätigen ihre Ergebnisse.
Nancy Friday meint: »Hinter der sadistischen Fassade steckt eine gänzlich gegenläufige Geschichte: der Mann scheint zu sagen, daß er dem Opfer seinen Willen nicht aufzwingt, um grausam zu sein, sondern um die gehemmte Frau dazu zu bringen, sich so gehenzulassen, wie sie es sonst nicht könnte. Er verletzt seine Partnerin ›gerade so sehr, daß es ihr noch Spaß macht‹.«

Nancy Friday hat des weiteren festgestellt, daß die sadomasochistischen Phantasien den tiefen Zwiespalt des Mannes gegenüber der Frau ausdrücken. Einerseits begehrt er sie, andererseits ist er wütend darüber, daß sie solche Macht über ihn hat. Ihrer Meinung nach illustrieren masochistische Phantasien »eine Umkehrung des Zornes ... die derselben Wut wie die des ... Sadisten entspringt«.
Wiederum sollte man diese Tagträume nicht mit der Realität verwechseln.
Ein Professor aus dem Nordwesten der Vereinigten Staaten schreibt: »In meinen Phantasien kommt es nicht zu Gewalttätigkeiten im Sinne von körperlichem Schmerz oder Schlägen (ich bin gegen jegliche Gewalt). Trotzdem erregt es mich sehr, wenn ich mir vorstelle, wie eine hübsche, attraktiv gekleidete Frau gefesselt und geknebelt, gefügsam gemacht, langsam entkleidet und von ihrem Wächter/Herren auf jede nur erdenkliche Weise vernascht wird.
Mir ist sehr wohl bewußt, daß solche Phantasien, in denen ich die Frauen, die ich begehrlich finde, zu Sexsklaven mache, für diese Frauen objektiv degradierend sind. Doch möglicherweise gründen diese Phantasien in meinen bisweilen gewaltigen Frustrationen und meinem Ärger darüber, welche Macht die Frau durch den Sex über mich und andere Männer ausübt.«
Ein Mann, der sich in seinen Träumen eher devot erlebt, sagt über seine Phantasien und sein Schamgefühl: »Ich stelle mir eine große, kräftig gebaute Frau wie Brigitte Nielsen vor, die einen schwarzen Lederbikini und hochhackige Stiefel trägt, die ihr bis zu den Oberschenkeln reichen. In der einen Hand hat sie eine neunschwänzige Katze. Sie schlägt damit leicht gegen ihren Stiefel, während ich mich ausziehe und vor ihr hinknie. Wenn ich

nackt bin, beuge ich mich vor und küsse ihre Füße. Sie läßt die Peitsche auf meinen Hintern heruntersausen, und mein Schwanz wird hart. Sie schlägt immer wieder zu. Ich habe das Gefühl, daß ich es nicht mehr aushalte, und plötzlich hört sie auf zu schlagen. Sie hängt sich einen riesigen Dildo um und besorgt es mir von hinten. Ich hab' das Gefühl, daß sie mich von oben bis unten aufreißt. Der Schmerz wogt in Wellen durch meine Eier. Ich komme.

Ich würde vor Scham im Erdboden versinken, wenn meine Frau von meinen Phantasien erführe. Wir haben ein ganz normales Sexleben miteinander. Ich weiß nicht, was diese Gedanken bedeuten, vielleicht bin ich krank.«

Trotz der Sorgen über ihre Träume fragen mich Männer immer wieder, ob sie sie nicht ihren Frauen oder Freundinnen erzählen sollen. Viele glauben, daß dieses Erzählen auch zum gemeinsamen Ausprobieren führt oder führen könnte. Die zweithäufigste Frage über sexuelle Phantasien lautet:

Wie bringe ich eine Frau dazu, daß sie Phantasien mit mir zusammen ausprobiert?

»Ich stelle mir Sex mit meiner Frau und ihrer besten Freundin vor. In meinem Lieblingstraum komme ich unerwartet mitten am Tag nach Hause und erwische sie zusammen im Bett. Sie sind grad heftig bei der Sache, Mund auf Möse, Stöhnen und Ächzen, also merken sie gar nicht, daß ich auch im Zimmer bin. Ich kriege einen Ständer. Ich mache den Gürtel auf, weil ich die Hose ausziehen will. Dann lasse ich den Gürtel auf den süßen Hintern meiner Frau heruntersausen, der gerade höchst attraktiv in der Luft herumwackelt. Sie stöhnt noch mehr und läßt sich auf ihre Freundin sinken. Sie

schauen mich an und werden rot, aber jetzt können sie nicht mehr aufhören. Ich zieh' mich aus und spring' zwischen ihnen ins Bett. Sie wenden sich beide mir zu. Meine Frau will auf mir reiten, aber ich sage ihr, daß ich ihre Freundin zuerst will. Dann klettert ihre Freundin auf mich, während sich meine Frau auf mein Gesicht setzt. Ich mach's ihr mit der Zunge, bis sie kommt, während ihre Freundin wild auf mir reitet. Der Nachmittag ist himmlisch, und ich treib's oral, anal und auf jede nur erdenkliche Art und Weise mit beiden Frauen. Wie bringe ich meine Frau bloß dazu, wirklich mal einen Dreier auszuprobieren? Sollte ich ihr von meinen Phantasien erzählen?« schreibt ein Leser.

Seine erste Frage ist nur eine Variation der Grundfrage: Wie bringe ich meine Partnerin dazu, mir sexuell das zu geben, was ich mir wünsche? Meine Antwort lautet: Artikulieren Sie diesen Wunsch als Thema, nicht als Bitte. Suchen Sie, wenn möglich, eine erotische Passage in einem Buch oder in einem Film, in der Ihr Wunsch in die Tat umgesetzt wird. Lesen Sie sie ihrer Frau vor oder zeigen Sie sie ihr. Versuchen Sie, herauszufinden, wie sehr sie sich für das Thema interessiert, bevor Sie sie darum bitten. Und dann stellen Sie die Frage in nettem Tonfall.

Die zweite Frage des Lesers ist nicht leicht zu beantworten. Ich habe noch nie eine eindeutige Antwort auf diese oder ähnliche Fragen gegeben, die eher mit psychologischem Wissen als festgelegten Fakten zu tun haben, und auch nicht auf Fragen, deren Beantwortung mehr als nur gesunden Menschenverstand und gute Manieren im sexuellen Bereich erfordert. Die Fachleute sind sich uneinig, geben aber fast alle den Rat, dem Partner die eigenen

Phantasien nur mit größter Vorsicht mitzuteilen, egal, wie gut man ihn kennt oder wie sehr man ihm vertraut.

»Die vielleicht größte Irrmeinung über sexuelle Phantasien ist, daß sie eigentlich nur unterdrückte Wünsche sind«, schreibt Nancy Friday.

Deshalb behalten viele Männer ihre Phantasien voller Schuldgefühle für sich, während andere sie mitteilen, um diese vielleicht in die Tat umzusetzen. (Wieder andere sagen ebenfalls nichts darüber, jedoch ohne die Schuldgefühle, und benutzen sie im gegebenen Fall, um sich zu erregen.) Wie aus den Leserbriefen hervorgeht, sind die Männer, die ihre Phantasien mitteilen, jedoch wählerisch. Sie entscheiden sich für solche Träume, die in der Theorie, wenn auch nicht unbedingt in der Praxis, noch am ehesten akzeptabel sind; so zum Beispiel Sex mit einem anderen Partner oder zwei Frauen, analer Sex, Fesselungsspielchen, Sex an exotischen oder öffentlichen Orten oder auch moderate sadomasochistische Szenen. Homosexuelle oder gewalttätige Phantasien werden weit weniger häufig mitgeteilt.

Das Erzählen führt nicht unbedingt zur Verwirklichung, und wenn es tatsächlich dazu kommt, ist dies unter Umständen alles andere als befriedigend oder raubt der Vorstellung ihren erotischen Reiz.

»Wenn ich mit Frauen über meine Phantasien spreche, macht sie das heißer«, schreibt ein dreißigjähriger Geschäftsmann aus dem Südwesten der Vereinigten Staaten. »Ich bin mit Frauen aller Altersgruppen zusammen. Doch die Älteren fühlen sich weniger bedroht, wenn sie hören, daß ich davon träume, von einer Gruppe lüsterner Amazonen festgehalten zu werden, die mich dazu zwingen, täglich den ganzen Stamm zu befriedigen. Jüngere

Frauen sind verletzt, wenn sie hören, daß man auch nur daran denkt, jemand anders zu bumsen.
Wenn man sich vom Reden aufs Tun verlegt, wird die ganze Sache meistens ziemlich enttäuschend. Ich habe einmal zum Beispiel eine Frau dazu gebracht, eine meiner Lieblingsphantasien in die Tat umzusetzen. Ich hatte mir immer vorgestellt, in einer Bar ein teures Callgirl aufzutun. Sie hat sich entsprechend angezogen, trug auch keine Unterwäsche, und hat die Rolle toll gespielt. Sie aus dieser Bar rauszukriegen, war eine heiße Sache, aber der Sex daheim war auch nur Sex, nicht anders als sonst. In der nächsten Woche wollte sie dann die Nuttennummer wieder abziehen. Mir war's zuviel Mühe, die ganze Show für ein einziges Mal Bumsen zu inszenieren, und es hat mir leid getan, daß ich die ganze Geschichte überhaupt aufgebracht habe. Das hab' ich ihr natürlich nicht sagen können. Das hätte ziemlich blöde ausgesehen.«
Ein anderer Mann um die Dreißig schreibt: »Sobald ich über meine Phantasien gesprochen habe, hat ihnen das den Reiz genommen. Ich hab' diese ganzen ausgeklügelten Sexszenen in meinem Kopf gehabt, aber ich hab' sie alle aufgeben und neue erfinden müssen, weil sie kaputtgegangen sind, als ich sie erzählt habe. Nein, meine Partnerin ist der Sache nicht kritisch gegenübergestanden. Es war nicht ihre Schuld. Solche Phantasien sind nur einfach nicht für die Realität gemacht.«
Für manche Männer bedeuten Phantasien den Ausdruck eines Tabus. Wenn man ein Tabu mit jemandem teilt, vielleicht sogar in die Tat umsetzt, ist es nicht mehr verboten. Doch wenn's kein schmutziges Geheimnis mehr ist, wirkt's auch nicht mehr erregend. In anderen Fällen hat die Realisierung der Träume nicht zur Folge, daß sie ih-

ren Reiz verlieren, aber sie funktionieren in der Wirklichkeit einfach nicht so wie im Kopf.

»Meine Freundin und ich hatten uns ausführlich über unser beider Fesselungs- und Analsexphantasien unterhalten«, schreibt ein Mann aus Connecticut. »Dann haben wir uns geeinigt, es auszuprobieren. Ich hab' sie ausgezogen, ihr die Hände hinter dem Rücken zusammengebunden und sie übers Knie gelegt, um sie zu versohlen. Ich hab' mit leichten Schlägen angefangen, die dann allmählich fester wurden, zwischendurch hab' ich dann immer mal wieder aufgehört, um mit ihrer Klitoris herumzuspielen. Irgendwann ist sie so heiß geworden, daß ich schon Angst hatte, sie kommt zu früh. Wir hatten uns darauf geeinigt, daß ich sie solange wie möglich errege, bevor ich sie befriedige. Ich hab' wieder angefangen, sie zu schlagen. Sie hat sich auf meinem Schoß hin und her gewunden und hat versucht, von meiner Hand wegzukommen. Aber dann hat mich die ganze Bewegung und ihr wackelndes rosiges Hinterteil so angemacht, daß ich zu früh gekommen bin.

Ich war überrascht, wie stark ich selbst auf die Schläge reagiert hatte. Wenn sie mir zu diesem Zeitpunkt gesagt hätte, ich soll sie losmachen und aufhören, hätte ich's gemacht. Aber sie war immer noch ganz heiß. Sie hat zu mir gesagt: ›Hör jetzt nicht auf.‹ Ich hab' gedacht, sie meint damit, ich soll mit dem Spiel weitermachen. Ich hab' ihr gesagt, dann muß sie zuerst sehen, daß ich wieder einen Ständer kriege. Also hab' ich sie dazu gezwungen, daß sie sich vor mich hinkniet und an meinem Schwanz lutscht, während ich mit den Fingern an ihren Brustwarzen herumgemacht hab'. Wie ich in ihrem Mund wieder ganz hart und groß war, hat sie sich zurückgezogen und gesagt: ›Jetzt besorg' mir's.‹

Ich hab' das so verstanden, daß wir jetzt wieder mit dem ersten Spielchen anfangen. Also hab' ich sie übers Knie gelegt und angefangen, ihr wieder mit der Hand aufs Hinterteil zu schlagen. Sie hat sich lautstark gewehrt. Ich hab' gedacht, das gehört zum Spiel dazu und hab' ihr ihren Slip als Knebel in den Mund gesteckt. Mir hat die Hand schon richtig weg getan. Dann hab' ich den Gürtel genommen und ihr ein Dutzend oder so harte Schläge versetzt. Sie hat sich so stark auf meinem Schoß hin und her gewunden, daß ich Angst gehabt hab', ich würde wieder kommen. Ich hab' sie mit dem Gesicht nach unten aufs Bett gelegt, die Hände immer noch gefesselt, die Beine unter dem Körper, so daß ihre Möse nach hinten rausgestanden ist, damit sie ihre Klitoris nicht nach unten auf die Matratze drücken und es sich selbst besorgen konnte. Ich hab' ihr den Knebel aus dem Mund genommen. Sie hat nach Luft geschnappt und geweint: ›Du tust mir weh.‹
Ich hab' mein Gesicht in ihrem glühenden Hinterteil vergraben und ihr Arschloch und ihre Möse geleckt, die geschwollen und mit Absonderungen verklebt war. Sie hat mich angefleht, daß ich sie bumse. Das hab' ich gemacht, und zwar anal, wie wir's besprochen hatten, aber ich war zu grob, und in dieser Position hat sie davon nichts an der Klitoris gespürt. Ich bin wieder gekommen, aber es war enttäuschend, weil sie nach unserer Phantasie jetzt den Orgasmus ihres Lebens hätte haben sollen. Aber statt dessen hat sie inzwischen schon fast hysterisch geschluchzt. Endlich hab' ich gemerkt, daß sie das Spiel schon vor einiger Zeit hatte beenden und nur noch gebumst werden wollen. Als sie sich beruhigt hatte, hat sie's zugelassen, daß ich sie oral befriedige. Aber wir waren noch eine ganze Weile danach ziemlich unsicher miteinander. Wir

hatten beide Angst vor den mächtigen Gefühlen, die wir freigesetzt hatten.«

Offenbar sollten Phantasien, die sich um Fesselungen, analen Sex und Sadomasochismus drehen, nur mit größter Vorsicht ausgelebt werden. (Noch eine weitere Phantasie: Der Mann wird von einer lüsternen Frau überwältigt, die ihn benutzt, bis sie beide zusammenbrechen. In der Realität stellt die unersättliche Frau eine seiner größten sexuellen Ängste dar.) Manchen Männern ist es gelungen, ihre eigenen Phantasien sowie die ihrer Partnerin erfolgreich in die Tat umzusetzen. Das Geheimnis, so sagen sie, liegt darin, den Traum sozusagen »herunterzutransformieren«. Oder, wie ein Mann es ausdrückt: »Leichte Schläge, aber harte Gedanken. Einen ziemlich großen Teil muß man immer noch im Kopf ausleben.«

Was Sie über Phantasien wissen sollten:

* Sie sind zum größten Teil keine wirklichen Wünsche. Mit wenigen Ausnahmen erregen sie nur dann, wenn sie nicht ausgelebt werden.
* Seine Träume sind nicht so schön wie Ihre.
* Sie werden nur zum Problem, wenn er davon besessen ist. (Das ist genau wie bei Schokolade oder ähnlichen Dingen.)
* Sie dienen ihm zur Erregung. Suchen Sie dahinter nicht nach zu vielen verborgenen Bedeutungen.

Kapitel 9: **Selektive Erregung**

»Mir macht der Sex nur mit ausgesprochen attraktiven Frauen Spaß. Sie müssen einen besonders schönen Körper haben, sonst habe ich Probleme, erregt zu werden. Ich mag jüngere Frauen und habe in den letzten zehn Jahren ausschließlich Beziehungen mit Frauen gehabt, die zwanzig bis fünfundzwanzig Jahre jünger waren als ich. Ich bin dreiundfünfzig. Meine Idealfrau ist zwischen Mitte und Ende Zwanzig, vorausgesetzt, sie ist ausgesprochen attraktiv.« — Der Vizepräsident eines Unternehmens im Nordosten der Vereinigten Staaten.

Die Bedingungen, die dieser Mann stellt, klingen wie Hugh Hefners ganz persönliche Kriterien der Erregung. Frauen über Dreißig haben Angst, sich mit ihm einzulassen und halten ihn für weit typischer, als er tatsächlich ist. Er ist unter Umständen der frustrierendste, enttäuschendste, ja sogar verletzendste Mann, den Sie jemals kennengelernt haben — wenn Sie unbedingt glauben, ihn verändern zu müssen. Obwohl er vielleicht wegen seiner strikten Auswahl Schuldgefühle hat, wird er sich doch kaum ohne Therapie ändern — in die er so lange nicht geht, wie schöne junge Frauen sich von älteren, reicheren und mächtigeren Männern angezogen fühlen.

Die Kriterien der selektiven Erregung sind: Haarfarbe, Größe und/oder Typ sowie Alter. Sie stellen die einzigen gesellschaftlich akzeptablen Fetische dar. Es ist nicht in Ordnung, wenn man einen Fuß anbetet; wenn man's bei einer Brust tut, ist es in Ordnung. Es gibt einige wenige Männer, die nur Blondinen wollen oder dünne Frauen oder Fünfundzwanzigjährige. Sie können nichts dafür. Wie dieser Mann schreibt: er hat bei allen anderen Probleme mit der Erektion.
Wenn Sie nicht der gewünschte Typ sind, werden sie wohl oder übel das verändern müssen, was sich verändern läßt. (Aber ist es das wert, wenn es doch so viele andere Männer gibt, die Sie genau so lieben, wie Sie sind?) Ansonsten können Sie ihn vergessen.

Männer, die sich in bestimmte Haarfarben verlieben, fragen oft:

Wie viele andere Männer werden nur von Blondinen erregt?

»Ich bin neunundzwanzig und hab' in meinem ganzen Leben nur Blondinen gehabt. Mir sind Frauen lieber, die von Natur aus blond sind, aber die sind eher selten. Ich hab' auch nichts dagegen, wenn die Haare gut gebleicht sind. Oft merkt man den Unterschied gar nicht. Aber warum färben sich die Frauen, die sich die Kopfhaare färben, nicht auch die Schamhaare? Dunkle Schamhaare können ganz schön ablenken«, schreibt ein Golfprofi.

Manche Frauen färben sich tatsächlich die Schamhaare so wie die Kopfhaare. Blond ist noch immer die erste Wahl weißer Männer, die eine *starke* Vorliebe haben — doch das sind nur zehn Prozent der Leute, die mir Leserbriefe schicken. Nach Ansicht von Fotografen, die sich auf die großen, ausklappbaren Bilder in der Mitte von Zeitschriften spezialisiert haben, sind die Brünetten seit einigen Jahren auf dem Vormarsch. Rothaarige stoßen sowohl auf starke Ablehnung als auch auf Zuspruch. Die Männer lieben sie entweder oder sie hassen sie. Schwarzen Männern scheinen bei weißen Frauen die Rothaarigen genauso gut zu gefallen wie die Blonden. Egal, was ein Mann bevorzugt — seine Vorlieben haben wahrscheinlich mit frühen erotischen Erfahrungen zu tun, guten wie schlechten.

»Die erste Frau, mit der ich geschlafen habe, war blond«, schreibt ein Dreißigjähriger. »Sie war einfach toll. Von da an war ich ganz scharf auf Blondinen. Immer wenn ich blonde Haare wie die ihren sehe, macht mein Schwanz einen kleinen Freudensprung.«

Ein neununddreißigjähriger Polizist aus Minnesota glaubt, daß seine Fixierung auf blonde Frauen in der Pubertät begann: »Ich hab' immer mit den Nacktfotos in PENTHOUSE und PLAYBOY masturbiert. Damals waren das fast immer Blondinen, typisch amerikanische Mädchen mit großem Busen. Als ich dann alt genug für den richtigen Sex war, hab' ich mir Blondinen gesucht, die — zumindest in meiner Vorstellung — diesen Pin-up-Girls so ähnlich wie möglich waren. Wenn ich's recht bedenke, waren's bei den meisten eigentlich nur die Haare. Ich hab' mich wahrscheinlich einfach von den Haaren anmachen lassen und mir den Rest dazugedacht.«

Ein fünfzigjähriger Redakteur aus New York, dem große, kräftige Brünette lieber sind als jede Blondine, erklärt seine Vorliebe: »Ich versuche, in jeder Frau meine erste

Frau wiederzufinden. Sie hat mich vor sechs Jahren wegen eines anderen Mannes verlassen. Seitdem bin ich nur mit großen Brünetten ausgegangen.«
Und manche Männer mögen nur Frauen mit einer bestimmten Hautfarbe.
»Ich bin weiß«, schreibt ein Neunundzwanzigjähriger, »aber mir gefallen nur Hispanos oder schwarze Frauen mit heller Hautfarbe. Ich hab' noch nie mit einer Frau meiner eigenen Rasse geschlafen.«

Männer, die sich an bestimmten Körpertypen und/oder -größen orientieren, fragen:

Warum erregen mich nur Frauen mit großen Titten?

»Ich habe eine Frau, die ich kenne, sehr gerne und würde gerne eine Beziehung mit ihr aufbauen. Sie mag mich auch. Das wäre toll – eine Frau, die ich lieben, mögen und achten könnte. Aber sie hat keinen Busen. Wir haben einmal miteinander geschlafen. Das war nicht besonders toll. Ich hab' mir einen ganz anderen Körper vorstellen müssen, um auch was davon zu haben. Soll ich das einfach weiterhin machen, sie mir aus dem Kopf schlagen oder sie bitten, sich die Brust chirurgisch vergrößern zu lassen?« schreibt ein »Gentleman aus dem Süden«.

Viele Männer fragen mich, wie sie Frauen davon überzeugen können, daß sie sich den Busen vergrößern lassen sollen. Mein erster Gedanke war: mein Gott, wie oberflächlich. Aber dann habe ich mir gedacht, daß sie auch nicht oberflächlicher sind, als all die Frauen, die sich jedes Jahr operieren lassen, weil sie schon immer einen größeren Busen haben wollten. In unserer Gesellschaft wird der weibliche Körper, so wie er ist, nicht ohne weiteres akzeptiert. Und unsere Bereitschaft, diesen Körper kosmetisch oder chirurgisch zu verändern, ist bei den Männern nicht unbemerkt geblieben. Also ist zu erwarten, daß viele von ihnen die gleiche Einstellung zu unserem Körper bekommen wie wir selbst: er läßt sich verändern.

Männer konzentrieren sich im allgemeinen auf Busen, Beine und Hintern. Die meisten von ihnen haben eine gewisse Vorliebe, die durch ihren rassischen, ethnischen und kulturellen Hintergrund bestimmt ist. Nur wenige *fordern* bestimmte Merkmale. Der Typ, den ein Mann sich vorstellt, definiert sich zum Beispiel über die Brustgröße, die Länge und Beschaffenheit der Beine oder über die Körpergröße insgesamt. Manche Männer mögen nur kleine Brüste. Andere entscheiden sich für schlanke oder dicke Frauen.

»Meine Frau hat fünfzig, vielleicht sogar sechzig Pfund Übergewicht«, schreibt ein Busfahrer aus Chicago. »Und genau so mag ich sie auch. Ich hab' gern was zum Festhalten, wenn ich auf ihr liege. Mir gefällt's, wie ihr Fleisch ausschaut und sich anfühlt und wie die ganzen Speckfalten hin und her schwabbeln, wenn sie sich auszieht. Dünne Frauen lassen mich kalt. Sie könnten mich nackt mit einer ins Bett stecken, und ich schwöre Ihnen, mein Schwanz würde neben ihr einschlafen.«

Monroe, ein schwarzer Schriftsteller, der in New Orleans lebt, schreibt: »Je eher sich ein Mann dem ärmeren Teil seiner Rasse zurechnet, desto dicker mag er auch seine Frauen. Das bedeutet, daß sie gesund ist und er es sich leisten kann, sie zu ernähren. Weiße Männer mit Geschichte haben lieber schlanke Frauen. Aber sehen Sie sich einmal den polnischen Einwanderer in Chicago an oder den Puertoricaner in der Bronx oder den schwarzen Arbeiter in Mississippi. Der will Fleisch, sexuelle Sicherheit. Ein schlanker Körper, Mann, da geht überhaupt nichts bei ihm.«

Monroe selbst jedoch hat »das Training seiner Rasse überwunden«. Er sagt, er mag »alle Typen, Farben, Größen, solange sie clever, frech oder über einundzwanzig sind. Das einzige, was mich überhaupt nicht anmacht, sind Nutten. Da bekomme ich Panik. Da denke ich dann: ›Mein Gott, erwartet sie, daß ich die Sache ganz allein schaukle?‹«

Männer, die von Frauen eines bestimmten Alters nicht erregt werden, fragen:

Warum erregen mich Frauen über Dreißig oder Fünfunddreißig nicht?

»Sobald man ihnen ihr Alter ansieht, bringe ich ihn nicht mehr hoch. Falten und Narben machen einen Körper für mich abstoßend. Ich bin gebildet und intelligent, aber ich kann meine Abneigung gegen alternde Frauenkörper einfach nicht überwinden. Männer sehen im Alter einfach nicht so aus. Ich liebe eine hübsche junge Frau und würde sie gerne heiraten, aber dieser Punkt hält mich zurück. Werde ich sie nicht mehr lieben, wenn sie älter wird? Ist das eine Angst, die jeder Mann hat?« schreibt ein neunundvierzigjähriger Unternehmer aus dem Südwesten der Staaten.

Glücklicherweise leiden nicht alle Männer unter dieser Angst. Die meisten Männer fühlen sich natürlich von festen jungen Körpern angezogen, aber nur wenige werden ausschließlich von ihnen erregt. (Zum Ausgleich ziehen manche junge Männer ältere Frauen als Partner beim Sex vor.) Die Psychiater sagen uns, daß die Angst des Mannes vor dem Sex mit einer älteren Frau nur der Ausdruck seiner Angst vor dem eigenen Alter und dem Tod ist. Wenn diese Furcht übermächtig wird, ist er nur noch bei jungen, hübschen Mädchen potent.

»Ich fühle mich wieder jung, wenn ich mit einer Frau zusammen bin, die nur halb so alt ist wie ich«, gesteht ein fünfundfünfzigjähriger Unternehmer. »Da blüht mein Schwanz so richtig auf. Darum geht's doch, oder? In meinem Alter muß man sich entscheiden zwischen dem Schwanz und der Frau, mit der man schon eine ganze Zeit beisammen ist. Aber egal, wofür man sich letztlich entscheidet: der Schwanz läßt sich nicht zwingen. Entweder man beugt sich ihm oder man muß ohne ihn auskommen.«

Offenbar kann keine Frau diesen Mann dazu bringen, seine Meinung zu ändern. Für ihn ist Sex auf ewig mit weiblicher Jugend verbunden. Wenn er sich ändern *wollte*, könnte er das sicher mit Hilfe eines Therapeuten. Aber das will er gar nicht.

Ein weiteres Motiv des Mannes, der sich nur nach jüngeren Frauen umsieht, ist die Unsicherheit. Er wählt, so ist jedenfalls der logische Schluß, eine jüngere Frau, die sexuell weniger erfahren ist als er selbst, weil er sich vor dem sexuellen Vergleich mit anderen Männern drücken will. Und er erwartet von ihr, daß sie nicht nur weniger verlangt, sondern auch weniger weiß. Das mag auf manche Altersfetischisten zutreffen, doch im allgemeinen sprechen sie nicht darüber. Vielleicht entgeht ihnen diese eigene sexuelle Unsicherheit.

Ein sechzigjähriger Unternehmer sagt: »Es ist mir egal, warum mich nur junge und schöne Frauen anmachen. Ich kann sie mir leisten. Das ist das einzige, was zählt. Fragt vielleicht jemand, warum mich nur ein Mercedes anmacht und kein Ford? Natürlich nicht. Es wäre doch albern, den Autogeschmack eines reichen Mannes in Zweifel zu ziehen, nicht wahr?«
Er klingt zwar nicht unsicher, aber er klingt auch nicht wie jemand, den ich unbedingt kennenlernen möchte.

Der springende Punkt der selektiven Erregung:

* Vielleicht geht es Ihnen besser, wenn Sie verstehen, warum seine Erregung von gewissen körperlichen Vorstellungen abhängt... aber dieses Wissen verändert ihn nicht.

Kapitel 10: Warum er sie bittet, DAS zu tun

»Ich hätte gern, daß meine Frau ihre Möse rasiert, aber sie macht das nicht gerne. Eine glattrasierte Möse macht mich so richtig an. Ich stelle sie mir so vor, und dann hängen die Tautropfen der Lust an ihrem Geschlecht.« — Ein frischgebackener Ehemann.

Sie stellt sich unter sexueller Abwechslung wahrscheinlich noch am ehesten eine andere Stellung, eine Nacht in einem teuren Hotel oder einen Orgasmus durch Stimulation mit dem Mund vor. Die meisten weiblichen Vorschläge zur Verbesserung des abgekühlten Geschlechtslebens haben eher mit den Umständen der Verführung zu tun als mit der sexuellen Technik. Ihr macht die sexuelle Routine weniger aus als ihm, doch sie wünscht sich mehr Atmosphäre. Sie hat eher das Bedürfnis nach erotischer Sicherheit, damit ihre Sexualität voll erblühen kann. Bei ihm geht es stärker um erotische Abwechslung. Er möchte noch etwas anderes als ein Dutzend Rosen und einen Liebesbrief auf dem Kopfkissen.

Ich habe Hunderte von Leserbriefen von Männern erhalten, die mich fragten, warum ihre Frauen oder Freundinnen sich das Schamhaar nicht abrasieren, im Bett nicht auch mal was Vulgäres sagen, nicht zum Sex in Straps, schwarzen Strümpfen und hohen Schuhen bereit sind, nicht für sie masturbieren oder es ihnen nicht gestatten, im Rahmen des Vorspiels, unter ihrer Achsel oder an ihren Genitalien zu schnuppern. Viele Männer wünschen es sich, vor Zeugen mit ihrer Partnerin zu schlafen oder mit ihr auszugehen, wenn sie keine Unterwäsche trägt. Die Männer bei meiner Umfrage hatten ganz ähnliche Wünsche. Fast neunzig Prozent von ihnen betrachteten mehrere der erwähnten Punkte als erregend, manche erklärten auch, warum sie sich nach Stimulierungsmethoden sehnten, die den Frauen nicht wichtig sind.

»Als ich siebzehn war, bin ich schon beim Anblick einer halb oder ganz nackten Frau fast gekommen«, schreibt ein achtunddreißigjähriger technischer Direktor. »Im Lauf der Jahre habe ich dann diese Faszination verloren. Inzwischen brauche ich mehr als nur eine nackte Frau, um erregt zu werden. Ich war fünf Jahre lang verheiratet, und am Anfang war der Sex toll, aber wir haben immer wieder dasselbe gemacht. Ich hab' mein möglichstes getan, um ein bißchen Abwechslung ins Spiel zu bringen, aber sie wollte einfach nichts anderes machen.

In einer Beziehung mit einer neuen Frau werde ich ziemlich leicht erregt, aber wenn ich längere Zeit mit ein und derselben Frau zusammen bin, brauche ich stärkere optische Stimulierung. Sie muß meinem Penis sozusagen einen Schock versetzen, mir etwas zeigen, was ich nicht erwarte – ihre rasierte Möse oder einen Büstenhalter, bei dem die Brustwarzen ausgespart sind. Sie muß einfach mehr machen, um mich zu erregen.«

Viele Frauen empfinden solche Bitten als bedrohlich. Sie zeigen ihnen die männliche Sexualität in einem dunkleren Licht als sie sie sehen wollen. Und sie vermitteln uns

Frauen das Gefühl, nicht attraktiv genug zu sein. Nach unserer Logik sollte er nicht mehr brauchen als unseren warmen, liebevollen Körper in einem neuen Negligé; wenn er noch etwas anderes will, ist mit einem von uns etwas nicht in Ordnung. Wir verstehen nicht, wie sehr seine Erregung von optischer Stimulierung abhängt. Das Neue ist aufregend. Alles, was sich immer wiederholt, wird auf die Dauer uninteressant. Das hat überhaupt nichts mit der Liebe zu tun.

Wie bringe ich eine Frau dazu, daß sie sich die Schamhaare rasiert?

»Ich bin ganz hinüber, wenn ich eine rasierte Möse sehe. Und ich mag's, wie sie sich anfühlt. Es geht nichts über eine Frau, die keine Schamhaare hat. Keinerlei Widerstand da unten. Sie wirkt ganz und gar verletzlich. Wenn sie heiß ist, sammelt sich die Flüssigkeit in Tröpfchen auf ihren Schamlippen. Warum machen nicht mehr Frauen so etwas, wenn's doch so sexy ist?« schreibt ein Drucker aus dem Nordwesten der Staaten.

Ich würde vermuten, daß die meisten Frauen schon Probleme genug haben, die Haare auf ihren Beinen und unter den Armen zu entfernen. Außerdem: Wer hat dafür schon ständig Zeit? Und im übrigen juckt die Haut, sobald die Haare wieder anfangen nachzuwachsen. Was noch wichtiger ist: Frauen haben Angst, daß Männer, die sich glattrasierte Mösen wünschen, eigentlich Lust auf kleine Mädchen haben.
»Ich glaube nicht, daß das stimmt«, schreibt ein Psychologe aus Kalifornien, der bei meiner Umfrage mitmachte.

»Die erwähnte Vorstellung gehört nicht zu denen, die mich persönlich anmachen, deshalb glaube ich, mich hierzu neutral äußern zu können. Rasierte Genitalien gefallen Männern manchmal, weil sie die Frau verletzlich erscheinen lassen. Wenn es eine starke Frau ist, oder wenn der Mann sich im Augenblick ziemlich schwach fühlt, kann das sehr sexy wirken. Es stellt einen gewissen Ausgleich dar. Wir Männer sind immer verletzlich, weil unser Schwanz immer offen herunterhängt.«
Rasierte Genitalien sind besonders beliebt bei Anhängern sadomasochistischer Praktiken. (De Sades Frauen waren glattrasiert.) Doch diese Form der Stimulation funktioniert auch bei Männern, die sich nicht für Sadomasochismus oder junge Mädchen interessieren. Am besten, so meint ein Mann, wirkt sie »in kleinen Mengen. Wenn sich eine Frau ein- oder zweimal im Jahr rasiert, ist das ganz schön heiß. Wenn sie's immer macht, wird's langweilig.«

Warum sagen Frauen im Bett keine vulgären Wörter?

»Meine Partnerin ist beruflich ziemlich erfolgreich. Sie arbeitet in einer Hypothekenbank und würde nie ein Schimpfwort in den Mund nehmen. Wenn sie sagt: ›Bums mich, leck mich, ramm ihn mir rein‹, macht mich das ganz wild. Aber ich muß sie darum bitten. Warum macht ihr das so viel aus?« schreibt ein neunundzwanzigjähriger Anwalt.

Viele Männer finden Obszönitäten sexuell stimulierend, aber nur im Privatbereich. Sie wollen keine Frau, die es mit einem Bauarbeiter in einer Bar aufnehmen kann.

Nein, sie möchten, daß ihre Partnerin diese Worte nur für sie in den Mund nimmt.
»Das Aufregende daran ist«, gesteht ein einundfünfzigjähriger New Yorker, »daß sie einem anderen niemals so etwas sagen würde. Es ist, wie wenn ich sie nackt sehe, nur noch besser. Ein nackter Körper ist längst nicht so persönlich.«
Ein anderer Mann fügt hinzu: »Ich hab' Obszönitäten gerne, aber ich will derjenige sein, der darum bittet. Wenn sie von selber damit anfängt, weiß ich, daß sie's schon mal für einen anderen Mann gemacht hat. Das hat dann er ihr beigebracht.«

Und erstaunlicherweise haben es viele Männer gerne, wenn sie nicht alles auszieht:

Ist es verrückt, wenn ich mir wünsche, daß die Frau dabei etwas anläßt?

»Heutzutage kann man an jeder Ecke nackte Frauen sehen, deshalb macht es mich viel mehr an, wenn sie noch ein bißchen was anhat. Es macht mich ganz wild, wenn ich mit einer Frau schlafe, die noch einen Straps oder Strümpfe anhat. Es ist einfach unglaublich erregend, wenn ich das Nylon auf meiner Haut spüre, während sie ihre Beine um mich windet«, schreibt ein Labortechniker.

Ich erinnere mich noch gut an den ersten Brief eines Mannes, der wollte, daß seine Frau ihre Stöckelschuhe anläßt, während sie miteinander schlafen. Ich konnte mir gut vorstellen, wie sie versucht, mit ihm im Bett zu liegen, ohne daß sie ihm dabei die Stöckel in den Rücken rammt. Vielleicht hätte der eine oder andere Stich ja sein Vergnügen noch erhöht. Möglicherweise hätte es ihm aber auch Spaß gemacht, sie ihr auszuziehen, wenn sie ihn störten. Doch egal, wie Männer letztlich mit der Logistik fertig werden: manche wollen einfach, daß ihre Partnerin mit den Schuhen ins Bett geht.

Strapse und Strümpfe sind jedoch weitaus beliebter. Reizwäsche ist die Stimulation Nummer eins für Männer, Schwarz die Farbe Nummer eins, knapp gefolgt von Rot. Sie haben es gerne, wenn die Frau mit Seidenunterwäsche ins Bett kommt, die sie dann entfernen oder in den Sex einbeziehen können.

»Meine Frau hat ein paar Tangas aus Seide«, schreibt ein Mann Ende Zwanzig. »Ich mach's ihr wahnsinnig gern mit dem Mund, wenn sie einen davon trägt. Ich schiebe die Seide mit der Zunge beiseite. Wenn sie kommt, ist die Seide ganz naß, und ich reibe meinen Penis noch gerne daran, bevor ich den Tanga herunterziehe und sie richtig bumse.«

Ein anderer Mann schreibt: »Manchmal macht es mich an, eine Frau mit Reizwäsche zu sehen, zum Beispiel mit diesen Büstenhaltern, bei denen die Brustwarzen ausgespart sind. Aber das funktioniert bloß, wenn die Frau wirklich toll ist, und wenn man sie darum bitten muß. Es macht mich an, wenn ich sie auf mein sexuelles Niveau herunterziehe.«

Wie viele Männer glaubt dieser Mann offenbar, daß wir Frauen ein höheres moralisches und/oder sexuelles Niveau haben als die Männer. Vielleicht drückt sein Bedürfnis nach »schmutzigen« Sexpraktiken seinen geheimen Wunsch aus, die Frau noch als etwas anderes als eine Madonna zu sehen.

Doch egal, was die Gründe letztlich sind: manche Männer wünschen sich weniger makellose Frauen.

Warum duscht sie, bevor ich sie lecke?

»Ich mag den Geruch und den Geschmack von Frauen. Besonders gerne rieche ich an den Falten ihrer Möse, wenn es heiß gewesen ist und wenn sie geschwitzt hat. Das macht mich ungeheuer an, aber sie hält es für schmutzig und nimmt zuerst ein Bad«, schreibt ein Vertreter aus Seattle.

Manche Männer finden den natürlichen Geruch und Geschmack der Vagina und der Achsel erregend. Sie wünschen sich, daß wir ein bißchen weniger reinlich wären, aber wir haben gelernt, unseren (und seinen) natürlichen Körpergeruch abstoßend zu finden. Manche Frauen erklären sich nur dann zum Cunnilingus bereit, wenn sie den Genitalbereich im Verlauf der letzten zehn Minuten gewaschen haben. Vielleicht ist das ein Ausdruck mangelnder weiblicher Selbstschätzung, vielleicht auch der übertriebener Sauberkeit.
»Ich wünsche mir, daß die Mädels sich da ein bißchen auf Kompromisse einlassen könnten«, sagt ein Footballprofi. »Ich will ja kein Mädchen, das sich schon wochenlang nicht mehr gebadet hat, aber eine Mischung aus ihrem eigenen, ganz natürlichen Körpergeruch und ein bißchen gutem Parfüm macht mich an. Mir ist es lieber, Stunden, nicht Minuten, nachdem sie geduscht hat, mit ihr zu schlafen. Übrigens bin ich selbst immer sauber, wenn ich mit einer Frau ins Bett gehe. Männer riechen eben von Natur aus nicht so gut wie Frauen.«

Andere Männer haben es gerne, wenn die Frau sich in der Öffentlichkeit in Szene setzt.

Warum macht es einer Frau soviel aus, wenn andere Leute sie sehen?

»Ich schlafe gerne in lauen Sommernächten mit meiner Frau draußen im Garten. Sie macht sich Gedanken, daß die Nachbarn uns dabei zuschauen. Ich sage, na ja, wenn die nichts besseres zu tun haben, dann sollen sie eben zuschauen. Sie geht nicht mal in Shorts an die Haustür. Ich bin stolz auf ihren Körper, und ich würde mir wünschen, daß sie ihn nicht wie den einer Nonne behandelt. Bin ich denn verrückt, nur weil ich sie gerne vorzeigen würde?« fragt ein Versicherungsvertreter aus Nevada.

Viele Männer wünschen sich Sex an halböffentlichen Orten. Sie machen es gerne auf dem Balkon oder im Innenhof, in Bädern oder bei Partys in Nebenräumen oder im alten Kinderbett, wenn man die Eltern besucht. Die Lieblingsvorstellung der FORUM-Leser ist immer noch der Geschlechtsverkehr im Flugzeug oder im Zug, danach folgt die Fellatio, während er den Wagen auf der Autobahn lenkt. Zum Teil macht es ihn optisch an, wenn sie etwas tut, was sie normalerweise nur nach langem Bitten machen würde. Und zum anderen Teil erregt ihn die Möglichkeit, erwischt zu werden.
»Ich glaube, jeder hat in seinem Leben schon einmal an einem öffentlichen Ort mit einer Frau geschlafen«, schreibt ein Geheimagent, der früher in Washington D.C. lebte. »Meine eigene Erfahrung wurde angeregt durch einen der bekannteren Sexskandale in Washington. Ich wollte unbedingt auf den Stufen zum Kongreß Sex machen und brachte schließlich auch meine Partnerin dazu. Ich hab' den Reißverschluß meiner Hose geöffnet, mich auf die

Stufen gesetzt, und sie hat sich auf meinem Schoß niedergelassen. Sie hat sich die Knie dabei ein bißchen aufgeschürft, aber insgesamt war es ziemlich aufregend. Als wir später im Bett darüber geredet haben, war's sogar noch besser als in der Realität.«

Das Lieblingskleidungsstück für Frauen ist dabei jede Art von Rock oder Kleid ohne Slip. Manche Männer sind schon zufrieden, wenn die Frau ohne Unterwäsche mit ihnen ausgeht und sich den Sex für später aufspart.

»Es ist toll, wenn man weiß, daß die Partnerin keine Unterwäsche trägt«, schreibt ein Mann aus dem Mittleren Westen, »weil das dann ein Geheimnis zwischen den beiden Betroffenen ist. Meine Frau überrascht mich manchmal damit, daß sie mir irgendwann sagt, sie trägt keinen Slip. Letzten Samstag wollten wir den Wagen aus der Werkstatt holen. Aber er war noch nicht fertig, deshalb haben wir warten müssen. Wir saßen gerade auf einem billigen Vinylsofa und warteten, als sie mir ins Ohr flüsterte: ›Hoffentlich schwitze ich nicht und klebe hier an. Ich hab' nämlich keinen Slip an.‹ Da hab' ich eine Erektion bekommen, die die halbe Stunde Warten und die zehn Minuten Heimfahrt überstanden hat. Im Auto hab' ich die ganze Zeit mit ihrer Möse herumgespielt. Als wir dann daheim waren, haben wir wie wild gebumst.«

Manchen Männern gefällt es, wenn andere Männer ihre verführerisch gekleidete Partnerin bewundern. »Wenn meine Frau zu einer Party ein freizügiges Kleid trägt, haben wir tollen Sex, sobald wir wieder zu Hause sind«, schreibt ein neunundzwanzigjähriger Mann aus dem Süden der Staaten. »Einmal haben wir's nicht mal mehr bis nach Hause geschafft. Wir haben den Wagen an den Straßenrand lenken und noch im Auto bumsen müssen.«

Warum masturbiert die Frau nicht für mich?

»Ich werd' so richtig heiß, wenn ich einer Frau dabei zusehe, wie sie onaniert. Das gehört zu den schärfsten Sachen, die eine Frau für einen Mann machen kann. Aber nur die wenigsten Frauen, mit denen ich zusammen gewesen bin, waren dazu bereit. Ich hatte mal eine Geliebte, die mir die ganze Zeit in die Augen geschaut hat, während sie ihre Klitoris mit dem Finger umspielt hat. Als ihr Becken zu kreisen begonnen hat und ihre Augen schwer geworden sind, bin ich fast gekommen. Mein Gott, war diese Frau heiß«, schreibt ein Chemotechniker.

Eine Frau empfindet diese Bitte des Mannes wahrscheinlich als die schwierigste. Schließlich ist es noch nicht so lange her, daß Frauen den Sex überhaupt nicht genießen durften. Heutzutage heißt es, Frauen dürfen den Sex auch genießen, solange sie den Mann lieben. Die Masturbation ist für viele Frauen noch immer nicht akzeptabel, auch wenn sie's trotzdem tun. Er möchte, daß sie es für ihn tut. Ihr ist es peinlich, zuzugeben, daß sie's überhaupt macht. Wenn sie für ihn masturbiert, schenkt sie ihm sozusagen einen geheimen Bereich ihrer selbst, was für manche Frauen völlig unmöglich ist.

»Männer betrachten die weibliche Masturbation als Pornovideo für eine einzige Person«, erklärt ein Psychologe aus Kalifornien. »Er schätzt Masturbation als ihr Geschenk an ihn, nicht als gefühlsmäßiges Teilen wie die Liebe. Er steht dieser Erfahrung distanzierter gegenüber. Das optische Element zusammen mit dem Wissen, daß sie es ganz allein für ihn tut, erregt ihn. Er glaubt sogar, ihr einen Gefallen zu tun, wenn er sie bittet, für ihn zu ma-

sturbieren, denn schließlich hilft er ihr damit, sich zu entspannen, und Männer denken, daß Frauen das nicht können oder nicht oft genug tun.«
Ihnen gefallen vielleicht nicht alle, möglicherweise überhaupt keine, dieser erotischen Praktiken. Unter Umständen ermutigt Sie das Wissen um die Hintergründe solcher Wünsche zu mehr Experimentierfreude, vielleicht aber auch nicht. Sagen Sie ihm nicht, daß er merkwürdig, krank oder pervers ist, weil er von anderen Dingen erregt wird als Sie selbst. Alles, was wir in diesem Kapitel besprochen haben, ist sozusagen ein bißchen mehr als die Standardversion des Sex. Das bedeutet aber noch lange nicht, daß es »unnormal« ist.

Was Sie bei der abwechslungsreichen Stimulation bedenken sollten:

* Es handelt sich *nicht* um Fetische. Ein Fetisch ist normalerweise ein bestimmter weiblicher Körperteil oder ein Kleidungsstück, von dem die Erregung des Mannes völlig und ausschließlich abhängt.
* Solche Formen der Stimulation können auch Sie erregen. Betrachten Sie seine Bitte als sexuelles Spiel.
* Sie sind weder mit Schmerzen verbunden noch ungesetzlich. Wäre es wirklich so schlimm, sie einmal auszuprobieren?
* Wenn Sie's wirklich nicht machen wollen, können Sie ohne weiteres nein sagen, ohne sich dabei wie ein prüdes Weibchen vorkommen zu müssen.

Kapitel 11: **Ist er hart genug?**

»Niemand hält die Sache für ein sonderliches Problem, bis er plötzlich keine Erektion mehr bekommt. Dann hat das Kind einen Namen: Impotenz. Worüber im allgemeinen nicht gesprochen wird, ist der Zustand dazwischen. Ich nenne das den Zwitterzustand. Ich bin sehr erregt, aber meine Erektion ist nicht hart genug. Man kann meinen Schwanz richtiggehend in der Mitte abknicken. Mir passiert das heute viel öfter als noch vor fünf Jahren.« — Ein fünfundvierzigjähriger Leser.

Der richtige Mann ist ... *immer* hart. Oder? Jedenfalls sagt das der Macho-Kode.

Es ist leichter, zu akzeptieren, daß Männer oft durch gewisse Techniken erregt werden müssen — die über das Küssen, Streicheln und Berühren während des Vorspiels hinausgehen —, wenn wir Frauen verstehen, wie wichtig die Erektion für die Männer und für uns ist. Die Härte ist eines der beiden Kriterien, nach denen Männer ihre Potenz bewerten. Das andere ist die Penisgröße. Sie räumen der Größe den ersten Platz ein und der Härte den zweiten. Wir können nichts an der Größe ändern, aber wir, oder er, sollten dazu in der Lage sein, die Härte zu beeinflussen.

»Ich weiß, daß Frauen ganz wild auf einen harten Schwanz sind, weil sie glauben, daß ein weniger harter Schwanz ein

negatives Licht auf sie selbst wirft«, sagt David, ein ehemaliger Tänzer. »Wenn sie sich über die Härte nicht genauso viele Gedanken machen würden wie die Männer, würden sie von einem schlaffen Penis nicht so irritiert sein, wie sie es sind. Ich bin jetzt über Fünfunddreißig und stelle fest, daß meine Erektion während des Sex kommt und wieder verschwindet. Meine Partnerinnen haben meist Schwierigkeiten damit, wenn mein Penis zwischendurch ein wenig schlaff wird. Ihre Reaktionen reichen von ›Du hast eine andere, stimmt's?‹ bis ›Vielleicht stimmen die Gerüchte doch, daß Tänzer alle schwul sind.‹
Aber es wäre nicht fair, die Frauen dafür zu kritisieren, denn ich bekomme auch Panik, wenn er schlaff wird. Vermutlich übertrage ich meine Sorge auf die Frau. Das andere Geschlecht neigt dazu, das zu glauben, was man über sich selbst glaubt. Wir glauben den Frauen eine Menge weiblicher Mythen, und sie übernehmen dafür die unseren.«
Viele Männer fragen mich in ihren Briefen, was Frauen von ihren Erektionen halten, so daß mich die Ergebnisse meiner Umfrage etwas überrascht haben: weniger als ein Drittel der Befragten behauptete, daß sie hin und wieder mit ihren Erektionen unzufrieden seien. Die Mehrzahl davon war über dreißig Jahre alt. Diese kleine Gruppe drückte jedoch genau die gleichen Ängste aus, die ich bereits früher gehört hatte.

Wie hart muß der Schwanz des Mannes für die Frau sein?

»Meine Erektionen sind nie so besonders hart. Manchmal gelingt es mir nur, in die Frau einzudringen, wenn sie sich auf mich setzt. Wenn wir eine Weile bumsen, kann ich die

Erektion jedoch in jeder Stellung halten, solange ich in ihr bleibe. Bevor ich komme, habe ich das Gefühl, richtig hart zu sein. Manche Frauen haben das Problem zur Sprache gebracht, auch wenn sie mir sofort versichert haben, daß es ihnen nichts ausmacht. Wenn es ihnen nichts ausmacht, warum erwähnen sie's dann überhaupt? Gibt es irgendeinen vorgegebenen Maßstab für Härte? Wie merkt man, daß man darunter liegt?« schreibt J. G. aus Maine.

Die Härte, die er beschreibt, sollte eigentlich das Bedürfnis seiner Partnerin nach Penetration befriedigen. Obwohl er ihr ohne Erektion zum Orgasmus verhelfen kann, ist es ihnen offenbar beiden lieber, wenn er eine Erektion hat. Ich versuche die Männer zu beschwichtigen, die sich wegen der Größe und der Härte Gedanken machen, aber ich glaube nicht, daß sie die Worte des Trostes immer annehmen. Ein Mann kann von fünfzig Frauen hören, daß die Größe seines Penis oder dessen Härte keine Rolle spielt, aber er wird immer noch seine Zweifel haben.

Alan, ein Sextherapeut, meint: »Die Beteuerungen der Frauen helfen nicht wesentlich, die männlichen Ängste und Frustrationen über Größe und Härte zu lindern. Sie kann schwören, daß er unglaublich männlich ist, und er wird es ihr immer noch nicht glauben. Er denkt dann, sie ist nur nett zu ihm. Denn wenn sie ihn liebt, was soll sie dann anderes sagen?«

Die Männer haben nur wenige Beispiele für befriedigenden Sex mit einem schlaffen Penis. (Abgesehen von dem Film *Coming Home*, in dem Jon Voight einen verwundeten Vietnamveteranen spielte, kann ich mich an kein Beispiel erinnern.) Ihre wie unsere erotische Literatur hat den harten Penis als Hauptdarsteller. Auf Video sieht man den Penis des Helden kaum jemals anders als im erigierten Zustand. Wie sollte da jemandem der Zusammenhang zwischen Härte und männlicher Sexualität entgehen?

»Über den schlaffen Penis liest man höchstens in den Kapiteln der Sexbücher, die sich mit den Problemen des Geschlechtslebens und ihren Lösungen befassen«, schreibt ein neunundzwanzigjähriger Manager. »Meine Erektionen sind jetzt schon nicht mehr so hart, wie sie mit neunzehn mal waren. An manchen Tagen sind sie noch schwächer als sonst. An solchen Tagen fühle ich mich alt.«

Realistisch betrachtet hängt die Erektion des Mannes von vielen Faktoren wie Krankheit, Streß, Müdigkeit, Medikamenten, Drogen oder Alkohol ab. Auch die Harmonie mit seiner Partnerin spielt eine Rolle.

»Die Qualität meiner Erektion hängt proportional von der Partnerin ab, mit der ich zusammen bin«, schreibt ein Neununddreißigjähriger aus dem Nordosten der Staaten. »Wenn die betreffende Person mich wirklich erregt, bin ich hart und bleibe es auch bis zum Orgasmus. Wenn sie es nicht tut, werde ich nicht so hart. Dann wird mein Penis schlaff, und wir müssen ihn wieder aufrichten, was ärgerlich ist. Denn guter Sex ist nicht möglich, wenn man sich ärgert. Vielleicht sollte man einfach nicht mit einer Frau schlafen, wenn sie einen nicht wirklich erregt, egal, wie attraktiv oder willig sie ist.«

Vielleicht sollte er das wirklich nicht. Wir sollten auf jeden Fall nicht davon ausgehen, daß wir nicht attraktiv sind, nur weil er nicht mit uns schlafen will oder weil er keine Erektion zustande bringt.

Warum bleibe ich nicht während des ganzen Geschlechtsverkehrs hart?

»Ich versuche es meiner Partnerin zu verheimlichen, wenn ich schlaff werde, aber es ist natürlich schwierig, so etwas zu verbergen. Ich ziehe ihn raus und mach's ihr mit dem Mund. Oder ich bumse sie von hinten, so daß ich die Wurzel festhalten und mit der Hand stoßen kann. Mir wär's lieber, ich könnte so lange und so hart bumsen, wie wir beide es wollen. Was kann ich machen, damit ich diese Fähigkeit wieder bekomme?« schreibt ein fünfunddreißigjähriger Mann aus Philadelphia.

Männer haben genausoviel Angst davor, die Erektionskraft ihrer Jugend zu verlieren, wie wir uns vor den Anzeichen des Alterns an unserem eigenen Körper fürchten. Die Partnerin des soeben zitierten Mannes hält ihn unter Umständen für den besten Liebhaber, den sie je gehabt hat. Sie würde sich wahrscheinlich darüber wundern, wie viele Gedanken er sich über die Veränderung der Härte während des Geschlechtsverkehrs macht. Auch wenn sie ihn lobt, hört er aufgrund seines eigenen Kummers möglicherweise ihre Lobeshymnen überhaupt nicht. Oder noch schlimmer: vielleicht macht sie sich über das »Problem« ebenso Sorgen wie er.

In *Sexual Solutions: A Guide for Men and the Women Who Love Them* (dt.: *Der erotische Mann. Liebesprobleme und wie man(n) ihnen begegnet.*) schreibt Michael Castleman: »Manche Frauen verlieren die Fassung, wenn die Erektion ihres Partners während der Liebe nachläßt. Viele Männer — und Frauen — geben sich selbst die Schuld dafür, wenn ihr Partner nicht leidenschaftlich erregt ist. Wenn die Erektion des

Mannes nachläßt, glaubt die Frau unter Umständen, daß sie ihn nicht mehr erregt oder daß sie irgend etwas getan hat, was ihn abschreckt. Möglicherweise stimmt das ... Sehr häufig lassen Erektionen jedoch ganz von allein nach.«

Manche Männer geben sich selbst die Schuld, andere der Partnerin.

»Ich kann's einfach nicht mehr«, beklagt sich ein Dreiundvierzigjähriger aus Atlanta. »Früher bin ich mit einer Erektion aufgewacht, die war so hart, daß ich dachte, ich könnte damit Nägel in die Wand schlagen. Aber das ist vorbei. Jetzt fühle ich mich wie ein Profisportler im ersten Jahr nach seiner aktiven Laufbahn — ein bißchen schlaff. Manchmal läßt er mich mitten im Bumsen im Stich.«

Ein Mann aus Connecticut ist gegenteiliger Ansicht: »Ich betrüge meine Frau seit einem Jahr. Ich hab' mich das erste Mal mit anderen eingelassen, wie ich Probleme bekam, bei meiner Frau während des ganzen Geschlechtsverkehrs hart zu bleiben. Das hat mich nervös gemacht. War ich dran schuld oder sie? Wahrscheinlich war sie es. Bei den anderen Frauen bin ich hart.«

Vielleicht hat die männliche Midlife-crisis zum Teil ihre Ursache in der Veränderung der Erektion. Mir kam das erst in den Sinn, als ein Mann mich auf die Verbindung hinwies: »Niemand, weder Mann noch Frau, hätte eine Midlife-crisis, wenn wir nicht Veränderungen an unserem Körper wahrnehmen würden, die wir nicht sehen wollen. Natürlich spielt da auch immer die ganz existentielle Frage mit: ›War das schon alles?‹ Sagen Sie mir jetzt nicht, daß wir diese Frage einfach bis zum Tod ignorieren könnten, wenn uns unser Körper nicht im Stich lassen und uns dazu zwingen würde, uns über Alter und Tod Gedanken zu machen.

Für die Frauen kommt der Wendepunkt, wenn sie in den Spiegel schauen. Das Gesicht verrät sie. Für die Männer ist es der mächtige Penis, der einfach nicht mehr so mächtig ist wie früher.«
Die meisten von uns, Männer wie Frauen, müssen diese Krise durchstehen, und wir hoffen, schließlich als wirkliche Erwachsene daraus hervorzugehen. Aber erwarten Sie nicht, daß der Mann Probleme bekommt, wenn sich seine Erektionsfähigkeit verändert, was Sie unter Umständen überhaupt nicht stört. Seine Angst davor, schlaff zu werden — seine Männlichkeit zu verlieren und Sie zu enttäuschen —, ist die Ursache für Stimulationswünsche, gegen die Sie sich vielleicht wehren.

Wie Sie nicht mit der Situation umgehen sollten:

* Erzählen Sie ihm nicht, er ist hart, wenn er es gar nicht ist.

* Sagen Sie ihm nicht, daß es Ihnen nichts ausmacht, wenn er nicht mehr so hart wird wie früher — es sei denn, er bittet sie darum.

* Erwarten Sie nicht, daß Ihre Beruhigungsversuche ihn tatsächlich beruhigen. Auf lange Sicht gesehen, nützt nur guter Sex gegen seine Unzufriedenheit. Haben Sie keine Angst vor einfallsreichem Sex, der ihn stärker erregt, aber lassen Sie sich auch nicht davon verrückt machen, daß er unbedingt erregt werden muß. Achten Sie auf Ihr eigenes Vergnügen. Nichts erregt den Mann mehr, als es seiner Partnerin recht zu machen.

TEIL VIER

Der Geschlechtsakt selbst

Der Quickie — *die* männliche Erfahrung?

»Es wird nicht nur von uns erwartet, daß wir sexuelle Erfahrung vorweisen, wenn uns eigentlich nichts darüber gesagt worden ist, nein, wir sollen auch jedes Mal und allzeit bereit sein, und zwar ohne Fehl und Tadel.« — Barry McCarthy in *Male Sexual Awareness.*

Der Quickie ist heutzutage nicht mehr als Ausdruck der männlichen Sexualität akzeptabel.

Vor Masters und Johnson und der sogenannten »Squeeze«-Technik machten sich Männer offenbar nur darüber Gedanken, wie oft sie kamen, nicht, wie lange »es« dauerte — wobei dieses »es« der Geschlechtsverkehr war. Nicht daß sie die Frau nicht hätten befriedigen wollen, aber wichtiger war die Anzahl der Eroberungen. Sie dachten entweder, sie brauche oder wolle keine sexuelle Lust, oder aber, sie habe alle Befriedigung dieser Welt in den oft nur kurzen Begegnungen mit ihm.

»Wenn ich mir's recht überlege«, sagt mein sechzigjähriger Freund Gil, »haben die Männer damals auch nicht so furchtbar viel Spaß beim Sex gehabt. Es ist alles viel zu schnell gegangen, als daß irgend jemand dabei wirklich Spaß hätte haben können. ›Bumsfallera, herzlichen Dank, meine Dame‹ — das war eben der Sex damals, als einem der Sex noch so peinlich war, daß man sich nicht richtig liebte.«

Vielleicht ist der Mann über Vierzig »auf dem absteigenden Ast«, sagt Gil, aber er hat heute beim Sex größeres Vergnügen als früher. Genau wie die Männer, die mir geschrieben oder bei meiner Umfrage mitgemacht haben, erwartet sich Gil mehr vom Sex als einen Quickie. Viele Männer wollen, daß der Sex einschließlich des Geschlechtsverkehrs länger dauert, als er es tatsächlich tut. Manchmal machen sie sich etwas über die Dauer vor. Und manchmal machen sie sich auch Vorwürfe, weil sie keine olympischen Höchstleistungen erbringen.

Die Männer in meiner Umfrage sagten, daß der Geschlechtsverkehr zwischen zehn Minuten und mehreren Stunden dauern solle. Die Mehrheit sprach sich dabei für einen Zeitraum von zwanzig bis dreißig Minuten aus (51 Prozent). Doch sie gaben gleichzeitig zu, daß er ihrer Erfahrung nach nur selten tatsächlich so lange dauert, was nicht sonderlich überrascht, wenn man bedenkt, daß die durchschnittliche Dauer des Geschlechtsverkehrs bei fünf bis zehn Minuten liegt. Etliche Männer schrieben mir, sie suchten die Schuld dafür, daß er nicht länger dauere, einzig und allein bei sich selbst. (»Schließlich ist das die Aufgabe des Mannes. Die Frau hält es stundenlang aus. Er läßt sie im Stich, wenn er nicht eine ganze Weile mithält.«)

Sie haben die Mythen der Zeit nach der sexuellen Revolution verinnerlicht: Ein richtiger Mann hat *immer* endloses Durchhaltevermögen, und alle Frauen sind zu mehreren Orgasmen fähig, zu denen sie im Verlauf sexueller Marathonveranstaltungen kommen.

Diese sexuellen Mythen sind genausowenig verwirklichbar wie alle anderen. (Ein richtiger Mann ist *allzeit* bereit, und er ist *immer* hart.) Das größere Wissen um die Sexualität hat für uns alle zwar den Sex angenehmer gestaltet, weil wir nun auch um die Möglichkeiten jenseits des Quickie wissen, aber gleichzeitig hat sich dadurch auch der Druck auf den Mann erhöht. Der Sex ist nun eine Gleichung mit zwei Unbekannten: seine Erektionen und ihre Orgasmen.

In *Male Sexual Awareness* schreibt McCarthy: »Für viele Männer ist der Sex ein Bluff, ein verzweifelter Kampf, das Bild von der ständig funktionierenden ›männlichen Maschine‹ aufrechtzuerhalten. Wenn der Sex so leistungsorientiert wird, bleibt nur noch wenig Raum für das Vergnügen... Ein guter Liebhaber ist kein Techniker; er ist vielmehr jemand, der Gefühle wie Zärtlichkeit, Vertraulichkeit und Emotionalität genießen kann, die während der sexuellen Interaktion auftreten.«

Rein intellektuell gesehen, wissen die Männer das. Doch gefühlsmäßig haben sie Probleme, es zu akzeptieren. Wenn der Sex nicht richtig klappt, geben sie sich eher selbst die Schuld dafür als uns. Sie erinnern sich an die negativen Kommentare der Frau, als hätten sich die Worte in ihr Gehirn eingebrannt.

»Ich weiß, daß es beim Sex nicht nur um Leistung geht«, schreibt ein Mann, »aber trotzdem verhalte ich mich so, als wäre es so. Wenn eine Frau über den Sex reden will, zucke ich innerlich zusammen. Sie will mir wahrscheinlich sagen, was sie sich sexuell erwartet, und ich soll dann das große Aha-Erlebnis haben. Aber mir ist es eher peinlich, daß ich es nicht gewußt habe. Ich hab' was falsch gemacht. Ich hab' nicht genug geleistet. Ich hab' Angst, daß sie mich als Versager abstempelt. Ich bin gedemütigt. Ein-

mal hat mir eine Frau gesagt, daß ich es zu lange hinauszögere, und hat gefragt: ›Worauf wartest du denn noch, auf einen Zug?‹«
Laut McCarthy ist »die schlimmste Angst des Mannes die Angst vor der Demütigung durch die Frau. Diese Angst vor der Demütigung ist stärker als die vor dem Versagen des Penis... Obwohl ich mir nicht vorstellen kann, daß eine solche Angst reale Grundlagen hat, existiert sie doch in den Köpfen der Männer.«
Diese Furcht vor der Demütigung ist die Grundlage der Angst vor dem Versagen. Wenn er sich nur einen Quickie wünschen würde, hätte er nie Angst. Dann müßte er sich nur um einen Teil der Angelegenheit kümmern, nämlich um den seinen. Aber er will bedeutend mehr, und zwar für beide Beteiligten.

Kapitel 12: Vorspiel — nicht nur für Frauen

»Ich hätte es gerne, wenn eine Frau mich hin und wieder einfach nur gern hat, in die Arme nimmt, mich leidenschaftlich küßt und mich ins Schlafzimmer führt. Wenn sie mich dann langsam auszieht und dabei jeden Teil meines Körpers küßt und liebkost. Einmal hat eine Frau so etwas mit mir gemacht. Sie hat bei meinen Füßen angefangen und meine Haut geküßt und an ihr gesaugt. Dann ist sie weiter nach oben gegangen, an meinen Waden und Knien entlang bis zu meinen Oberschenkeln. Inzwischen hatte ich eine unglaubliche Erektion. Sie ist an meinen Genitalien vorbei hoch zum Nabel und hat sich von da aus wieder nach unten vorgearbeitet. Ich war schon ganz heiß. Nach einer ganzen Zeit hat sie meinen Penis in die Hand genommen und angefangen, ihn zu küssen und an ihm zu saugen. Ich hab' mich schrecklich zurückhalten müssen, daß ich noch nicht gekommen bin. Das nenne ich richtiges Vorspiel!« — Ein neununddreißigjähriger Mann aus Philadelphia.

Vorspiel ist ein negatives Wort. Shere Hite schreibt in *The Hite Report:* »Es erinnert an die Beschreibung des Sex in Handbüchern ... als ob die Liebe ein Spiel wäre, in dem es darum geht, sich zum ›Hauptereignis‹, nämlich dem Geschlechtsverkehr und der Penetration, vorarbeiten zu müssen.«

Vorspiel ist meist gleichbedeutend mit der sexuellen Arbeit, die Männer verrichten, um die Frau auf den Geschlechtsverkehr vorzubereiten. Gleichzeitig geht man davon aus, daß er solche Vorbereitung nicht nötig hat. Ein Mann beschrieb das Vorspiel als »die Zeit, in der sie sich ihm noch verweigert, während er sie heiß macht«. Fehlt da nicht etwas?

Männer sind mit Sicherheit der Meinung, daß etwas fehlt. Ich bekomme mehr Briefe von Männern, die sich mehr Berührungen, Streicheln, Küsse, Lecken und Lieben wünschen als von solchen, die sich exotischere sexuelle Praktiken ersehnen. Ungefähr die Hälfte der Männer in meiner Umfrage sagten, sie selbst kämen beim Vorspiel zu kurz. Weitere fünfunddreißig Prozent gaben an, sie seien mit dem zufrieden, was sie bekämen. Nur fünfzehn Prozent gaben die zu erwartende männliche Antwort: Danke, er braucht so etwas nicht; ihm ist der Geschlechtsverkehr genug.

»Manchmal macht sie mit«, schreibt ein zweiundvierzigjähriger New Yorker bedauernd, »aber ich wünschte, sie würde es öfter tun.«

Der Gedanke, daß der Mann kein Vorspiel braucht, hängt eng mit dem Glauben zusammen, daß er *immer* zum Sex bereit ist. Wir behandeln ihn oft wie einen überhitzten Motor kurz vor der sexuellen Explosion. Wenn wir ihn zu sehr streicheln, kommt er vielleicht »zu früh« oder außerhalb der Vagina, was er ja nicht soll. Viele Frauen sehen sein Bedürfnis nach mehr Streicheln als einen Beweis für ihren mangelnden Sex-Appeal. (»Meine Frau denkt, daß es mir als Vorspiel reicht, wenn ich sie ausziehe.«) Vielleicht würden wir weniger streng mit dem Sex umgehen, wenn wir das Wort »Vorspiel« über Bord werfen könnten.

In *Sexual Solutions* schreibt Michael Castleman: »Der Sex wird oft in drei Stufen eingeteilt: Vorspiel, Geschlechtsverkehr und die Entspannung danach. Schon das Wort ›Vorspiel‹ weist darauf hin, daß es vor der ›eigentlichen Sache‹ passiert. Dieser Gedanke ist jedoch indirekt die Ursache für viele sexuelle Probleme der Männer. Es gibt kein Vorspiel oder eine Entspannung danach, es gibt lediglich ein *Liebesspiel*.«

Männer erwarten sich tatsächlich mehr vom Sex als nur Geschlechtsverkehr und Orgasmus. Die häufigste Frage, die sie mir stellen, lautet:

Warum streichelt sie mich nicht öfter?

»Entgegen der sexuellen Klischees wünsche ich mir mehr Vorspiel als viele der Frauen, die ich kenne. Es wäre schön, wenn die Frauen lernten, daß Männer im Bett auch Zärtlichkeit und Zuneigung brauchen und dazu ein langes Vorspiel. Ich möchte, daß sie mir mit den Händen über den ganzen Körper streicht, besonders über den Rücken. Ich möchte, daß sie mir das Ohr leckt, die Haare küßt, mit den Haaren auf meiner Brust spielt. Ich möchte gestreichelt werden«, schreibt ein vierzigjähriger Collegeprofessor aus dem Nordosten der Staaten.

Männer wünschen sich dieselbe körperliche Zuneigung wie wir. Viele schreiben, daß ihre Brustwarzen empfindlich reagieren auf Lecken, Küssen und Saugen. Sie lassen sich gerne am ganzen Körper massieren. Ja, und sie lassen sich sogar gerne in den Arm nehmen.

»Frauen nehmen einen nur dann in den Arm, wenn man sie zuerst in den Arm genommen hat«, beschwert sich ein

Sechsundzwanzigjähriger. »Sie umarmen andere Frauen, Kinder, alte Leute und Hunde. Aber offenbar glauben sie, daß richtige Männer so etwas nicht wollen. Wahrscheinlich liegt das Problem zum Teil bei den Männern selbst, und ich schließe mich da nicht aus. Ich lasse mich gerne umarmen, festhalten und streicheln. Aber ich bitte nicht darum. Ich habe Angst, wie ein Schwächling zu klingen. Frauen können sagen: ›Nimm mich in den Arm.‹ Und wir sollen eigentlich auch dazu in der Lage sein.«

Männer hätten oft auch gerne mehr Berührungen an den Genitalien.

»Ich bin schon mit Frauen zusammengewesen, die mich am Penis packten als Zeichen dafür, daß sie soweit sind«, schreibt ein fünfundvierzigjähriger Chiropraktiker aus Memphis. »Abgesehen von der einen oder anderen Berührung haben sie damit nichts zu tun, es sei denn, er rutscht beim Geschlechtsverkehr heraus und muß wieder hineingeschoben werden. Ich bin auch schon mit Frauen zusammengewesen, die ihre ganze Aufmerksamkeit auf den Penis und die Eier konzentrieren, einem aber dabei das Gefühl geben, daß sie nur ihre Fähigkeiten demonstrieren wollen. Mir sind die Frauen am liebsten, die im Bett spielen.

Sie berühren mich überall im Bereich der Genitalien, am Penis, an den Eiern, am Anus und an der empfindlichen Stelle zwischen Anus und Eiern. Oft lecken und küssen sie auch, aber nicht immer. Manchmal spielen sie nur mit den Händen, und das ist himmlisch. Ich habe das wahnsinnig gern.«

Wenn Männer nicht die Berührungen bekommen, die sie sich wünschen, geben sie sich oft selbst die Schuld, weil sie ihre Bedürfnisse nicht klar genug formulieren. Sie gestehen

zwar, daß es »albern«, »falscher Stolz« und »dumm« ist, die Bitte um mehr Berührungen zu unterdrücken, aber sie schweigen trotzdem. Ein Anwalt aus Chicago sieht darin »genau das Gegenteil von dem, was Frauen tun. Ihnen ist es peinlich, um Genitalkontakte zu bitten, die zum Orgasmus führen. Wir scheuen uns davor, um einfache Zeichen der körperlichen Zuneigung zu bitten. Es ist kein Wissenschaftler nötig, um herauszufinden, warum. Schließlich kommen wir nicht von unseren eigene Mythen und Stereotypen los. Beide Geschlechter bekommen sozusagen den halben Laib und sehnen sich nach der anderen Hälfte, obwohl wir doch beide alles genießen könnten.«
Doch die Männer machen sich auch in anderer Hinsicht Vorwürfe. Sie glauben, die Frauen können sie nicht berühren, ohne gleich Angst haben zu müssen, daß sie kommen.
»Es ist mir schon passiert, daß ich zu früh gekommen bin, wenn mich eine Frau zu sehr gestreichelt hat«, sagt ein Fünfunddreißigjähriger. »Ich kann verstehen, warum sie sich zurückhalten; weil sie sich den Orgasmus des Mannes für später aufsparen wollen. Eigentlich sollte es keinen Unterschied machen, wer zuerst kommt, weil der Mann auch dann noch die Frau verwöhnen sollte, wenn er schon gekommen ist. Aber in der Realität macht es einen Unterschied. Die Frauen sind enttäuscht, wenn man zu früh einen Orgasmus hat. Vielen ist es peinlich, wenn es danach nur noch um sie selbst geht. Sie haben das Gefühl, als würde man ihnen dabei zusehen, wie sie kommen, und das gefällt ihnen nicht.«
Ein anderer Mann sagt: »Frauen fühlen sich wie Exhibitionisten, wenn sie mit ihrer Lust alleingelassen werden. Wenn der Mann zu schnell kommt, läßt er sie im Stich. Er

wird zum Voyeur. Also haben die Frauen Angst, den Mann zu sehr zu streicheln, zu schnell zu erregen.«
Viele Männer meinen jedoch, daß sie im Gegensatz zu ihrer Jugendzeit nicht mehr so schnell zu erregen sind.
»Ich kann eine ganze Menge Berührungen am ganzen Körper vertragen, ohne gleich einen Orgasmus zu bekommen«, schreibt ein Zweiunddreißigjähriger Mann aus Philadelphia. »Und ich bin mir sicher, daß es den meisten Männern genauso geht. Wenn ihr Streicheln mich wirklich zu sehr erregt, kann ich ihre Hand ja führen und sie bitten, statt dessen eine Weile nur meinen Körper zu liebkosen. Der Wechsel zwischen Berührungen im Genitalbereich und am ganzen Körper verlängert für mich das Liebesspiel.«
Und Gil, mein sechzigjähriger Freund, sagt: »Zu den Freuden des Alters gehört es, daß man sich jetzt endlich ganz nackt küssen und umarmen kann, ohne sich darüber Sorgen machen zu müssen, daß man gleich kommt.«

Wie kann ich eine Frau dazu bringen, daß sie mich so berührt, wie ich es gerne hätte?

»Ich hab's besonders gern, wenn sie mit meinen Eiern spielt. Aber nur wenige Frauen machen das. Vielleicht glauben sie, daß die Eier zu empfindlich sind. Natürlich müssen sie sanft damit umgehen, aber sie dürfen sie ruhig anfassen. Ich habe Frauen schon darum gebeten, dann rollen sie sie ein paarmal in der Hand hin und her, küssen sie vielleicht sogar kurz, und das war's dann. Ich mag's auch, wenn die Frau mir einen Finger in den Anus steckt. Aber ich hab' Angst, darum zu bitten, weil sie dann vielleicht denken, daß ich schwul bin«, schreibt ein Geschäftsmann aus den Südstaaten.

Die Antwort auf die Frage »Wie bringe ich sie dazu, ...« liegt auf der Hand: fragen Sie einfach. Doch Männern fällt das Fragen schwer. Genauso wie wir Frauen glauben, die Männer mit den richtigen Tricks dazu bringen zu können, daß sie das tun, was wir wollen, glauben das die Männer auch von uns. Man möchte meinen, daß Menschen, die in einer Gesellschaft leben, in der die »Kommunikation« als Antwort auf jede Frage gilt, inzwischen gelernt haben müßten, sich in einfachen und verständlichen Sätzen auszudrücken, aber das haben wir nicht. Denn jemanden um etwas zu bitten, macht einen selbst verletzlich.

Auch wenn Männer nur selten darum bitten, gefällt es ihnen doch oft, wenn die Frauen mit ihren Hoden spielen. Die Empfindlichkeit ist dabei bei jedem Mann verschieden und damit auch das, was er unter »Spiel« versteht. Ein Mann schreibt: »Ich werd' ganz wild dabei, wenn sie minutenlang an meinen Eiern saugt und mir dabei den Finger in den Arsch steckt.« Ein anderer hingegen meint: »Mir gefällt es, wenn sie meine Eier ganz sanft massiert; es ist nicht einfach, die richtige Intensität zu lernen.«

Genau aus diesem Grund meiden Frauen oft jenen Teil der männlichen Anatomie. Denn er ist höchst empfindlich. Jeder Mann wünscht sich etwas anderes. Und keine der Techniken zu seiner Befriedigung scheinen sich ganz von selbst zu ergeben.

»Jeder Mann hofft natürlich insgeheim, daß sie ihn genau das fragt, was er hören will«, sagt Alan, der Leiter einer Männergruppe. »In den fünf Jahren, in denen ich mit Männergruppen arbeite, habe ich immer wieder dieselben Dinge gehört über den Sex, den sich Männer wünschen. Der Satz beginnt normalerweise: ›Ich wünschte, sie würde...‹ Aber teilt er ihr seine Wünsche auch mit?

Nein. Er verhält sich so, als würden diese Wünsche wie durch Zauberhand erfüllt werden, wenn er sie nicht ausspricht.
Wenn sie dann tatsächlich fragt, ist er nur zu bereit, ihr zu zeigen und zu sagen, was er möchte. Ich würde einer Frau raten, einmal ganz vorsichtig an seinen Eiern zu lecken, sie dann ganz sanft mit der Hand zu umfassen und ihn dann zu fragen, was sie als nächstes mit ihm anstellen soll.«
Vielleicht fragen Sie sich, warum derselbe Mann, der Sie darum bittet, für ihn zu masturbieren, solche Probleme hat, Sie um einfache Zeichen der Zuneigung wie das Streicheln seiner Hoden anzugehen. Männer haben bei allem Schwierigkeiten, was als Wunsch nach mehr »Vorspiel« interpretiert werden könnte. Vielleicht denken Sie nun, daß es letztlich den gleichen Effekt hat, wenn Sie an seinen Genitalien saugen oder für ihn masturbieren — nämlich seine Erregung. Doch der Mann sieht das anders.
»Von Männern erwartet man, daß sie Sex wollen, nicht Zuneigung«, sagt Alan. »Sie sollen sich für exotische Sexpraktiken interessieren, nicht für Umarmungen und Streicheln.«
Es gibt auch noch andere Gründe, warum Männer sich scheuen, bestimmte Bitten auszusprechen. (»Ich will sie nicht noch auf meinen kleinen Schwanz aufmerksam machen, indem ich sie bitte, daß sie ihn anfaßt.«) Viele Männer mögen es, wenn die Frau an ihrem Anus herumspielt, aber sie denken, daß sie das unter Umständen als »etwas Schmutziges« empfindet oder mit homosexuellen Praktiken in Verbindung bringt. Dieser Bereich ist empfindlich, nicht nur körperlich, sondern auch psychisch.
»Ich mag's, wenn sie meine Hintern berührt, die Backen

streichelt und daran herumknabbert, an meinem Anus leckt und mich mit dem Finger nimmt«, schreibt ein Mann. »Ich hab's gerne, aber ich bitte sie nicht darum, weil Frauen heute gleich denken, man könnte bisexuell sein. Ein empfindlicher männlicher Hintern wird ziemlich schnell mit Homosexualität in Verbindung gebracht.«
Es überrascht nicht, daß Männer sich ein langes Vorspiel genauso sehr wünschen wie wir selbst.

Wie kann ich das Vorspiel verlängern?

»Entgegen den gängigen Klischees habe ich den Eindruck, daß Frauen oft mehr Interesse daran haben, zum eigentlichen Geschlechtsverkehr zu kommen, als ich. Sie wollen gerade so viel Vorspiel, daß sie heiß werden. Dann soll ich sie lecken oder masturbieren, bis sie kommen und danach noch bumsen. Ich würde das Vorspiel gerne ein bißchen verlängern, vielleicht noch ein wenig lecken und dann den Körper des Partners weiter erkunden. Aber wenn eine Frau deinen Kopf zwischen ihren Beinen eingeklemmt hält, ist es schwer, das Thema noch zu wechseln«, schreibt ein Mann um die Dreißig aus dem Nordosten der Staaten.

Die Männer haben nicht das Monopol auf zielorientierten Sex. Viele von uns glauben, daß der Sex einen bestimmten Zweck hat, nämlich den, mindestens einen Orgasmus zu bekommen. Eine erstaunlich hohe Anzahl von Männern hat mir gesagt, daß ihre Partnerinnen schon nach wenigen Minuten des Liebesspiels einen Orgasmus erwarten, zu dem sie durch orale Stimulation gelangen.
»Heute sind die Frauen sexuell weitaus besser informiert,

als sie es noch vor zwanzig Jahren waren«, schreibt der Inhaber einer Agentur. »Ich war sozusagen fünfzehn Jahre lang aus dem Verkehr gezogen, und das ist der größte Unterschied, den ich nun in der Singleszene feststelle. Sie wissen genau, was ihnen zusteht, und sie wissen auch, wie sie es vom Mann fordern können.«

Ein anderer Mann, der auch gerade wieder in die Singleszene zurückgekehrt ist, bemerkt ebenfalls den Unterschied zwischen seinen jetzigen Partnerinnen und denen vor einigen Jahren, aber er schreibt diese Veränderung anderen Faktoren zu: »Heute schlafe ich mit Frauen, die über Dreißig und sexuell selbstbewußter sind. Sie lassen sich schneller erregen als junge Frauen. Das ist gut und gleichzeitig schlecht. Das Schlechte daran ist, daß sie einen manchmal einfach durchs Vorspiel hetzen. Wenn Sie mir vor zwanzig Jahren gesagt hätten, daß ich mich heute über die Verkürzung des Vorspiels beklagen würde, hätte ich es wahrscheinlich nicht geglaubt.«

Und hier noch eine weitere Perspektive: »Ich bin verheiratet und lasse mich außerhalb der Ehe noch mit anderen verheirateten Frauen ein. Dabei ist nicht immer Zeit für ein Vorspiel. Oft brauchen wir es auch gar nicht, weil wir schon stundenlang daran gedacht haben, manchmal sogar tagelang. Wenn wir anfangen, sind wir schon ganz heiß. Das ist ganz anders als beim Sex in der Ehe.«

All diese Ansichten über die Veränderungen beim Sex treffen zu. Wir Frauen sind heute beim Sex viel zielorientierter als früher. Und wir wissen, wie wir zu diesem Ziel gelangen können. Wenn wir älter werden, reagieren wir schneller als früher auf erotische Stimulation. Die meisten von uns jedoch, Männer wie Frauen, würden sich ein längeres Liebesspiel wünschen, wenigstens manchmal. Und hin und wieder verlassen sich die Männer darauf, daß wir es verlangsamen.

Was Sie über das Vorspiel wissen sollten:

* Die Bezeichnung ist nicht korrekt. Das Konzept geht manchmal nach hinten los. Betrachten Sie die ganze Angelegenheit einfach als Liebesspiel. (Wir vergessen immer wieder, daß Sex schließlich Spaß machen soll.)

* Haben Sie keine Angst davor, ihn zu berühren. Es ist eher unwahrscheinlich, daß er bereits bei Ihrer bloßen Berührung kommt; und wenn es doch passiert, wird er wahrscheinlich gerne noch einmal kommen wollen.

* Fragen Sie ihn, wie Sie ihn berühren sollen.

* Wenn er darauf besteht, daß »Vorspiel« nur etwas für Frauen ist, dann lehnen Sie sich einfach zurück und genießen Sie es.

Kapitel 13: Die Angst vor der klitoralen Stimulierung

»Ja, natürlich finde ich ihre Klitoris. Welcher Mann würde schon zugeben wollen, daß er sie nicht findet? Wenn er es nicht schafft, muß er schon ziemlich unerfahren sein. Ja, natürlich weiß ich, wie ich sie berühren soll, fest und schnell, bis sie kommt.« — Ein siebenunddreißigjähriger Manager.

Wenn ihr das tatsächlich Spaß macht, ist sie die Ausnahme. Wahrscheinlich hat er nur die große Richtung ausgemacht und konzentriert darauf nun seine Stimulierungsversuche. (Unter Umständen täuscht sie den Orgasmus auch nur vor.) Die Mehrheit der Frauen bevorzugt die indirekte klitorale Stimulation in Form von verhältnismäßig sanften Kreisbewegungen der Finger oder der Zunge. Stellen Sie sich die Klitoris als den Mittelpunkt vor, den die Bewegung rhythmisch umgibt. Genau das mögen Frauen, und das brauchen sie auch, um zum Orgasmus zu kommen. Viele Männer sind noch immer darüber verirrt, wo die Klitoris sich befindet und wie sie sie berühren sollen.

»Die Klitoris hängt über dem armen Penis wie ein Damoklesschwert«, schreibt ein Illustrator aus dem Südosten der Staaten. »Über die Klitoris ist mehr geschrieben worden als über Prinzessin Diana. Wir verehren ihn, diesen schlüpfrigen kleinen Liebesknopf, auch wenn wir nicht so genau wissen, wo er sich versteckt.«

Diese anschauliche Schilderung kann nicht ganz über die eigentliche Verwirrung des Mannes hinwegtäuschen. Wie die Hälfte der Befragten berichtete auch dieser Mann, seine Partnerin käme allein durch den Geschlechtsverkehr zum Orgasmus. (»Eine Stimulierung der Klitoris mit Hand oder Mund ist nicht immer nötig«, schreibt ein Mann. »Wenn sie heiß ist, kann ich sie auch zum Orgasmus bringen, indem ich ihn ihr immer schneller reinramme.«) In ihrer inzwischen klassischen Studie über die weibliche Sexualität stellte Shere Hite fest, daß nur dreißig Prozent der Frauen ohne direkte klitorale Stimulation zum Orgasmus kommen. Offenbar besteht ein deutlicher Widerspruch zwischen den Aussagen der Männer und denen der Frauen.

Die Briefe, die ich bekomme, weisen darauf hin, daß die Klitoris für den Mann noch immer ein rätselhaftes Gebilde ist, obgleich in der Zwischenzeit so viele Bücher und Artikel darüber erschienen sind, wo sie sich befindet, welche Bedeutung sie hat und wie man sie am besten berührt. Die Männer sind sich verständlicherweise nicht so ganz sicher, wie sie vorgehen sollen, weil:

— Frauen ihnen den Orgasmus immer wieder vorspielen und ihnen damit weismachen, daß sie doch ohne klitorale Stimulation kommen können;
— die versteckte Stelle, an der die Klitoris sich befindet, ihre Rätselhaftigkeit noch erhöht;
— Männer fürchten, mit ihren Zärtlichkeiten zu direkt oder nicht direkt genug zu sein;

- sie Angst haben, daß das Bedürfnis der Frau nach klitoraler Stimulation auf ihren Mangel an Männlichkeit verweist.
  (Schließlich sind sie nicht dazu in der Lage, sie mit dem Penis allein zu befriedigen.)

Diese letzte Aussage ist lediglich die Version der Männer unseres eigenen Mythos: eine richtige Frau sollte bereits durch den Geschlechtsverkehr zum Orgasmus kommen. Solange wir uns selbst und unseren Partnern unsere Bedürfnisse verschweigen, bleiben solche Mythen weiter bestehen. Und genau das tun wir: verschweigen oder unterdrücken. Über die Hälfte der Männer in meiner Umfrage schrieben, ihre Partnerinnen sagten ihnen nicht, wie sie ihre Klitoris am besten stimulieren könnten.

Gibt es eine narrensichere Methode, um die Klitoris zu finden?

»Alle Frauen, mit denen ich bis jetzt zusammen gewesen bin, haben unterschiedlich darauf reagiert, wenn ich sie so ziemlich an der gleichen Stelle berührt habe. Ich habe langsam das Gefühl, daß ich es nicht allen recht mache. Bei manchen Frauen ist der kleine Knopf ganz deutlich zu spüren, bei anderen nicht. Errege ich die Frauen, bei denen ich ihn nicht richtig spüre, auch nicht richtig? Oder unterscheidet sich die Lage von Frau zu Frau?« schreibt ein achtundzwanzigjähriger Mann aus Atlanta.

Shere Hite hat ebenfalls festgestellt, daß Männer Schwierigkeiten haben, die Klitoris zu finden. Das ganz offen zu gestehen, wäre jedoch das gleiche, wie wenn eine Frau zugäbe, daß sie noch nie einen Orgasmus gehabt hat. Nur wenige sind so ehrlich. Über neunzig Prozent der Männer, die ich befragte, sagten, sie wüßten genau, wo sie sich befinde. (»Ich weiß, wo ihre Klitoris ist; sie mag's, wenn ich sie zuerst sanft und dann fest bumse.«) In manchen Fällen überzeugte mich die Folgefrage, wie die Partnerin gern daran stimuliert werde, davon, daß der betreffende Mann doch nicht so ganz im Bilde war. (»Sie mag's, wenn ich sie zuerst reinkneife und dann massiere.«) Andere scheinen sich besser auszukennen. (»Sie hat's nicht so gern, wenn ich sie direkt an der Klitoris anfasse — lieber außen herum, das heißt an der Haut darüber.«)

»Sie ist normalerweise gleich am oberen Ende der Vagina, unmittelbar unterhalb des Venushügels«, schreibt ein Unternehmensberater. »Aber sie ist klein. Bei meiner gegenwärtigen Partnerin habe ich manchmal Schwierigkeiten, sie zu finden, nicht jedoch bei meinen früheren Freundinnen.«

Die »narrensichere Methode«, sie zu finden, ist ziemlich einfach: fragen Sie. Oder nehmen Sie die Hand der Frau und sagen Sie: »Zeig sie mir.« Doch vielen Männern fällt es schwer, einer Frau Fragen zu ihrer Anatomie zu stellen oder darüber, was sie machen sollen, wenn sie die entsprechende Stelle gefunden haben.

»Ich wünschte, Frauen würden mir zeigen, was sie wollen«, schreibt ein Chemotechniker aus Los Angeles. »Ich habe sozusagen eine Grundmethode: Ich drücke den fleischigen Teil der Schamlippen mit der einen Hand weg, mache den Zeigefinger der anderen naß und lasse ihn dann abwechselnd kreisen und von vorne nach hinten gleiten. So entgeht mir wahrscheinlich nichts. Aber es wäre mir lieber, wenn die Frau meinen Finger nimmt und mir

zeigt, wo und wie sie's gern hätte und wie fest. Wenn eine Frau das macht, bin ich mir sicherer, daß ich auch das tue, was sie will. Schließlich ist jede Frau anders.«
Ja, in der Tat, jede Frau ist anders, aber trotzdem suchen Männer nach der »Grundmethode« die mehr oder minder bei allen Frauen funktioniert.

Welche Art der klitoralen Stimulation wünschen sich Frauen?

»Manche leiten einen, aber viele verhalten sich, als müßte man es selber wissen. Ich lasse meist meine Zunge von vorne nach hinten gleiten, parallel zur Klitoris, das scheint bei den meisten Frauen zu funktionieren. Aber gibt's eine bestimmte Technik mit der Zunge oder mit dem Finger, die ihnen besonders gut gefällt?« schreibt ein Leser aus Texas.

Die Mehrheit meiner Leser und der Befragten ist der Meinung, daß Frauen die Stimulation mit dem Mund lieber ist als die mit der Hand. Vielleicht haben sie auch mehr Vertrauen zu den Fertigkeiten der Zunge als zu denen der Finger.
»Die Feuchtigkeit ist besonders wichtig bei dieser prekären Angelegenheit«, schreibt ein geschiedener Mann aus dem Nordosten der Vereinigten Staaten. »Selbst wenn man die Hand naß macht, genügt das vielleicht nicht, besonders, wenn sie nicht gleich feucht wird. Deswegen habe ich mit dem Mund weniger Probleme. Frauen haben's gern, wenn man an ihrer Klitoris leckt und saugt. Und ich mach's gern.«
Ein Redakteur aus dem Südwesten der Staaten sagt: »Ich kann sie mit meiner Zunge ganz heiß machen. Bei meinen

Fingern bin ich mir da nicht ganz sicher. Sie sagt, daß der Druck nicht so ganz stimmt. Damit habe ich Probleme. Manchmal, sagt sie, bin ich zu sanft. Hände sind rauher als Zungen, deshalb ist es schwer, das richtige Maß herauszufinden.«

Manche Männer schreiben jedoch, daß die Stimulation mit der Hand genauso wirkungsvoll ist wie die mit dem Mund. (»Sie liebt es, wenn ich ihren Mund küsse, während ich mit ihrer Klitoris spiele. Man kann schließlich nicht überall gleichzeitig sein.«) Andere betrachten eine Kombination beider Methoden als das Wirkungsvollste.

»Meine Methode funktioniert bei fast allen Frauen«, schreibt ein geschiedener Unternehmensdirektor Anfang Vierzig. »Ich lasse meinen feuchten Mittelfinger ganz sanft kreisen, während ich mich mit dem Mund zu ihrem Bauch vorarbeite. Oft rolle ich sie auf den Bauch, während ich ihren Rücken küsse und weiter mit meinem Finger um ihre Klitoris kreise.

Meine gegenwärtige Freundin macht es am meisten an, wenn ich mit ihrer Klitoris spiele, während ich ihr zwei Finger in die Vagina schiebe und gleichzeitig in ihren Hintern beiße. Gestern nacht habe ich zum Teil ganz schön zugebissen, und sie hat ziemlich stark gestöhnt und sich gewunden. Dabei habe ich mit dem Daumen gegen ihren Anus gedrückt. Ich habe den Daumen hochgedrückt, während ich zugebissen habe, und sie hat ihren Hintern fest gegen meinen Daumen gepreßt. Dann habe ich ihr Bein über meinen Kopf geschlungen, mit den zwei Fingern und dem Daumen weitergemacht, ihre Klitoris mit der Zunge geleckt und sie schließlich in den Mund genommen. Da ist sie dann gleich mehrmals gekommen.«

Auf ihrer Suche nach den »richtigen« klitoralen Stimulierungstechniken sind manche Männer ziemlich mutig und einfallsreich. Andere haben Angst davor, ihre Partnerin zu verletzen oder Unbehagen bei ihr zu erzeugen und gehen deshalb übertrieben langsam und sanft zu Werke.

»Ich berühre ihre Klitoris ganz, ganz sanft«, schreibt ein Lehrer. »Sie mag es, wenn ich sie außenherum liebkose, denn schon die leiseste Berührung bereitet ihr großes Wohlbehagen. Sie ist so empfindlich, daß sie keine direkte Berührung der Klitoris benötigt. Es reicht, wenn ich ganz leicht mit Zunge oder feuchtem Finger darüberfahre. Dann kommt sie schon.«

Manche Männer scheinen sich ihrer klitoralen Stimulierungstechniken ziemlich sicher. Ihre Partnerinnen, so sagen sie, leiten sie selten bis nie, aber das scheint ihnen nichts auszumachen. (»Ich weiß, wo's lang geht, weil ich auf die Reaktionen ihres Körpers achte. Wenn ich den richtigen Punkt erwische und ihn streichle, flippt sie fast aus.«) Andere Männer hätten dagegen nichts gegen ein wenig Anleitung.

»Das ist vermutlich der wichtigste Teil der Befriedigung für eine Frau, doch er ist noch immer ein Rätsel«, schreibt ein Mann aus Connecticut, der bereits zum dritten Mal verheiratet ist. »Ich bin noch nie mit einer Frau zusammengewesen, die ohne direkte klitorale Stimulation zum Orgasmus gekommen wäre — obwohl mir meine erste Frau die Wahrheit erst Jahre später gestanden hat. Offensichtlich ist das der Schlüssel zu allem. Warum sagen uns die Frauen nicht genau, wie sie's haben möchten? Ich habe schon öfter das Gefühl gehabt, daß ich einer Frau mehr Vergnügen hätte bereiten können, wenn sie mich nur ein wenig angeleitet hätte.«

Angesichts der Verwirrung über die Klitoris ist es nicht weiter verwunderlich, wenn Männer wissen wollen:

Warum braucht eine Frau zusätzlich zum Geschlechtsverkehr noch klitorale Stimulation?

»Glauben Sie nur nicht, daß ich einer von den Schwarzen bin, die eine Frau nicht auslecken wollen. Ich liebe den Geschmack und den Geruch einer Möse. Ich hab' da keine Hemmungen. Ich bringe meine Partnerin gern zuerst mit der Hand oder mit der Zunge zum Orgasmus und bumse sie dann. Aber ich kann nicht verstehen, warum sie während des Geschlechtsverkehrs wieder mit der Hand stimuliert werden muß, damit sie noch einmal kommt. Ist das bei allen oder den meisten Frauen so?« schreibt ein Agent aus Los Angeles.

Shere Hite stellte fest daß die »überwältigende Mehrheit« der Männer es lieber sähe, wenn ihre Partnerin allein durch den Geschlechtsverkehr zum Orgasmus käme. Obwohl diese Männer die biologischen Bedürfnisse ihrer Partnerin verstehen, wäre es ihnen doch lieber, wenn sie sie während des Geschlechtsverkehrs nicht noch zusätzlich stimulieren müßten. Sie hätten es gerne, wenn der Penis genauso wie für sie selbst, »genug« wäre. Das bedeutet nicht, daß sie selbstsüchtig sind. Die Erkenntnis, daß Frauen klitorale Stimulierung brauchen, ist in der Geschichte des Sex noch ziemlich neu, und viel zu viele Frauen sind bisher davon ausgegangen, daß die Männer sich diese Information auch ohne sie beschaffen. Selbst wenn die Frauen heute ihre Bedürfnisse klar formulieren, war das bei denen der Vergangenheit vielleicht nicht so.
»Ich kann jede Frau mit meinem Penis zum Orgasmus bringen«, schreibt ein vierunddreißigjähriger Anwalt. »Natürlich weiß ich, daß Frauen direkte klitorale Stimula-

tion brauchen, aber die gebe ich ihnen durch die Art und Weise, wie ich sie bumse. Eigentlich ist nur enger genitaler Kontakt nötig.«

Am Anfang meiner Laufbahn als Sexberaterin neigte ich noch dazu, auf solche Äußerungen mit entrüsteten oder spöttischen Kommentaren zu antworten. Dann wurde mir klar, daß der Mann nur zum Teil für seine Einstellung verantwortlich ist. Auch seine Partnerinnen haben Schuld an seinem überentwickelten Sexego. Offenbar hat ihm noch keine gesagt, daß mehr als »enger genitaler Kontakt nötig« ist.

»Ich war zehn Jahre lang mit einer Frau verheiratet, die nicht über Sex sprechen wollte«, sagt ein vierzigjähriger Mann aus dem Süden der Staaten. »Meine erste Geliebte nach der Scheidung hat mich über die Klitoris aufgeklärt. Wenn wir uns geliebt haben, ist mir aufgefallen, daß sie die Hand zwischen unsere Körper gesteckt und sich selbst erregt hat. Es hat mich gestört, daß sie das gemacht hat. Ich hab' sie danach gefragt, und sie hat mir erklärt, daß sie es braucht, um zum Orgasmus zu kommen. Ich war damals dreißig und bin mir vorgekommen wie ein Schuljunge. Kein Wunder, daß meine Frau nie Sex mit mir haben wollte.«

Der Mythos vom Penis als dem Befriedigungsmittel schlechthin ist zäh. In der erotischen Literatur genauso wie in der Hardcore-Pornographie verhilft der Held seiner Partnerin nach wie vor allein durch seinen Penis zu den höchsten Höhen der Ekstase. Vielleicht hat er sie vor dem Geschlechtsverkehr durch Cunnilingus oder andere Methoden zum Orgasmus gebracht, aber die Hauptsache läuft immer noch ohne Hände ab und bringt die Erde zum Beben.

Über die Hälfte der Männer in meiner Umfrage berichteten, daß weder sie noch ihre Partnerin selbst ihre Klitoris während des Geschlechtsverkehrs stimulierten.

»Ich mach's manchmal, aber das macht sie nicht an«, schreibt ein neunundzwanzigjähriger Mann. »Manchmal nimmt sie meine Hand sogar weg. Einmal hat sie gesagt, sie will mich so nahe bei sich fühlen, wie nur irgend möglich, wenn wir uns lieben, und da stört die Hand.« Er fährt fort: »Ich bin mir nicht so sicher, ob sie beim Geschlechtsverkehr kommt oder nicht.«

Ein sechsunddreißigjähriger Vertreter sagt: »Ich hab' mit über zwanzig verschiedenen Frauen geschlafen, seit ich sexuell aktiv geworden bin. Ich kann mich an zwei oder drei erinnern, die sich während des Geschlechtsverkehrs noch zusätzlich mit der Hand stimuliert haben. Die meisten Frauen, die ich kenne, machen es nicht. Sie bitten auch nicht darum. Ich würd's gern machen, wenn sie es sich wünschen.«

Manche Männer glauben, daß ihre Partnerin weder erwartet, während des Geschlechtsverkehrs zum Orgasmus zu kommen, noch es überhaupt will. Was die Theorie zu bestätigen scheint, daß die Befriedigung im Zeitalter der Sextherapie zu einer Sache des »Erst du, dann ich« geworden ist.

»Meine Frau möchte zuerst selbst was davon haben, bevor wir richtig bumsen«, sagt ein Mann aus Philadelphia. »Diese Frage der Stimulierung kommt während des Geschlechtsverkehrs gar nicht auf, es sei denn, wir machen's von hinten, was ich mag, sie aber nicht. Dann spiele ich von hinten mit ihrer Klitoris, damit sie auch was davon hat.«

Ein Restaurator aus New York sagt: »Ich bemühe mich

gar nicht mehr, meine Frau beim Bumsen zum Orgasmus zu bringen. Sie kommt dabei einfach nicht. Dazu braucht sie andere Sachen. Das hat mich lange Zeit gestört, aber inzwischen hab' ich mich angepaßt. Ich bin achtundvierzig. Ich bin mit der Vorstellung vom gleichzeitigen Orgasmus aufgewachsen. Meine Frau ist halb so alt wie ich, aber ich glaube, sie weiß genau, was sie will und wie sie es will.«

Andere sagen, daß die Stimulierung mit der Hand oder dem Mund vor dem Geschlechtsverkehr die Partnerin so sehr erregt, daß sie während des Aktes zum Orgasmus kommt.

»Der Trick besteht darin, sie bis kurz vor den Orgasmus zu bringen, dann mit der Hand- oder Mundstimulierung aufzuhören und sie zu bumsen«, erklärt ein Mann aus dem Mittleren Westen. »Sie ist dann so heiß, daß allein schon der Druck unserer Körper sie kommen läßt. Das ist nur eine Frage des Timing. Ich mach' das zwischendurch ganz gerne, statt sie immer nur mit der Hand oder der Zunge zum Orgasmus zu bringen — obwohl ihr selbst es egal ist, wie sie kommt, solange sie überhaupt kommt.«

Egal, wie der Mann damit umgeht, er fühlt sich wahrscheinlich unbehaglich bei dem Gedanken, daß sie durch den Geschlechtsverkehr allein nicht zum Orgasmus kommt. Oft macht er sich deshalb Vorwürfe.

»Am Anfang hatte meine Freundin noch beim Geschlechtsverkehr einen Orgasmus«, schreibt ein achtundzwanzigjähriger Manager aus dem Südosten der Staaten. »Jetzt nicht mehr. Ich komme. Dann masturbiert sie, während ich sie küsse und streichle, bis sie auch kommt. Ich mache mir Vorwürfe deswegen. Vielleicht hab' ich heute nicht mehr soviel Durchhaltevermögen wie früher. Eigentlich sollte ich doch dazu in der Lage sein, sie während des

Geschlechtsverkehrs wenigstens einmal zum Orgasmus zu bringen. Sie hat grundsätzlich kein Problem zu kommen. Also muß das Problem bei mir liegen. Ich komme einfach zu schnell.«

Oder vielleicht hat sie ihm auch einfach nicht gesagt, was sie braucht. Viele Frauen täuschen zu Beginn einer Beziehung den Orgasmus vor, weil es ihnen zu peinlich ist, zuzugeben, daß sie eigentlich direkte klitorale Stimulation brauchen. Später ist es dann noch schwieriger, die Lüge zuzugeben. Wenn der Mann ihr jetzt sagen würde, was er denkt, würde sie ihm wahrscheinlich die Wahrheit sagen. Aber die Wahrheit schützt auch nicht immer die Gefühle des Mannes.

»Ich geb's ungern zu, aber ich mag's nicht, wenn meine Partnerin sich während des Geschlechtsverkehrs selbst stimuliert«, schreibt ein Geschäftsmann aus Chicago. »Ich habe das Gefühl, daß sie mich eigentlich gar nicht braucht. Sie hat mir erklärt, warum sie's macht. Natürlich verstehe ich die technische Seite. Ich weiß über die Klitoris Bescheid. Und trotzdem habe ich damit meine Probleme. Ich bin jedoch froh, daß sie das gleich von Anfang an gemacht und mir versichert hat, daß sie das mit jedem Partner tut.«

Vielleicht hätte er ein besseres Gefühl bei der Sache, wenn er sie selbst stimulierte.

»Ich will ihre Klitoris spüren, wenn wir miteinander bumsen«, schreibt ein Manager aus dem Nordosten der Staaten. »Dann fühle ich mich ihr näher. Wenn wir's in der Missionarsstellung machen, muß ich sie einfach gleichzeitig masturbieren. Wenn sie oben ist, spielen wir manchmal beide mit ihre Klitoris. Sie legt ihre Hand auf die meine oder umgekehrt, was ich ziemlich sexy finde.«

Die Einstellung des Mannes zur manuellen Stimulierung während des Geschlechtsverkehrs, sei sie nun positiv oder negativ, gründet sich auf zwei Faktoren: auf seinen Glauben, daß er eigentlich dazu in der Lage sein sollte sie mit dem Penis allein zu befriedigen, und auf die Ansicht, daß ihr Orgasmus unnatürlich ist, wenn sie ihn auf andere Art und Weise bekommt. Dazu kommen noch seine früheren Erfahrungen mit Frauen, ob sie ehrlich zu ihm gewesen sind oder nicht.

Sie können ihm mehr Sicherheit bei der klitoralen Stimulierung verleihen, wenn Sie:

* von Anfang an dazu stehen;
* Ihre früheren klitoralen »Lügen« zugeben und nicht ihm die Schuld dafür geben, daß er Sie nicht befriedigt hat;
* ihm die Statistiken zeigen, damit er nicht glaubt, Sie und er wären nicht normal.

Kapitel 14: **Sein sexueller Stil**

»Ich hab' einen guten Schwanz, und ich bin stolz drauf! Frauen sagen, sie machen sich nichts aus der Größe. Sie behaupten, sie wünschen sich einen einfühlsamen Mann. Sie schwören, daß ihnen der Orgasmus nicht so wichtig ist, die ›Nähe‹ ist viel bedeutsamer. Denkste! Frauen wollen einen richtigen Schwanz. Sie wollen ihn groß, dick und hart, und sie wollen, daß er lange so bleibt und von einem richtigen Mann eingesetzt wird. Sie sind nur zu schüchtern, um das so zu sagen.« — Ein Texaner.

Nicht jeder Mann ist so vernarrt in seinen Penis wie dieser Texaner. Er ist die Personifikation des Macho-Kodes. Offenbar hat er bis jetzt genügend Machismas gefunden, die ihm helfen, diesen Kode aufrechtzuerhalten, oder ihn zumindest nicht auf die Idee bringen, ihn ernsthaft in Zweifel zu ziehen. Alle Männer sind von diesem Kode betroffen, doch nur wenige leben ihn wirklich bis zum Extrem aus.

Aber jeder Mann hat seinen eigenen sexuellen Stil, eine Art zu lieben, die davon beeinflußt wird, ob er glaubt, seine Partnerin hauptsächlich durch seinen Penis, seine Technik oder seine Aufmerksamkeit gegenüber romantischen Details befriedigen zu können. Sein Stil ist letztlich

die Verkörperung seiner Einstellung zum Sex. Er ändert sich — oder auch nicht — durch seine Erfahrungen.
Alle Männer sind grundsätzlich dazu in der Lage, gute Liebhaber zu sein, ganz unabhängig von ihrem Stil. Sogar Männer mit schwerwiegenden sexuellen Problemen können im Bett wunderbar sein. Es gibt Männer, die Sie in jeder Hinsicht befriedigen können. Doch die meisten Frauen wählen immer wieder denselben Typ. Daran ist auch nichts auszusetzen, solange das nicht zu ständigen Enttäuschungen oder Verletzungen führt. Die Antwort liegt mit Sicherheit nicht darin, ihn zu »ändern«. Nur er selbst kann sich ändern, und er tut das nicht unbedingt, wenn Sie das wollen.
Der penisorientierte Mann setzt sein ganzes Vertrauen in seinen Penis.

Warum kommt meine Frau bei der Fellatio nicht zum Orgasmus?

»Anderen Frauen, mit denen ich zusammengewesen bin, hat es genausoviel Spaß gemacht, an meinem Schwanz zu saugen, wie mir, gesaugt zu werden. Ich bin ungewöhnlich groß gebaut, was den Frauen gefällt. Bedeutet es, daß wir ein Problem miteinander haben, wenn sie nichts davon hat, meinen Schwanz zu lutschen? Ich habe das Gefühl, es könnte ihre Art sein, ihre Unzufriedenheit auch auf anderen Gebieten des Zusammenlebens auszudrücken, aber sie bestreitet das. Sie fährt einfach nicht auf Schwanzlutschen ab«, schreibt ein siebenundzwanzigjähriger Ehemann aus dem Mittleren Westen.

Vielen Frauen macht die Fellatio Spaß, einige wenige gelangen sogar auf diesem Weg zum Orgasmus. Manche

Männer denken jedoch, daß alle so reagieren sollten. Allerdings haben viele Angst davor, daß sie sie nicht als vollwertige Liebhaber oder Ehemänner betrachten. Dabei geht es um eine »Liebe mich, liebe meinen Penis«-Philosophie, die längst nicht so selbstsüchtig ist, wie sie klingt. Seine sexuelle Identität hängt zum großen Teil von seinem Penis ab.

In jedem Mann steckt ein wenig von einem Penisomanen, von der Personifikation des Macho-Kodes. Sie werden nicht mit ihm auskommen, wenn Sie nicht auch seinen Penis lieben. Andererseits sollten sie Ihre eigenen Bedürfnisse vor keinem Mann verbergen oder ihm nur einen Gefallen tun — ob beim Penis oder anderswo. Frauen sehen manchmal nicht den Unterschied zwischen dem Versuch, den Mann nach ihren Vorstellungen zu verändern, und der Mitteilung ihrer eigenen Bedürfnisse, so daß der Mann sich nach ihnen richten kann.

»Bevor ich Angela letztes Jahr kennengelernt habe, habe ich gedacht, ich könnte jede Frau mit meinem Schwanz befriedigen«, sagt ein fünfunddreißigjähriger Mann. »Warum sollte ich das auch nicht denken? Keine Frau vor Angela hat mir je etwas Gegenteiliges gesagt. Ich hatte mir angewöhnt, mich beim Bumsen solange wie möglich zurückzuhalten. Was kann sich eine Frau denn noch mehr wünschen? Als sie mir gesagt hat, daß sie nur kommen kann, wenn ich sie lecke oder mit ihrer Klitoris spiele, während wir bumsen, war ich beleidigt. Ich hab' sie für eine Männerhasserin gehalten. Sie hat gesagt, für mich besteht Vorspiel darin, daß ich meine Hose aufmache, meinen Schwanz raushole und sie ihn bewundern lasse.

Ich weiß nicht mehr so genau, warum uns die Beziehung doch so viel wert war, weiterzumachen, aber jedenfalls haben wir's getan. Ich hab' gelernt, ihr das zu geben, was sie möchte, und sie hat sich als die aufregendste und einfühlsamste Geliebte herausgestellt, die ich je gehabt habe. Sie vermittelt mir das Gefühl, daß sie meinen Penis doch mag. Inzwischen frage ich mich, was ich mit den anderen Frauen überhaupt getrieben habe.«

Männern, die glauben, sie sollten in der Lage sein, ihre Partnerin ausschließlich mit dem Penis zu befriedigen, fällt es schwer, das zuzugeben. Eine Frau wie Angela ist sicher die beste Ermutigung. Aber nicht alle Männer haben das Glück, einer solchen Frau zu begegnen.

»Ich war schon fünf Jahre lang verheiratet, als ich gemerkt habe, daß meine Frau sich immer noch selbst zum Orgasmus gebracht hat, nachdem ich eingeschlafen war«, schreibt ein Makler aus Colorado. »Sie ist ins Bad, hat die Tür zugesperrt und ein Handtuch unter die Türritze geklemmt, damit ich sie nicht höre. Gewöhnlich schlafe ich ziemlich fest. Aber eines Nachts hat dann das Telefon geklingelt, die falsche Nummer, und ich bin aufgewacht. Ich hab' nicht gewußt, wo sie ist, hab' sie gesucht und hab' festgestellt, daß die Tür zugesperrt ist. Als sie schließlich aufgemacht hat, hat sie geweint und mir gesagt, was sie gemacht hat. Ich hab' mich gefühlt, als hätte mir einer einen Schlag in die Eier versetzt. Es hätte auch nicht schlimmer sein können, wenn sie's da drinnen mit einem anderen getrieben hätte.

Dann hat sie mir alles erzählt. Sie hat mir gestanden, daß sie so gut wie nie zum Orgasmus kommt. Sie hat gesagt, das ist meine Schuld, weil ich sie nicht so berühre, wie sie's eigentlich braucht. Und wissen Sie, was mir am meisten Kummer gemacht hat, abgesehen davon, daß unser ganzes Sexleben eine einzige Lüge gewesen ist? Sie hatte einen

Spitznamen für meinen Penis. Sie nannte ihn den ›Befriediger‹. Vielleicht war das so etwas wie ein sehr persönlicher Scherz.«
Viele Männer sind der Meinung, daß technische Fähigkeiten einen Mann zum guten Liebhaber machen.

Gibt es eine Technik, mit der man die Frau bis kurz vor den Orgasmus bringen und eine Weile dort halten kann?

»Ich habe nur einen kleinen Schwanz, also muß ich ihn durch besonders gute Technik ausgleichen. Ich möchte ihr zum besten Orgasmus ihres Lebens verhelfen — eine langsame Hinführung und schließlich einen langen, heftigen Orgasmus, wie sie ihn nie zuvor erlebt hat. Ich habe festgestellt, daß sich Länge und Intensität des Orgasmus je nach der Stellung und der Stimulierung durch Hand oder Mund beeinflussen lassen. Aber was hält sie davon ab zu kommen, bevor ich es will?« schreibt ein Reporter.

Viele der Fragen, die mir gestellt werden, sind technischer Natur. Die überwältigende Mehrheit der Männer macht sich Gedanken darüber, wie sie der Partnerin am besten zu ihrem Vergnügen verhilft. Manche glauben, daß eine Mischung aus ausgeklügelter Technik und eigener Zurückhaltung jeder Frau den erotischen Himmel beschert. Ironischerweise sind meist die Männer, die sich kühl und kontrolliert geben, um wie großartige Liebhaber zu wirken, die extremste Ausprägung dieses Typs. Sie sind erotische Schauspieler und nehmen am eigentlichen Liebesspiel nicht teil.
Vielleicht bringen Sie mehr Verständnis für den Mann

auf, wenn Sie wissen, daß seine ausgeklügelte Technik und sein distanzierter Stil letztlich nur in seinem Bedürfnis gründen, es Ihnen recht zu machen, und in seinem Glauben, daß er das nur mit einer außergewöhnlichen Aktion schafft. Vielleicht kompensiert er auch nur einen kleinen Penis, den er tatsächlich hat oder zu haben glaubt. Indem er seinen eigenen Orgasmus so lange wie möglich zurückhält, glaubt er, Ihnen mehr zu geben als alle anderen Männer.

»Ich bin der Meinung, daß es jedesmal toll sein sollte«, sagt ein neununddreißigjähriger Unternehmensberater aus dem Nordosten der Staaten. »Wenigstens sollte man es jedesmal versuchen. Vorspiel heißt für mich Streicheln, Lecken und Küssen am ganzen Körper, besonders die Schamlippen vor dem Cunnilingus, und danach die 69er Stellung, bei der ich sie zum Orgasmus bringe. Man muß mehrere Stellungen ausprobieren, am besten endet man in der Position von hinten, wenn sie Analverkehr nicht mag. Sie muß mindestens einmal kommen, sonst taugt der Sex nichts, sonst bin ich nicht zufrieden.«

Dieser Mann ist zielorientierter als die meisten anderen Männer. Er glaubt, daß jede Frau mehrere Orgasmen haben kann, solange er nur aufs richtige Knöpfchen drückt. Er geht an den Sex heran wie an eine Arbeit und plant den Ablauf genau. Er übernimmt die volle Verantwortung für den Sex, egal, ob er nun gut oder schlecht ist.

»Ich halte die Technik beim Sex für das Wichtigste«, schreibt ein vierundvierzigjähriger Bankier. »Und die ist die Aufgabe des Mannes. Meiner Erfahrung nach ist den Frauen die Technik wichtiger als die Penisgröße. Und heute wissen Frauen mehr über den Sex als zu der Zeit, als ich noch jung war. Sie haben ausreichende Vergleichsmöglichkeiten. Wenn man sie nicht so leckt, wie sie eigentlich geleckt werden könnten, reagieren sie einfach nicht. Ich mache ihnen deswegen keine Vorwürfe oder behaupte, daß das schlecht ist. Das ist das natürliche Ergebnis einer freizügigeren Gesellschaft. Sie erlegt dem Mann eine schwerere Last auf, weil er sich ständig seiner Technik bewußt sein muß.«

Manche Männer glauben, daß ein großes Repertoire von Stellungen sie schon zum Superliebhaber macht. Ganz im Stile des *Kamasutra* treiben sie's dann auf dem Bett, dem Boden, dem Sofa, der Anrichte in der Küche.

»Ich hab' meine Partnerin neulich damit überrascht, daß ich sie mit einem Bein am Boden zum Orgasmus gebracht habe«, schreibt ein Sexakrobat aus dem Nordosten der Staaten. »Ich hab' mit einer knienden Position auf dem Bett angefangen, dann hab' ich sie, ohne aus ihr herauszurutschen oder meinen Stoßrhythmus zu verlieren, auf eine Seite des Bettes hinübergeschoben, so daß ich ein Bein auf dem Boden behalten konnte, während ich weitergemacht habe. Frauen lieben die Abwechslung und das Gefühl, während des Geschlechtsverkehrs auch körperlich von einer Stellung in eine andere gebracht zu werden. Weil ich groß bin, kann ich sie auch auf die Anrichte in der Küche setzen und sie stehend bumsen.«

Die meisten Frauen würden die akrobatischen Fähigkeiten dieses Mannes wohl eher als anstrengend empfinden, wenn sie sich ständig damit auseinandersetzen müßten.

»Ich war ungeheuer stolz darauf, bei jedem Mal in mehreren verschiedenen Stellungen zu bumsen«, schreibt ein Mann aus dem Mittleren Westen, »bis ich eine Frau kennengelernt habe, die mir gesagt hat, ich soll das doch lieber den Akrobaten im Zirkus überlassen. Ich hab' den

Wink verstanden. Ich hab's nur gemacht, weil der ständige Stellungswechsel mir dabei geholfen hat, mich besser unter Kontrolle zu halten. Wenn ich kurz vor dem Orgasmus war, hab' ich die Stellung gewechselt. So hab' ich ihr gegenüber nicht eingestehen müssen, daß ich mich zusammenreißen muß.

Aber vielleicht macht es den Frauen ja gar nichts aus, wenn ich eine Pause einlege. Jedenfalls habe ich jetzt diesen Eindruck.«

Ein Mann, der Selbstdisziplin und Technik für die Hauptkriterien beim Sex hält, gibt nur selten zu, warum er ständig die Stellung wechselt oder darauf besteht, daß sie vor ihm kommt. Sogar ein Mann, der durch den Kommentar seiner Partnerin so stark beeinflußt wird, daß er seinen Stil verändert, wird ihr wahrscheinlich nicht sagen, warum er diesen Stil ursprünglich überhaupt entwickelt hatte. Ihr das mitzuteilen, würde bedeuten, einzugestehen, daß er sich letztlich nur als Akrobat betätigt. Es würde ihn verletzlich machen.

Die beste Art und Weise, mit ihm umzugehen, besteht darin, ihm zu sagen, was Sie wollen, ohne dabei jedoch seinen Stil anzugreifen oder in Frage zu stellen.

Der schwierigste Liebhaber ist wahrscheinlich der »Romantiker«, der immer noch der Meinung ist, daß Leidenschaft, nicht die klitorale Stimulation, zum Orgasmus führt.

Warum ist es heutzutage so schwierig, um eine Frau zu werben?

»Ich bin achtunddreißig und habe meine Unschuld mit siebenundzwanzig verloren. Ich habe, abgesehen von den Prostituierten, mit denen ich heute ab und zu ins Bett gehe, nur

eine einzige Partnerin gehabt. Vor ein paar Monaten haben wir uns getrennt. Mein Geschlechtstrieb ist genauso stark oder schwach wie der anderer Männer, aber ich will keine Beziehung zu einer Frau beginnen, die nur auf Sex aufgebaut ist. Die Frauen tun gerade so, als wäre irgend etwas nicht in Ordnung, wenn man sie nach ein paar Verabredungen immer noch nicht ins Bett locken will. Wie wirbt man heutzutage um eine Frau?« schreibt ein Softwarespezialist aus dem Nordosten der Staaten.

Fast zwanzig Prozent — eine erstaunliche Zahl — der Männer, die ich befragt habe, haben erst mit zwanzig Jahren und später das erste Mal mit einer Frau geschlafen. Nicht alle davon wirkten auf mich wie Romantiker, aber doch ziemlich viele. Der späte Verlust der Unschuld ist nicht das einzige Erkennungszeichen des Romantikers. Auch Männer, die ihre Unschuld bereits früher verloren haben, zeigen bisweilen eine »romantische« Einstellung Frauen und Sex gegenüber. Sie sind diejenigen, die das weibliche Geschlecht am bereitwilligsten in Heilige und Huren aufteilen.

In jedem Menschen steckt ein Funken Romantik, aber diese Männer übertreiben.

»Meine Frau wühlte meinen Schreibtisch durch und fand die American-Express-Quittungen von meinen Geschäftsreisen. Sie war schockiert, als sie entdeckte, daß ich Kunde bei einem Export-Service bin, denn sie wußte ganz genau, daß das nur ein Euphemismus für Callgirls ist. Sie sagt, sie tut alles für mich, was diese Mädchen für mich tun. Ich muß sie nur darum bitten. Aber ich kann sie schließlich nicht bitten, daß ich sie von hinten nehmen darf oder daß sie mir's mit dem Mund besorgt. Wie soll ich ihr bloß klarmachen, daß ich Dinge will, die sie nicht tun soll?« fragte ein Manager aus dem Mittleren Westen.

Tja, manche Männer denken immer noch so, und sie sind beileibe nicht alle über Fünfzig. Sie werden von einer ziemlich engstirnigen Betrachtungsweise der Menschheit gequält, in der alle Männer zu schlecht für die guten Frauen sind. Die Prostituierte ist seine Strafe und seine Entspannung gleichermaßen. Vielleicht haben Sie als die böse andere Frau mit ihm zusammen Spaß, aber als seine eigentliche Frau werden Sie feststellen, daß das Spektrum erotischer Abenteuer ziemlich beschränkt ist.

Doch Sie müssen ihn nicht erst heiraten, um herauszufinden, daß das so sein wird. Sein sexueller Stil ist bereits an seinem Verhalten bei der Werbung zu erkennen. Er ist der attraktive, »unheilbar romantisch veranlagte« Mann, dessen Suche nach der Richtigen ihn zu zahlreichen Verabredungen geführt hat, die alle nicht in Beziehungen endeten. Sein gehauchtes »Ich glaube, ich habe sie endlich gefunden«, wird schon bald zu einem eine Nuance trauriger gehauchten »Tja, das war's wohl wieder mal«. Er lobt die Frau überschwenglich, berührt sie selten und sieht ihr dabei um so tiefer in die Augen.

Das Geheimnis, wie man mit ihm zu gutem Sex kommt: Sie müßten eine andere sein.

»Meine Frau trägt manchmal billige Reizwäsche«, schreibt ein Südstaatler. »Dazu noch eine Federmaske, die wir während unserer Flitterwochen gekauft haben. Wenn sie sich so anzieht, kann ich mit ihr Dinge machen, die ich sonst nicht kann. Ist das normal?«

»Normal« ist natürlich das, was wir selbst als normal empfinden. Die meisten Männer wollen gleichzeitig normal und der beste Liebhaber sein, den Sie je gehabt haben.

Was macht einen Mann zum besten Liebhaber, den eine Frau je gehabt hat?

»Ich würde gerne wissen, was ich machen soll und wie ich sein soll, damit ich der Frau, die ich liebe, den besten Sex schenken kann, den sie je erlebt hat. Sie ist einfühlsam und geht auf mich ein, und sie ist sexuell verhältnismäßig leicht zufriedenzustellen. Ich bringe sie zum Orgasmus, aber ich würde ihr gerne mehr gebe. Sie ist offen für Neues. Gibt es Ihrer Meinung nach bestimmte Spielarten oder Techniken, die Frauen für die besten halten?« schreibt ein Systemanalytiker aus Michigan.

Jede Frau mit einem vernünftigen Maß an sexueller Erfahrung hat einen oder zwei Lieblingsliebhaber. Sie betrachtet ihn wahrscheinlich als den »Besten«, den sie je gehabt hat. Die Männer haben Angst davor, nach jenem »Besten« zu kommen und wollen gleichzeitig selbst dieser »Beste« werden. Sie können nicht verstehen, daß die meisten Frauen diese Bezeichnung für den Mann reservieren, der sie nicht nur körperlich, sondern auch gefühlsmäßig bewegt hat. Penisgröße und Technik, sei sie nun erotisch oder romantisch, sind gegenüber dem undefinierbaren Faktor X zweitrangig. Dieser Faktor besteht zum Teil aus starker Anziehung und zum anderen Teil aus der »genauen Kenntnis des anderen«, die sich durch eine tiefe körperliche Harmonie ergibt.
Solchen Sex kann man nicht erzwingen, aber Männer versuchen es trotzdem. Sie denken viel darüber nach, was zu einer solchen Erfahrung führt, und wie sie diese der Frau schenken können, die sie lieben. Zweifelsohne glauben sie, daß die größere Verantwortung bei ihnen selbst liegt.

(Toller Sex ist eher das, was sie mit und für uns machen, als das, was wir für sie und mit ihnen machen dürfen.) Sie halten sich nur selten für die »Besten«, aber sie streben ständig danach.

»Ich persönlich mache gerne lange Liebe, bis zu drei Stunden, wenn ich es schaffe«, schreibt ein Mann aus dem Nordosten der Staaten. »Zu den tollsten Erfahrungen gehört es, gemeinsam zu duschen. Ich liebe das Bumsen unter fließendem Wasser. Aber ich halte es nur für toll, wenn ich genau weiß, daß es ihr auch gefällt und daß sie zufrieden ist.«

Und ein neununddreißigjähriger Mann aus dem Mittleren Westen schreibt: »Die Intensität macht den Sex besser als nur gut. Wenn ich meiner Partnerin Vergnügen bereiten kann, ist es toll. Mir macht es Spaß, wenn ich eine Frau dazu bringe, daß sie sich völlig vergißt. Ich will sie dazu bringen, daß sie mich bittet aufzuhören.«

Ein siebenundvierzigjähriger Manager meint: »Toller Sex ist eine komplexe Mischung aus Zuneigung, ›heißen‹ Küssen, Parfüm und Körpergerüchen, sexy Kleidung zum Anschauen, Anfassen und Ausziehen, langen Spannungsbögen und wirklicher Bemühung um den anderen. Und vor allen Dingen: daß sie es mit mir mehr genießt als mit jedem anderen.«

Andere definierten tollen Sex folgendermaßen:

»Ein herzlicher, zärtlicher Augenblick der körperlichen Liebe als Höhepunkt ausgefeilter sexueller Technik meinerseits.«

»Ein Gefühl der Nähe, und dann der Versuch, sie beim Sex an den Rand des Wahnsinns zu treiben.«

»Sie in ekstatischer Verzückung, und ich lange Zeit kurz vor dem Orgasmus.«

»Vierundzwanzig Stunden allein mit jemandem, aus dem ich mir wirklich etwas mache — wobei wir natürlich nicht die ganze Zeit bumsen würden.«
»Völliger sexueller Gleichklang. Der Körper übernimmt die Führung, der Kopf folgt.«
»Das Wissen, daß ich sie voll befriedigt habe, Körper und Seele.«
Nur sehr wenige Männer bei meiner Umfrage definierten den Sex lediglich über ihr eigenes Vergnügen. Nur ein einziger Mann, der behauptet, mit über fünftausend Frauen geschlafen zu haben, gab die Antwort, die man bei ihm auch erwarten würde: »Nonstop, die ganze Nacht, mit jeder Menge Mädels, bis wir alle ohnmächtig sind oder einschlafen.«
Egal, wie ihr sexueller Stil aussieht, die meisten Männer wollen, daß ihre ganz persönliche Art, Sie zu lieben, Sie so bewegt, wie kein Mann zuvor Sie bewegt hat. Wenn Sie das wissen, sollte es Ihnen eigentlich leichter fallen, ihm zu sagen, was Sie wollen.

Was Sie an seinem Stil zu lieben beachten sollten:

- Wie er mit seinem Lebensstil zusammenpaßt. Der übervorsichtige Mann zum Beispiel, der nicht mit Ihnen aus demselben Glas trinkt, wird wahrscheinlich auch nicht gerade erfreut über die Aussicht auf einen Cunnilingus sein.
- Wie er seine Einstellung zu Frauen im allgemeinen darstellt.
- Wie offen er für die Veränderung seines Stils ist. (Wenn er es nie schafft, Ihnen die Führung zu überlassen, ist er es nicht.)

Kapitel 15: Vortäuschung — rücksichtsvoll oder gemein?

»Während ich Ihren Fragebogen ausfüllte, fragte ich ganz beiläufig meine Frau, mit der ich seit zwei Jahren verheiratet bin, ob sie bei mir schon jemals einen Orgasmus vorgetäuscht hätte. Sie antwortete ganz ruhig: ›Na klar.‹ Ich fragte sie, wie viele. Sie sagte: ›Ich weiß nicht, ein paar.‹ Ich fragte sie: ›In letzter Zeit?‹ Und sie antwortete: ›Letzte Nacht.‹ Ich fühlte mich, als hätte sie mir einen Tritt in die Eier versetzt. Schließlich soll ich doch dieser Frau mehr als irgend jemand anders auf der Welt vertrauen, oder?« — Ein Syndikus aus dem Nordosten der Staaten.

Ich bezweifle, daß es einen halbwegs gebildeten Mann gibt, der nicht um die Fähigkeit der Frau weiß, den Orgasmus vorzutäuschen. Manche Männer schwören jedoch, daß ihnen noch nie eine Frau einen Orgasmus vorgemacht hat, und noch mehr sind sich absolut sicher, daß eine bestimmte Frau ihn noch nie vorgetäuscht hat. Doch die Fakten sprechen nicht für diese Überzeugung. Weniger als ein Drittel der Frauen kommt nur durch den Geschlechtsverkehr zum Orgasmus. Doch weit mehr als ein Drittel der Männer glaubt, die Frau nur durch den Geschlechtsverkehr zum Orgasmus zu bringen. Offenbar täuschen ihn also immer noch viele Frauen vor.

Genau wie die Leser meiner Kolumne sind sich auch die Männer meiner Umfrage darüber bewußt, daß Realität und Wunsch oft nicht miteinander übereinstimmen. Ungefähr vierzig Prozent sagten, Frauen hätten ihnen den Orgasmus schon einmal vorgetäuscht. Weitere vierzig Prozent waren sich nicht sicher. Nur zwanzig Prozent schworen, daß keine ihrer Partnerinnen ihnen jemals den Orgasmus vorgetäuscht hätte. Die Mehrheit von neunzig Prozent machte sich jedoch Gedanken darüber, daß die Partnerin ihn — vielleicht — vorgetäuscht haben könnte.

Ein Vertreter aus dem Mittleren Westen schreibt: »Ich kann wirklich nicht sagen, ob mir meine Partnerinnen je etwas vorgemacht haben oder nicht. Wenn man ihnen selbst Glauben schenken will, nicht. Aber es gibt außer dem Cunnilingus keinerlei Möglichkeit, das festzustellen. Mit der Zunge kann man das Zucken fühlen. Ansonsten muß man einfach glauben, was sie einem sagen.«

Und ein High-School-Football-Coach aus dem Süden meint: »Als ich noch jung war, hat man mir viel vormachen können. Heute geht das nicht mehr so leicht, aber ich würde immer noch nicht schwören, daß eine Frau mir nichts vormachen kann, wenn sie das will. Wenn ich das herausfinden würde, würde ich mich von ihr trennen.«

Nichts verletzt einen Mann mehr als die Aussage seiner Partnerin, sie haben den Orgasmus immer vorgetäuscht. Oft betrachtet er sich dann als sexuellen Versager. Die Vortäuschung ist ein äußerst prekäres Thema, dem viele Männer aus dem Weg gehen, indem sie lieber nicht fragen, während andere sich ständig ihres Erfolges versichern müssen.

Ist es besser zu fragen, ob sie gekommen ist, oder nicht?

»Als ich noch verheiratet war, habe ich geglaubt, ich merke, ob meine Frau kommt oder nicht. Ich hab' sie nie gefragt. Als wir uns scheiden ließen, hat sie mir gesagt, sie hat mir oft etwas vorgemacht, damit wir mit dem Bumsen aufhören, weil es ihr nichts brachte. Heute will ich sicher sein, daß ich meine Partnerin befriedige, aber wenn ich sie frage ›War's schön für dich‹, klingt das unheimlich kitschig. Außerdem habe ich das Gefühl, ich sollte es wissen, ohne sie zu fragen. Halten Frauen einen für unsensibel, wenn man fragen muß?« schreibt ein vierzigjähriger Mann aus Washington.

Die Experten geben andere Gründe an, warum es heute immer öfter zum Cunnilingus kommt, aber meiner Meinung nach ist das Hauptmotiv folgendes: Er kann sicher sein, daß sie ihm nichts vormacht, wenn er sie mit dem Mund befriedigt. Viele Männer drücken sich um die Frage »Hat sie nun einen Orgasmus während des Geschlechtsverkehrs gehabt oder nicht?«, indem sie die Frau zuerst mit dem Mund befriedigen.
»Ich hab' das Gefühl, es ist nicht ganz so schlimm, wenn sie mir beim zweiten Mal was vormacht«, sagt ein vierundzwanzigjähriger Mann. »Wenigstens kann ich dann sicher sein, daß sie auch was davon gehabt hat. Und ich hasse es, zu fragen. Man kommt sich so blöd dabei vor.«
Egal, ob Männer diese Philosophie nun aussprechen oder nicht — sie glauben jedenfalls, daß ein richtiger Mann wissen sollte, wie er seine Partnerin befriedigen kann. Folglich sollte er dann natürlich auch wissen, ob es ihm gelungen ist oder nicht. Deshalb sollte er nicht fragen müssen.

»Wenn man sie später fragt, bedeutet das, daß man nicht gewußt hat, wie man's ihr machen muß«, sagt ein neununddreißigjähriger Mann. »Man macht sich Vorwürfe, weil man's nicht gewußt hat. Also macht man einfach weiter, auch wenn man das Gefühl hat, daß sie einem etwas vormacht. Man fragt nicht. Wenn man fragt, muß man sich mit der Tatsache auseinandersetzen, daß man nicht gewußt hat, wie man sie zum Orgasmus bringt.«

Manche Männer fragen zwar, bezweifeln jedoch die Richtigkeit der Antwort.

»Wenn ich eine Frau frage, antwortet keine mit nein«, schreibt ein Geschäftsmann aus Atlanta. »Bei manchen hatte ich Zweifel, ob sie mir die Wahrheit sagen. Zwei Frauen haben mir mitgeteilt: ›Ich glaube, ich bin gekommen.‹ Ich bin mir ziemlich sicher, daß sie nicht gekommen sind. Wenn eine Frau nicht weiß, ob sie gekommen ist, kann sie doch keinen Orgasmus gehabt haben, oder? Ich meine, sie sollte das doch eigentlich wissen. Es ist nicht gerade toll für einen Mann, das zu hören. Das ist fast so, wie wenn sie sagt: ›Ich glaub', ich hab' deinen Penis in mir gespürt, aber ich bin mir nicht so sicher.‹«

Und ein Nachrichtensprecher sagt: »Vor zwanzig Jahren, als ich zum erstenmal mit Mädchen ins Bett bin, hat man nicht gefragt, wie's für sie gewesen ist. Man hat einfach angenommen — gehofft und gebetet —, daß es gut gewesen ist. Dann sind wir alle schlauer geworden. Man hat herausgefunden, daß es für sie wahrscheinlich nicht so gut gewesen ist, wie man ja bereits vermutet hat. Also fragt man jetzt. Heute hofft und betet man, daß es für sie wirklich so gut ist, wie sie sagt, auch wenn man vermutet, daß es das nicht ist. Tja, wir haben ganz schöne Fortschritte gemacht.«

Manche Männer können sich in die Lage der Frau versetzen: Sie weiß, wie enttäuscht er sein wird, wenn sie ihm sagt, daß sie keinen Orgasmus gehabt hat. Vielleicht hat sie ihm nicht einmal etwas vorgemacht, sondern ihn nur in dem Glauben gelassen, daß sie auch gekommen ist. In dem Fall denken Männer, sie zwingen sie zum Lügen, wenn sie sie fragen.

»Man treibt sie in die Enge, wenn man sie fragt«, sagt ein Mann aus dem Süden der Staaten. »Kein Mann möchte wirklich hören, daß sie nicht gekommen ist. Klar soll sie ehrlich sein, aber will man das wirklich, wenn der Schwanz noch ganz feucht ist von ihr? Nein, und sie weiß das auch. Also frage ich nicht. Falls es eine längere Beziehung ist, versuche ich, darüber zu reden, wenn wir gerade nicht miteinander im Bett sind. Dann ist es für beide leichter.«

Die Mehrheit der Männer sucht nach einer narrensicheren Methode, herauszufinden, ob sie nun gekommen ist oder nicht, damit sie nicht die Rolle des Großinquisitors übernehmen müssen.

Wie kann ich absolut sicher sein, daß eine Frau gekommen ist?

»Wenn ich mit der Zunge an ihrer Klitoris lecke, kann ich absolut sicher sein. Sonst kann ich nur raten. Gibt es denn keine eindeutigen körperlichen Reaktionen für den Orgasmus, die alle Frauen haben? Oder können diese Reaktionen auch ohne den tatsächlichen Orgasmus auftreten? Ich muß zugeben, daß ich verwirrt bin. Ich hab' versucht, Masters und Johnson zu lesen, aber ich hab's nicht geschafft«, schreibt ein Marketingdirektor aus dem Südosten der Staaten.

Viele Männer betrachten die Zeichen weiblicher Erregung — harte Brustwarzen, kurzer, schwerer Atem, beschleunigter Puls, verstärkte vaginale Sekretionen — als Beweis für den Orgasmus. Umgekehrt sagen sie, sie wüßten, daß die Frau ihm nur etwas vorgemacht hat, wenn:
»Ihre Brustwarzen waren weich. Alle anderen Frauen, mit denen ich zusammengewesen bin, hatten harte.«
»Sie war zu trocken.«
»Viel Lärm, aber weder Atmung noch Puls waren beschleunigt.«
Manche Männer erwarten, die Kontraktionen ihrer vaginalen Muskeln zu spüren, wenn sie zum Orgasmus kommt, und gehen davon aus, daß sie nicht gekommen ist:
»Keine inneren Kontraktionen. Alles nur außen.«
»Ich habe innen nichts gespürt, auch nicht das Zusammenziehen und Lockern der Muskeln beim Orgasmus. Außerdem war sie eine lausige Schauspielerin.«
Kein einziger Mann in meiner Umfrage erwähnte die Rötung, die bei Frauen nach dem Orgasmus im allgemeinen an Brust und Schultern auftritt. Viele meiner Leser schrieben jedoch, daß sie diese Rötung als den definitiven Beweis für den Orgasmus betrachten. (Manche sagen, daß sie deswegen gerne das Licht anlassen.) Andere geben zu, daß all diese körperlichen Anzeichen einschließlich der Rötung auch bei Frauen auftreten können, die nur *fast* zum Orgasmus gekommen sind.
»Wenn ein Mann gut mit seiner Partnerin harmoniert, sollte er es eigentlich wissen«, schreibt ein achtundzwanzigjähriger Ehemann. Doch andere Ehemänner waren überrascht zu hören, daß ihnen etwas vorgemacht wurde. Egal, ob ein Mann nun verheiratet ist oder nicht, er ist meist verzweifelt, wenn er erfährt, daß seine Partnerin ihm etwas vorgelogen hat.

Warum täuscht eine Frau ihrem Partner einen Orgasmus vor?

»Das ist doch, wie wenn sie ihn anlügt. Ich kann's ja verstehen, wenn sie einem Typ was vormacht, den sie nicht so gut kennt, wenn der Sex nicht so gut war und wenn sie nicht mehr mit ihm zusammen sein will. Dann könnte man die Vortäuschung als höfliche Möglichkeit betrachten, wieder aus der Geschichte herauszukommen, in die man eigentlich gar nicht hineinschlittern wollte. Aber warum lügt man jemanden an, den man liebt? Was hat das für einen Sinn?« schreibt ein Selbständiger aus dem Südwesten der Staaten.

Frauen täuschen den Orgasmus bisweilen vor, um den Sex zu Ende zu bringen, auf den sie von vornherein gar nicht so scharf waren – oder um ihn für seine Bemühungen zu »belohnen«, auch wenn sie nicht zum Orgasmus geführt haben. Fast jede Frau hat in ihrem Leben schon einmal den Orgasmus vorgetäuscht, weil sie nicht von Anfang an nein zum Sex gesagt hatte. Wieder andere Frauen machen dem Mann immer etwas vor, weil sie nicht wissen, wie sie ihm sagen sollen, daß sie das seit dem Beginn der Beziehung getan haben. So schließt sich der Teufelskreis: sie sagt ihm nie, was sie will, um zum Orgasmus zu kommen. Deshalb kann er es ihr auch nicht geben, und sie muß ihm weiterhin etwas vormachen. Wenn ich den Briefen Glauben schenken darf, die ich tagtäglich bekomme, gibt es diesen Mechanismus nach wie vor.
Unglücklicherweise wird die Frau dann im Regelfall immer zorniger über die ungleiche Verteilung des Vergnügens beim Sex. Schließlich bricht diese Wut aus ihr heraus, und sie sagt dem Mann, daß sie ihm die ganze Zeit etwas vor-

gemacht hat. Natürlich ist er dann am Boden zerstört. Seine Reaktionen können folgendermaßen aussehen:
»Ich war wütend und habe gleichzeitig das Gefühl gehabt, impotent zu sein.«
»Sie hat es mir während eines Streits gesagt. Ich habe gute Lust gehabt, sie zu verprügeln, aber so ein Typ bin ich nicht.«
»Ich war deprimiert und hab' mich ungeliebt gefühlt.«
»Mir war lausig zumute. Was hat sie denn die ganzen vier Jahre gemacht — nur aus Mitleid mit mir gebumst?«
»Ich hab' ihn bei ihr nicht mehr hochgebracht. Ich bin der Meinung, daß das, was der Mann sexuell bringt, in direktem Verhältnis zu dem steht, wie seine Partnerin sich ihm gegenüber verhält und wie sehr er sich von ihr eingeschüchtert fühlt. Es gibt nichts Einschüchternderes, als von ihr zu hören, daß man ihr kein Vergnügen bereiten kann und es noch dazu nicht gemerkt hat.«
»Ich bin mir ziemlich blöd vorgekommen. Sie muß innerlich die ganze Zeit über mich gelacht haben.«
»Ich war verletzt. Es ist ziemlich erniedrigend für einen Mann, so behandelt zu werden.«
Er ist im allgemeinen zu verletzt, um ihre Motive rational überlegen zu können. Wenn er sich die Frage stellt: »Warum hat sie mich angelogen?«, kommt die Frau dabei oft recht schlecht weg. Männer sagen:
»Offenbar hat sie mich für etwas anderes als den Sex gebraucht. Geld. Ich bin mir sicher, daß es das Geld war.«
»Sie hat den Sex eingesetzt, damit ich sie heirate, und dabei hat er ihr nicht einmal Spaß gemacht. Warum will man bloß jemanden heiraten, der einen nicht zum Orgasmus bringen kann? Deswegen haben Männer kein Vertrauen zu Frauen.«

»Ich bin der Meinung, daß Frauen, die den Orgasmus vortäuschen, den Sex oder auch die Männer nicht sonderlich mögen, wahrscheinlich sogar beides.«
Nur wenige Männer haben so viel Verständnis wie dieser Computeranalytiker aus New York: »Wenn eine Frau den Orgasmus vortäuscht, gibt es sicher einen triftigen Grund dafür. Ich habe nicht unbedingt das Gefühl, dieser Grund zu sein. Selbst wenn sie das behauptet, wie kann sie sich dessen sicher sein? Ich bezweifle, daß die ganze Schuld beim Mann liegt, wenn sie nicht kommt. Im allgemeinen stecken viele Gründe dahinter.«
Oder dieser Bahnangestellte aus Texas: »Ich würde wetten, daß alle Frauen schon einmal einen Orgasmus vorgetäuscht haben. Die meisten von ihnen wollen das Ego des Mannes schützen — sie sehen ihren Liebhaber als ihre sexuelle Erfüllung an. Und wir sind schließlich ganz zufrieden damit! Wenn die Frauen die Männer nicht auf diese Weise schützen würden, wäre ein großer Prozentsatz der männlichen Bevölkerung sicherlich ein bißchen weniger großspurig, was die Potenz angeht.«
Die meisten Männer behaupten, ihnen ist die Wahrheit lieber als gutes Vortäuschen. Doch manche geben nun selbst zu, den Orgasmus nur vorzutäuschen. Die ersten Briefe in dieser Richtung überraschten mich. Ich hatte bis dahin immer gedacht, daß ein Mann so etwas nicht kann. Aber er kann es.

Wissen Frauen, daß Männer den Orgasmus auch vortäuschen können?

»Ich hab's ein paar Mal gemacht. Immer bei einer Frau, die mir nicht sehr viel bedeutet hat. Sie wollte mit mir schlafen, und ich hab' ihr den Gefallen getan. Ihn hochzukriegen, ist

die eine Sache, einen Orgasmus zu haben, die andere. Als ich gemerkt habe, daß ich keinen Samenerguß haben würde, habe ich das Tempo erhöht und hab' gestöhnt und mich gewunden, als wäre ich gekommen. Wenn eine Frau selbst ganz feucht ist, wenn ich sie vorher geleckt habe und sie schon ziemlich erregt ist, merkt sie nicht, daß der Mann keinen Samenerguß hat. Oder tut sie es doch? Waren meine Partnerinnen einfach nur zu höflich, um es mir zu sagen?« schreibt ein Mann aus dem Nordwesten der Staaten.

Andere Männer haben Ähnliches beschrieben. Die Frau hatte den ersten Schritt gemacht, und er hatte sich verführen lassen, obwohl er eigentlich zu müde oder nicht sonderlich interessiert war. Er brachte dann zwar eine Erektion zustande, nicht aber einen Samenerguß. Da er sie mit dem Mund befriedigt hatte, ging er davon aus, daß sie nichts davon merken würde.
In anderen Worten: Männer können auch nicht nein sagen.
Levine und Barbach schreiben in *The Intimate Male:* »Der Hauptgrund, warum Männer den Orgasmus vortäuschen, liegt darin, daß sie die Verletzlichkeit ihres Machismo verbergen wollen. Heutzutage, wo sich die Geschlechterrollen verschieben und immer mehr Frauen beim Sex die Initiative ergreifen, finden sich die Männer plötzlich in unerforschten Gewässern wieder. Sie sind nun nicht mehr allein diejenigen, die entscheiden, wann und wo der Sex stattfindet. Da vom Macho-Mann noch immer erwartet wird, daß er immer zum Sex bereit ist, muß er nun voller Unbehagen feststellen, daß die Frau unter Umständen von ihm Sex will, wenn er gar nicht dazu aufgelegt ist. Folglich übernehmen Männer, die sich von ihrer Partnerin nicht so sonderlich angezogen fühlen oder

im Moment nicht sehr erregt sind, die uralte Rolle der Frau und täuschen den Orgasmus vor oder müssen lernen, auch einmal nein zu sagen.«
Die überwältigende Mehrheit der Männer, die gesteht, den Orgasmus schon einmal vorgetäuscht zu haben, hat dies nicht mit der festen Partnerin getan. (»Die feste Partnerin kann man befriedigen und dann aufhören, ohne große Erklärungen geben zu müssen, oder man kann einfach sagen: ›Ich bin heute abend zu müde zum Orgasmus.‹«) Doch ein solches Ende macht den Mann auch irgendwie unsicher. Er hofft, ihr etwas vorgemacht zu haben, aber bei ihm selbst ist ihm das nicht gelungen. Vielleicht ist ihm sein Mangel an Begierde sogar peinlich.
Ein Mann schreibt: »Ich hab' einmal den Orgasmus vorgetäuscht, und ich hab' dabei das Gefühl gehabt, kein richtiger Mann zu sein. Wir hatten schon einmal miteinander geschlafen, und das war toll. Ich hatte mich darauf gefreut, sie wiederzusehen. Sie hat mich im Büro angerufen, bevor ich selbst dazu Gelegenheit hatte, und mich gebeten, nach der Arbeit vorbeizuschauen. Als ich bei ihr war, war klar, daß sie das Erlebnis vom ersten Mal wiederholen wollte. Ich war nicht so ganz bei der Sache, weil mir immer noch ein Problem aus der Arbeit im Kopf herumging. Ihre Monatsblutung neigte sich dem Ende zu, und sie mußte natürlich ehrlich sein und mir das sagen. Alles hat zusammengepaßt, um meine Lust zu vermindern, aber sie wollte mit mir schlafen.
Ich weiß nicht, ob sie gemerkt hat, daß ich ihr was vorgemacht habe oder nicht, aber ich hab' sie danach nicht mehr angerufen. Mir ist es immer noch ein bißchen peinlich, wenn ich an diese Nacht denke.«
Männer reagieren meist nicht sehr verständnisvoll auf den

vorgetäuschten weiblichen Orgasmus, aber sie sagen, sie sind zu höflich, um der Frau mitzuteilen, daß sie selbst nicht gekommen sind.

»Der Mann soll jedesmal einen Orgasmus haben, sonst ist was nicht mit ihm in Ordnung«, schreibt ein Berater aus dem Mittleren Westen. »Natürlich glaubt die Frau, daß sie das Problem darstellt. Sie denkt, sie hat den Mann nicht genug erregt. Ihr etwas vorzumachen, ist ein eleganter Weg aus der Misere — wenigstes in der Theorie. Ich hab's bis jetzt dreimal gemacht. Die dritte Frau hat mich dann erwischt. Sie hat ihren Finger in ihre Vagina gesteckt, daran gerochen und geleckt und gesagt: ›Keine Chance, José.‹ Ich bin mir ganz schön bescheuert vorgekommen.«

Ein anderer Mann, der von einer ähnlich argwöhnischen Frau ertappt wurde, meint: »Was lernen wir daraus? Mach ihr nichts vor. Man tut das, was man für das geringste Übel hält, und wenn man dann dabei erwischt wird, stellt sich heraus, daß es das Schlimmste und Verletzendste überhaupt war.«

Ich stimme ihm zu. Es gibt bereits genug Mißtrauen zwischen Mann und Frau. Warum sollte man noch weiteres aufbauen?

Wichtiges zum Punkt Vortäuschung:

* Tun Sie's nicht.
* Wenn es Ihnen selbst passiert, dann nehmen Sie es auch nicht persönlicher als er es nehmen sollte, wenn Sie es gemacht hätten.

Kapitel 16: Beschränkungen

»Ich würde mir mehr analen Sex wünschen. Dieses Gefühl, daß der Penis so richtig gepackt wird, ist einfach unvergleichlich. Analer Sex ist jedesmal gleich erregend, wie wenn man eine Frau entjungfert.« — Ein achtunddreißigjähriger Redakteur.

Analer Sex und Fellatio führen die Wunschliste der Männer an. Viele der Briefe, die ich bei PENTHOUSE FORUM und PENTHOUSE LETTERS erhalten habe, drehen sich darum, wie Männer ihre Partnerinnen dazu bringen können, sich auf solche und andere, eher vom Standard abweichende Praktiken einzulassen. Die Männer in meiner Umfrage gaben außerdem an, sie bekämen nicht genug: analen Sex (fünfzig Prozent), Fellatio (fünfundsiebzig Prozent), Cunnilingus (fünfundfünfzig Prozent), verschiedene Stellungen, Techniken usw. (vierzig Prozent), mehrfache Orgasmen (fünfundzwanzig Prozent).

Frauen beklagen sich im allgemeinen, daß sie nicht genug Abwechslung oder oralen Sex bekommen. Nur selten jedoch beschweren sie sich über einen Mangel an analem Sex. Diese Variante und die Fellatio, die zur Ejakulation führt, sind vorrangig männliche Bedürfnisse. Manche Frauen stehen solchen Praktiken ausgesprochen ablehnend gegenüber.

Die Männer wissen das, und manchmal glauben sie auch zu wissen, warum. »Frauen hassen Schmutz«, erklärt ein Mann. Andere berufen sich auf die Angst der Frau, etwas »Schmutziges«, »Unnatürliches«, »Unmoralisches« oder »vielleicht Schmerzhaftes« zu tun. Sie sind sich sicher, daß sie solche Vorbehalte beseitigen können, wenn sie nur Gelegenheit dazu bekommen. »Ich weiß, daß es ihr gefallen würde, wenn ich ihr's von hinten besorge, doch sie läßt mich's einfach nicht beweisen«, schreibt ein siebenundzwanzigjähriger Ehemann.

Wie kann der Mann eine Frau dazu bringen, daß sie analen Sex mit ihm macht?

»Auf anderen Gebieten ist sie aufgeschlossen und hat keine Hemmungen, aber ihr Arschloch hütet sie, als wäre es vom Papst höchstpersönlich gesegnet. Ich hab' ihr versprochen, ganz viel Gleitmittel zu verwenden, sanft zu sein und mich nach ihr zu richten. Ich bin inzwischen so scharf auf ihren Arsch, daß ich kaum noch an was anderes denken kann, wenn wir miteinander bumsen. Wenn ich ihn sehe mit seinen runden, festen Backen, würde ich diese Backen gern mit meinem Schwanz teilen. Wie kann ich sie dazu bringen, daß sie mir dieses magische Loch öffnet?«

Ich gebe Männern, die einen besonders starken Wunsch nach analem Sex (oder anderen sexuellen Praktiken) haben, den Rat, sie sollen der Frau sagen, wie sehr sie es sich wünschen. Genau wie der oben zitierte Mann sollten sie allerdings versprechen, sich dabei ganz nach ihr zu richten und ein bestimmtes Signal vereinbaren, bei dem sie nicht mehr weitermachen dürfen. (»Nein« funktioniert in diesem Zusammenhang nicht besonders gut, weil viele Menschen in der höchsten Lust nein, nein, nein ausrufen, wenn sie eigentlich ja, ja, ja meinen.) Außerdem muß er ihr zum Ausgleich die Erfüllung ihres dringendsten sexuellen Wunsches anbieten.

Meiner Meinung nach sollte die Frau durchaus bereit sein, den Wunsch ihres Geliebten zu erfüllen — und umgekehrt —, es sei denn, die Umstände sprechen dagegen. (Männer mit ausgesprochen großem Penis werden zum Beispiel einsehen müssen, daß sie im Leben nicht sehr oft zum analen Sex kommen werden.) Es einmal, vielleicht auch ein paarmal, auszuprobieren, mag ihm möglicherweise nicht genug sein, aber dauerhafte Beziehungen führen zu Kompromissen auf beiden Seiten. Außerdem liegt der Reiz des analen Sex wahrscheinlich in hohem Maße darin, daß man ihn nicht allzu oft bekommt.

»Wenn wir regelmäßig analen Sex hätten, würde ich ihn wahrscheinlich nicht mehr für so exotisch halten wie jetzt«, gesteht ein siebenundvierzigjähriger Mann aus Philadelphia. »Natürlich hätte ich gerne öfter analen Sex, aber wenn ich ihn öfter hätte, würde ich dann nicht vielleicht wieder etwas anders wollen?«

Ein anderer Mann erzählt: »Ich hab' sie erst überzeugen müssen, daß analer Sex nicht schmutzig und schmerzhaft ist. Als ich sie davon überzeugt hatte, daß es nicht schmutzig ist, solange man den Schwanz nicht aus ihrem Arsch herauszieht und dann in ihre Möse steckt, hat sie sich bereit erklärt, es auszuprobieren. Zu ihrer großen Überraschung hat es auch gar nicht so weh getan. Und zu meiner großen Überraschung war die Sache gar nicht so toll, wie ich sie mir vorgestellt hatte. Vielleicht wollte ich nur, daß sie mir dadurch ihre Liebe beweist.«

Heutzutage ist Sex im allgemeinen vielleicht nicht mehr der letzte Beweis der Liebe, aber manche Männer schreiben diese Bedeutung bestimmten Praktiken zu. (»Ich wollte analen Sex mit ihr haben, weil sie das noch mit keinem andern Mann gemacht hatte. Ich wollte etwas ganz Besonders für sie sein.«) Und für viele Männer ist analer Sex tatsächlich mit einer engen und intimen Beziehung gleichbedeutend. Einige Männer sagte, sie halten nicht viel von einer Frau, die sich in einer Beziehung zu früh auf so etwas einläßt. (»Wenn sie mich in ihren Arsch läßt, bevor ich sie richtig kenne, glaube ich, daß sie keine Selbstachtung hat.«) Andere meinen, analer Sex erfordert ein größeres Maß an Vertrauen und gegenseitigem Kennen als üblich, und die Frau, die sich zu früh dazu hergibt, vertraut ihm wahrscheinlich auch zu schnell.

»Meine Frau und ich machen's nicht sehr oft«, schreibt ein Mann aus Connecticut. »Wenn wir's tun, fühle ich mich ihr besonders nahe. Es ist eine ganz merkwürdige Form der Nähe, die zum Teil davon herrührt, daß sie bei der Liebe eine ausgesprochen weibliche, unterwürfige Rolle einnimmt. Aber es macht uns beide mehr an als normales Bumsen. Sie hat tolle Orgasmen, wenn wir's anal machen, aber sie läßt es nur zu, wenn sie in der richtigen Stimmung dafür ist. Wie gesagt, es ist merkwürdig, und es ist toll, aber man macht's nicht jeden Tag.«

Manchen Männern gefällt auch die anale Stimulation. Sie mögen es, wenn ihre Partnerin ihnen während der Fellatio oder während des Geschlechtsverkehrs den Finger in den Anus steckt. Wahrscheinlich würden mehr Männer darum bitten, wenn sie nicht Angst hätten, deshalb für homosexuell gehalten zu werden.

»Ich hab's wahnsinnig gerne, wenn sie mein Arschloch

leckt und mit den Fingern daran herumspielt«, schreibt ein Mann aus dem Nordosten der Staaten, »aber ich bitte nur sehr selten darum. Wegen AIDS sind Frauen besonders empfindlich gegenüber allem, was sich vielleicht als Bisexualität interpretieren ließe. Ich muß eine Frau sehr gut kennen, bevor ich ihr diesen Wunsch gestehe.«

Ein anderer Mann fügt hinzu: »Die anale Stimulierung wird leicht mit Passivität in Verbindung gebracht. Jeder, egal, ob Mann oder Frau, hat eine passive Seite. Doch heutzutage haben die Männer Angst davor, sie zu zeigen, weil die Frauen, die sich diese Eigenschaft früher gewünscht haben, sie heute nicht mehr wollen. Sie halten einen gleich für schwul, wenn man sich passiv gibt.«

Die andere Praktik, die sich Männer oft wünschen, ist die Fellatio. Obwohl es sich auch dabei um eine Technik der Homosexuellen handelt, wird sie doch nicht ganz so stark mit ihnen in Verbindung gebracht wie der anale Sex. Manche Männer glauben, daß es nichts Männlicheres gibt, als im Mund der Frau zu ejakulieren.

Warum wird sie wütend, wenn ich in ihrem Mund komme?

»Der Geschmack kann's nicht sein. Manchmal bringt sie mich dazu, daß ich abspritze, weil sie das gerne sieht — und dann leckt sie mir den Rest von meinem Schwanz. Wo liegt also das Problem? Ich liebe das Gefühl der Macht, das man hat, wenn man in den Mund einer Frau abspritzt. Das ist einfach unvergleichlich.«

Dieser Mann faßt das Hauptargument des Mannes für die orale Ejakulation zusammen: sie gibt ihm ein Gefühl der

Macht. Oft glaubt er, daß das Verschlucken seines Samens die Stärke ihrer Liebe für ihn und/oder seine Macht über sie beweist. Manche Männer halten das Schlucken auch für erniedrigend und würden ihre Frau deshalb nie darum bitten.

Ein Mann schreibt: »Bei der Fellatio habe ich Probleme. Ich kann im Mund einer Frau nicht kommen. Irgendwie habe ich das Gefühl, daß das nicht richtig ist.«

Das Vergnügen liegt bei der Fellatio weniger im Samenerguß selbst als in dem Erlebnis. (»Der Samenerguß fühlt sich im Mund genauso an wie in der Möse; aber man hat ein anderes Gefühl beim Saugen und Bumsen.«) Die Mehrheit der Männer würde sich über mehr Fellatio freuen, egal, ob sie nun mit der Ejakulation endet oder nicht. Vielen ist es sogar lieber, nicht so zum Orgasmus zu kommen. Sie können die Bedenken der Frau verstehen:

»Wenn ich ihn ihr fest genug in den Mund stecke, um zum Samenerguß zu kommen, ersticke ich sie.«

»Eine Frau muß sich völlig schwach fühlen, wenn ein Mann in ihrem Mund kommt. Ich habe eher das Gefühl, daß für sie das Vergnügen in einem Gefühl der Macht über den Mann bestehen muß. Wenn sie weiß, daß er gleich kommt und ihr so die Luft nimmt, verliert sie die Gewalt über die Situation. Dann macht die Sache nicht mehr viel Spaß, nicht wahr?«

Männer wollen uns damit ebenfalls so viel Spaß wie möglich bereiten, und zwar aus ganz offensichtlichen Gründen: Männer haben mich gefragt, ob es irgendeine Technik gibt, die die Frau daran hindert, sich zu verschlucken. (Manchmal stellen mir Frauen dieselbe Frage.) Ich gebe ihnen den Rat, den Penis nicht in die Mitte des Mundes, sondern eher auf die Seite zu nehmen, oder den Schaft mit den Fingern zu halten. Beides hindert den Penis daran, so tief einzudringen, daß die Frau einen Würgereiz bekommt. Außerdem behält die Frau so auch die Kontrolle. Wie der Mann oben ganz richtig gesagt hat, haben Frauen mehr von der Fellatio, wenn sie dabei das Gefühl behalten, die Situation noch kontrollieren zu können.

Männer verstehen nur selten, daß Frauen sich nicht zur Fellatio überreden lassen, weil sie Angst haben, dabei zu versagen. Diese Männer sagen zwar, sie würden gerne mehr Informationen darüber bekommen, wie sie sie am besten mit dem Mund befriedigen, aber sie selbst sagen den Frauen nur selten, was sie sich sexuell von ihnen wünschen. Und entgegen dem Mythos, der besagt, daß man »dabei nichts falsch machen kann«, hat jeder Mann so seine eigenen Vorlieben in puncto Stimulation mit dem Mund. Manche mögen es, wenn die Frau an der Spitze des Penis saugt, während andere das fast als schmerzhaft empfinden. Statt ihr zu sagen, was sie falsch macht, ziehen sich manche Männer lieber zurück und vermitteln ihr so das Gefühl, daß sie ihn oral nicht befriedigen kann.

»Es fällt mir schwer, einer Frau zu sagen, wie sie mir's mit dem Mund machen soll«, sagt ein vierundzwanzigjähriger Vertreter. »Ich bin ja schon froh, wenn sie meinen Schwanz überhaupt in den Mund nimmt. Ich will sie dann nicht verschrecken, indem ich sage: ›Saug doch bitte da noch ein bißchen.‹«

Häufiger geht es bei den Klagen eher um einen Mangel an Zeit als um einen Mangel an Technik. »Sie macht's nicht lang genug«, sagen manche Männer. Weil Frauen Angst davor habe, daß der Mann zu früh kommt, nehmen sie

den Penis nicht so lange in den Mund, wie der Mann es eigentlich gerne hätte.
»Wir Männer sind selbst daran schuld«, sagt ein vierzigjähriger Mann aus Georgia. »Schließlich brauchen wir es unserer Partnerin nur zu sagen. Wenn man einer Frau sagt: ›Ja, bitte, noch ein bißchen‹, tut sie's gerne, vorausgesetzt natürlich, sie kann einem vertrauen. Wenn ich das Gefühl habe, daß ich gleich komme, nehme ich ihren Kopf in die Hände und sage ihr, daß sie ein bißchen Pause machen soll. Dann machen wir eine Weile was anderes, und sie nimmt mich wieder in den Mund, wenn ich sie darum bitte. Ich selbst lecke und befriedige sie auch gerne mit dem Mund. Vielleicht bekommen die Männer, die selbst nicht genug geben, auch nicht genug zurück.«
Manche Männer verstehen unter oralem Sex nur Fellatio, doch die meisten praktizieren auch Cunnilingus, weil sie ihrer Partnerin Vergnügen bereiten wollen. Manchen ist Cunnilingus sogar lieber als Fellatio. Ich bekomme viele Briefe, in denen Männer fragen:

Warum läßt sie sich von mir nicht auslecken?

»Ich lecke ihre Möse wahnsinnig gern. Das macht mich so richtig an. Ich liebe den Anblick, den Geruch und den Geschmack weiblicher Genitalien. Ich finde sie schön, und alle Frauen sind anders gebaut. Ich bin schon beim Cunnilingus gekommen — soviel habe ich selbst davon. Ich frage mich, was mit meiner neuen Partnerin los ist. Es sollte ihr doch eigentlich den größten Spaß machen. Aber jedesmal, wenn ich meinen Kopf zwischen ihre Beine lege, schiebt sie mich nach ein paarmal Lecken weg.«

Entgegen der weiblichen Erwartung ist die Anzahl der Männer, die die weiblichen Genitalien lieben, viel höher als die der Männer, die sie unästhetisch finden. Shere Hite fand heraus, daß mehr als die Hälfte der von ihr befragten Männer den Cunnilingus nach dem Geschlechtsverkehr als zweitliebste sexuelle Technik betrachten. Meine Ergebnisse bestätigen diese Feststellung. Keiner der Männer, die den Fragebogen ausfüllte, fanden Cunnilingus abstoßend. Vielleicht ist dieses Ergebnis bei einer Gruppe von tausend Befragten ziemlich überraschend, aber jedenfalls glaube ich, daß die Männer die Vagina mehr lieben als wir selbst.

»Ich befriedige meine Partnerin gerne mit dem Mund, aber ich habe nicht oft dazu Gelegenheit«, schreibt ein Mann aus dem Nordwesten der Staaten. »Ich liebe den Geschmack und die Beschaffenheit der Möse ... diese ganzen kleinen Falten und Kanäle. Außerdem gefällt es mir auch, wie Frauen darauf reagieren. Meine gegenwärtige Partnerin kommt manchmal zum Orgasmus, wenn ich mit der Nase an ihrer Klitoris reibe und gleichzeitig an den kleinen Schamlippen lecke.«

Und ein Mann Anfang Vierzig meint: »Beim Cunnilingus schwellen die Schamlippen der Frau an. Sie blüht auf wie eine Blume. Und sie sondert einen Geruch ab, der mich ganz wild macht.«

Manche Männer betrachten den Cunnilingus auch als Mittel, die Verbindung zum Partner enger zu gestalten, so auch der fünfunddreißigjährige Mann, der sagt: »Paare befriedigen einander gewöhnlich erst dann mit dem Mund wenn sie sich sexuell gut kennen. Meiner Meinung nach erhöht das dann das Vertrauen der Frau in den Mann. Es verbindet sie auf eine Art und Weise, wie keine andere Form des Sex es tut.«

Manche Männer führen den Cunnilingus aus genau demselben Grund aus wie die Frauen die Fellatio, nämlich um einzig und allein den Partner zu befriedigen.

»Die Zunge gehört nicht zu meinen erogenen Zonen«, schreibt ein siebenunddreißigjähriger Aktuar. »Es erregt mich nicht, wenn ich ihre Klitoris mit der Zunge berühre. Aber ihre Erregung erregt mich. Sie hat das sehr gerne. Ich kann sie so dazu bringen, daß sie immer wieder kommt, und das verschafft mir ein tolles Gefühl, wie wenn ich ein Superliebhaber wäre. Außerdem bereite ich ihr gern Vergnügen.«

Nur wenige Männer mögen den Geruch und den Geschmack weiblicher Genitalien nicht. Viele behaupten, daß ihre Partnerin sich ihrer eigenen Gerüche während der sexuellen Erregung schämt.

»Ich befriedige die Frau sehr gern mit dem Mund«, sagt ein neunundzwanzigjähriger Mann. »Ich habe einmal eine Freundin gehabt, die das nicht mochte. Sie wollte unbedingt meinen Schwanz in den Mund nehmen, aber ich durfte sie nicht lecken. Sie sagte, sie könnte sich nicht vorstellen, daß ›irgend jemand seine Nase gern da unten reinsteckt‹. Wir haben uns schon sehr bald wieder getrennt.«

Der nächste Punkt auf der Wunschliste des Mannes ist die größere Abwechslung.

Wie kann ich sie dazu bringen, die sexuelle Routine aufzugeben?

»Ich liebe meine Frau. Sie will keinen analen Sex mit mir haben. Wir haben einfach ganz stinknormalen Sex miteinander. Das ist schön, aber es ist, wie wenn man jeden Abend Apfelkuchen mit Vanilleeiskrem ißt. Ich habe Verhältnisse mit

anderen Frauen gehabt, und zweimal hat sie mich dabei erwischt. Sie glaubt, daß ich die Faszination einer neuen Frau suche. Aber das ist es nur zum Teil. Wenn ich sie betrüge, dann nur mit einer Frau, die die Dinge macht, die sie selbst nicht tun will.«

Warum sagt er ihr das nicht, war meine erste Reaktion auf die vielen Briefe, in denen als Rechtfertigung für Affären mit anderen Frauen der Wunsch nach Abwechslung angegeben wurde. Ich dachte mir, die Partnerin sollte doch wenigstens wissen, wie sehr er sich die Art von Sex wünscht, die sie ihm nicht geben will. Aber hier sind ein paar Antworten, die mir die Männer darauf gegeben haben:
»Ich war sechs Jahre verheiratet, als ich mein erstes Verhältnis mit einer anderen Frau hatte. In diesen sechs Jahren hatte ich sie wer weiß wie oft um analen Sex, mehr oralen Sex, alles mögliche gebeten. Ich kann einfach nicht glauben, daß Sie's nicht gewußt hat.«
»Sollte sie das nicht selber merken?«
»Ich hab' ihr nicht gesagt, daß ich nur deshalb mit einer anderen Frau zusammen bin, weil ich bei ihr die Form von Sex bekomme, die ich mir wünsche, weil ich kein Konkurrenzdenken in ihr erzeugen wollte. Glauben Sie denn, daß ich ein gutes Gefühl dabei hätte, wenn sie endlich meinen Schwanz in den Mund nimmt, nur weil sie herausgefunden hat, daß eine andere Frau das tut?«
»Ich wollte die ganze Sache nicht zu einer Bedrohung machen: Gib mir das, was ich will, sonst hol' ich mir's woanders.«
Vielleicht haben solche Männer Angst, das eigentliche Problem anzugehen: wie sehr das, was sie im Bett bringen, von der Abwechslung abhängt. Der Machismo hindert

den Mann daran, zuzugeben, daß er noch etwas anderes als die Gelegenheit braucht, sich zu beweisen. Wie kann er ihr sagen, daß er mehr braucht?
Ich bin mir immer noch nicht so sicher, ob die Durchschnittsfrau weiß, daß ihr Mann sich hauptsächlich deshalb außerhalb der Ehe umsieht, weil er sexuelle Abwechslung sucht. Unsere eigenen Affären haben andere Gründe. Wir machen Seitensprünge, weil wir mit dem Mann unzufrieden sind. Oder wir suchen nach mehr Romantik im Leben. Er hingegen sieht sich wahrscheinlich eher nach einer Frau um, die seinen Penis oft und lang in den Mund nimmt.
Am Anfang einer Beziehung sind die beiden Partner im Normalfall miteinander zufrieden. Wenn sie dann länger zusammen sind, brauchen sie Abwechslung im sexuellen Bereich, er noch mehr als sie. Wenn man die Zusammenhänge betrachtet, fällt es nicht schwer, zu verstehen, warum er größere Abwechslung sucht als sie und warum er sich unter Umständen verletzlich fühlt, wenn er das zugibt.
Nicht alle Männer bringen ihren Wunsch nach mehr sexueller Abwechslung mit der Frage der Treue in Verbindung. Viele versuchen das, was sie sich wünschen, bei der Partnerin oder in der Phantasie zu finden. Und viele Männer behaupten, mehrere Orgasmen haben zu können, wenn sie unterschiedliche Formen der Stimulation erfahren.

Warum haben Frauen nicht manchmal Lust, Männer noch zu einem zweiten Orgasmus zu bringen?

»Ich kann öfter als einmal kommen, wenn ich außer dem Geschlechtsverkehr noch die Möglichkeit zur Fellatio oder zum analen Sex habe. Sie muß sich nur ein wenig anstrengen, um

mich noch ein zweites Mal hart zu bekommen. Sie schafft das durch Fellatio und gleichzeitiges Massieren des Bereichs zwischen meinen Eiern und meinem Anus. Außerdem wäre es schön, wenn sie mir den Finger in den Anus steckt und hin und her bewegt, während sie an meinem Schwanz saugt. Wenn ich sie darum bitte, sagt sie, daß sie zu müde ist oder daß es zu lange dauert, oder noch schlimmer: ›Du hast schon einen Orgasmus gehabt‹— als ob Männer nicht mehr als einmal kommen dürften.«

Viele Männer glauben, daß ihnen die Chance auf einen zweiten Orgasmus entgeht, weil die Partnerin nicht genug Geduld hat, den Penis wieder hochzubringen. Natürlich sind solche ausgedehnten Liebesspiele nicht das richtige für jede Nacht. Aber Männer wünschen sich zumindest ab und zu eine Marathonveranstaltung und glauben, genauso ein Recht auf mehrere Orgasmen zu haben wie Frauen.

»Ich weiß, daß die Frau schneller wieder kommen kann als der Mann«, sagt ein zweiunddreißigjähriger Anwalt aus Colorado. »Ich will auch nicht sagen, daß man Orgasmen nicht gegeneinander aufrechnen sollte. Aber wenn Männer auf den Wunsch der Frau eingehen sollten, daß sie sie noch nach ihrem eigenen Orgasmus weiter stimulieren, sollte sie sich dann nicht auch ab und an auf schönes langes Bumsen einlassen?«

Ein anderer Mann sagt: »Ich glaube, Frauen stimulieren den Mann nach seinem Orgasmus deshalb so ungern noch einmal, weil sie Angst davor haben, er könnte sich unter Druck gesetzt fühlen oder vielleicht nicht in der Lage sein, noch einmal zum Samenerguß zu kommen, obwohl sie sich beide wie verrückt abmühen. Außerdem sind

viele von uns in dem Glauben aufgewachsen, daß nur eine Erektion mit Ejakulation eine gute Erektion ist.«
Manche Männer haben herausgefunden, daß sie ihre Partnerin dazu bringen können, länger Liebe zu machen, wenn sie ihr mehr Aufmerksamkeit schenken.
»Man kann von einer Frau im Bett fast alles bekommen«, schreibt ein zweiundvierzigjähriger Unternehmer, »wenn man ihr sexuell das gibt, was sie sich wünscht. Beim Sex, genau wie im alltäglichen Leben, ist es falsch, der Partnerin zu sagen, was sie für einen machen kann. Es ist besser sie zu fragen, was man für sie tun kann. Dann zeigt sie sich erkenntlich, es sei denn, sie hat Hemmungen.«

Wie bekomme ich mehr Sex?

»Ich hab' nie genug Sex bekommen — egal, ob nun ganz normal, anal oder oral. Ich kann einfach nicht genug kriegen. Warum sind Frauen nicht genauso geil wie Männer? Und falls einige Frauen es sind, wie unterscheide ich sie dann von den anderen?«

Meine Leser und die Männer, die auf meine Umfrage antworteten, sind nicht alle Sexmonster. 1989 richtete *USA Today* eine telefonische »Hotline« zum Thema Sex und Ehe ein. Die meisten Anrufer waren Männer, und ihr Kummer Nummer eins war: nicht genug Sex. Im selben Jahr druckte The New York Times in der Rubrik Wissenschaft einen Artikel über eine Studie der University of Michigan ab, die von dem Psychologen David M. Buss über Männer und Frauen durchgeführt wurde. Er fand heraus, daß den Mann die folgenden Punkte am meisten an der Frau stören:

— Sexuelle Zurückweisung: die Weigerung, mit ihm zu schlafen; sie geht nicht auf seine sexuellen Annäherungsversuche ein; sie führt ihn sexuell an der Nase herum.

Die Frau hingegen stört am Mann am meisten:

— Sexuelle Forderungen: das Gefühl, daß sie sexuell ausgenutzt wird; er versucht, ihr den Sex aufzuzwingen oder fordert ihn von ihr.

Offenbar besteht bezüglich der Häufigkeit des Sex ein unterschiedliches Bedürfnis zwischen den Geschlechtern. Im Jahre 1988 behaupteten die Leserinnen von GLAMOUR und REDBOOK jedoch, sie bekämen auch nicht genug Sex. Offensichtlich läuft hier etwas schief. Ich weiß nicht so genau, was, aber ein Mann glaubt, die Antwort zu kennen: »Wenn Frauen sagen, sie wollen mehr Sex, bedeutet das, daß sie sich mehr körperliche Zuneigung von ihrem Freund wünschen. Wenn Männer sagen, sie wollen mehr Sex, bedeutet das, daß sie öfter und auf mehrere unterschiedliche Arten bumsen wollen — wahrscheinlich sogar noch mit verschiedenen Frauen. Selbst wenn sie es nicht wollten, würden Männer sagen, daß sie es tun.«

Wie Sie und er mehr Sex, trotz Beschränkungen, haben können:

* Verhandeln Sie über Mindestzahlen — zum Beispiel zweimal monatlich analen Sex oder einmal pro Woche eine lange Sitzung mit Fellatio als Gegenleistung für das, was Sie selbst sich sexuell wünschen.

* Handeln Sie mit Sex. Lassen Sie den Haushalt aus dem Spiel.

* Jammern Sie nicht nach mehr, solange die Mindestansprüche erfüllt werden. (Was nicht ausschließt, daß Sie nett darum bitten.)

Kapitel 17: Der wichtigste Maßstab für seine Leistung: Ihr Orgasmus

»Ein Mann ist kein guter Liebhaber, wenn seine Partnerin nicht immer oder fast immer zum Orgasmus kommt. Ansonsten masturbiert er lediglich in ihrer Vagina.« — Ein Leser.

Die »Babyboom«-Generation war die erste, die den Mann sexuell an den Orgasmen seiner Partnerin gemessen hat. Sex ist heutzutage nicht mehr länger etwas, das ein Mann von der Frau nimmt, sondern etwas, das er ihr gibt. Er versorgt sie nicht nur materiell, sondern auch sexuell.

Ein richtiger Mann »bringt sie dazu, daß sie kommt«.

Die meisten Männer sind sich des Drucks, der auf sie ausgeübt wird, sehr wohl bewußt. Selbst wenn sie wissen, daß die »Durchschnittsfrau« während des Geschlechtsverkehrs nicht zum Orgasmus kommt, setzen sie ihre Fähigkeit, ihre Erektion möglichst lange zu halten, doch mit ihrer Fähigkeit gleich, der Frau Vergnügen zu bereiten. Und wahrscheinlich setzen wir alle den »Durchschnitt« mit einem Standard gleich, den wir verbessern sollten. Männer glauben, daß alle oder die meisten Partnerinnen durch den Geschlechtsverkehr allein zum Orgasmus kommen können, wenn sie nur »lange genug durchhalten«. Viele betrachten auch den Orgasmus durch orale oder manuelle

Stimulation als das Vorspiel oder die Dreingabe, nicht als das eigentliche Ziel. In ihrem Kopf verbinden sich ihr Orgasmus und sein Durchhaltevermögen untrennbar miteinander.

Bernie Zilbergeld meint in *Male Sexuality:* »Heute ist der Prüfstein für eine gute Leistung im Bett gewöhnlich die Fähigkeit, die Partnerin zu befriedigen. Diese Fähigkeit definiert sich im allgemeinen dadurch, ihr während des Geschlechtsverkehrs zu einem, besser noch zu mehreren Orgasmen zu verhelfen. Diese veränderte Definition der sexuellen Potenz des Mannes hat zuerst das Interesse, dann die Sorge und schließlich schon fast eine Besessenheit mit sich gebracht, es so lange wie möglich durchzuhalten.«

Wir haben es hier noch immer mit der alten Auseinandersetzung über Klitoris und Vagina zu tun, auch wenn wir es heute anders ausdrücken. Früher ging man davon aus, daß die Frau durch den Penis in ihrer Vagina zu einem vaginalen Orgasmus kommen soll. Laut Freud war dieser vaginale Orgasmus ein Zeichen dafür, daß die Frau »erwachsen« reagierte. Klitorale Orgasmen hingegen waren »unreif« oder »infantil«. Nach der heutigen Meinung des Mannes ist der klitorale Orgasmus nur »Durchschnitt« oder »zweite Wahl« — für ihn also etwas, was die Frau bei anderen Männern erlebt.

Diese Überlegungen schieben die Last der Verantwortung für guten Sex dem Mann und seinem Penis zu, insbesondere seiner Fähigkeit, lange genug »durchzuhalten«, um bei der Partnerin einen vaginalen Orgasmus herbeizuführen (und zwar, indem er seinen eigenen Orgasmus zurückhält). Ob wir das nun zugeben wollen oder nicht — der Leistungs- und Befriedigungsdruck liegt beim Mann.

Würden wir denn einen Orgasmus vortäuschen, statt ihn spüren zu lassen, daß er nicht gut genug war, wenn wir die Verantwortung für unsere eigene sexuelle Befriedigung nicht hauptsächlich bei ihm suchten? Wenn alle wirklich daran glauben würden, daß die Frau für ihren eigenen Orgasmus verantwortlich ist, würde das Vortäuschen zum Aufbau des männlichen Egos schon bald aus der Mode kommen, genauso, wie heute auch kaum noch ein Mann zuerst beim Vater um die Hand der Tochter anhält, bevor er sie selbst fragt.

Auf lange Sicht gesehen, kann der Sex für uns und die Männer nur besser werden, wenn wir die Verantwortung für unser Vergnügen und auch die Macht, die damit einhergeht, übernehmen. Aber die kurzfristigen Hindernisse, die der sexuellen Gleichberechtigung entgegenstehen, nehmen in unserem Denken einen breiten Raum ein. Wenn wir die Ansicht über Bord werfen, daß der Orgasmus etwas ist, was der Mann uns »gibt«, dann müssen wir uns eben selbst darum kümmern und vielleicht auch lernen, die Hand zwischen den Körper unseres Partners und unseren eigenen zu schieben, wenn es nötig ist.

Manche Frauen tun das natürlich bereits. Wenn ich von meinen Leserbriefen ausgehe, reagieren die Männer im allgemeinen positiv darauf. Ein Mann schreibt: »Wenn ich mit einer Frau zusammen bin, die beim Sex selbstbewußt ist, entspanne ich mich und genieße es. Bei Frauen, die sich ganz auf mich verlassen, verkrampfe ich mich. Ich kann mich nicht gehenlassen, bis ich sie nicht befriedigt habe. Das ist genau der Unterschied zwischen einem Solo und einem Duo. Man muß nicht die ganze Show allein bestreiten.«

Die meisten Männer glauben jedoch, daß sie genau das

tun. Und die Mehrheit von ihnen ist doch ein wenig enttäuscht, wenn ihre Partnerin nicht zum Orgasmus kommt. Nur wenige reden sich ein, daß ihnen das nie passiert. Vielleicht können sie den Gedanken an eine Partnerin, die nie einen Orgasmus hat, nicht ertragen.

In meiner Umfrage behaupteten ungefähr fünfzehn Prozent der Männer, ihre Partnerin käme immer zum Orgasmus. Die Mehrheit, über siebzig Prozent, sagte, sie käme normalerweise und fünfzehn Prozent davon, sie käme sogar mehrmals zum Orgasmus. Wiederum stimmen ihre Aussagen nicht ganz mit den Erkenntnissen von Shere Hite und anderen über den weiblichen Orgasmus überein. Keine dieser Untersuchungen kam zu dem Ergebnis, daß der Prozentsatz der Frauen, die gewöhnlich oder immer zum Orgasmus kommen, bei fünfundachtzig Prozent liege. Die Zahlen schwanken zwischen dreiunddreißig und fünfundsiebzig Prozent.

Deshalb überrascht es kaum, daß achtzig Prozent der Männer, die von Erlebnissen mit Frauen berichteten, welche nicht zum Orgasmus kamen, sich selbst die Schuld dafür gaben. Daß ihre Partnerin ihnen keine Vorwürfe machte, schien dabei nicht wesentlich zu sein.

Folgende Kommentare waren zu lesen:

»Ich hab' mir jedesmal Sorgen gemacht, wenn es passiert ist. Ich hab' mich über mich selbst geärgert. Ich glaube, es geschieht hauptsächlich deshalb, weil ich zu schnell zur Sache komme.«

»Ich hatte eine Partnerin, die trotz gewaltiger Anstrengungen von meiner Seite aufgegeben hat. Sie hat gesagt: ›Mach du mal, ich kann's nicht.‹ Sie hat versucht, mir mein schlechtes Gewissen zu nehmen, weil ich sie nicht zum Orgasmus bringen konnte.«

»Meine gegenwärtige Partnerin sagt, sie kann nur beim Masturbieren kommen, und selbst dann muß sie sich völlig darauf konzentrieren. Ich weiß nicht so recht, ob ich ihr das glauben soll oder nicht. Ich bin bereit, alles zu tun, damit eine Frau zum Orgasmus kommt. Wenn ich irgend etwas darüber nicht weiß, würde ich mir wünschen, daß sie es mir sagt.«

»Sie macht mir keine Vorwürfe, wenn sie nicht kommt, aber ich gebe mir trotzdem die Schuld dafür.«

Deshalb verwundert die Frage nicht, die Männer am häufigsten über den weiblichen Orgasmus stellen:

Wie bringe ich eine Frau dazu, daß sie kommt?

»Ich bin schon mit Frauen zusammen gewesen, die sagten, sie hätten Probleme, zu kommen, aber ich hab' sie immer dazu gebracht, und wenn's oral war. Meine neue Partnerin sagt, sie hat nur selten einen Orgasmus. Sie meint, ich soll mir deswegen keine Sorgen machen, aber das tue ich trotzdem. Ich bin mir sicher, daß ich sie dazu bringen kann. Das Problem ist nur, daß sie sich nach einer gewissen Zeit beim Cunnilingus nicht mehr wohl fühlt. Sie läßt sich nicht genug gehen, um auf diese Weise zum Orgasmus zu kommen. Kann ich sonst noch etwas tun?« schreibt ein vierundzwanzigjähriger Mann.

Auf diese Frage gibt es nur eine ehrliche Antwort, die eigentlich kein Mann hören möchte: man kann nicht jede Frau dazu bringen, daß sie einen Orgasmus bekommt. Manchmal frage ich mich, wie die Frau wohl reagieren würde, wenn sie wüßte, daß ihr Partner an mich geschrieben hat, um mich zu fragen, wie er sie am besten zum Orgasmus »bringen« kann. Wäre sie wohl beleidigt über die Wahl des Wortes »bringen«, oder würde sie es ebenfalls als das richtige ansehen? Wäre sie überrascht oder berührt durch seine Sorge? Wäre sie erstaunt, weil er zugibt, über den Sex nicht Bescheid zu wissen? Oder wäre sie schockiert, festzustellen, daß er sich selbst die Schuld für etwas gibt, was sie als »ihr Problem« betrachtet? Männer begreifen nur schwer, daß Frauen, die selten oder nie zum Orgasmus kommen, sich selbst die Schuld dafür geben. Solche Frauen fürchten insgeheim, frigide zu sein — doch der Mann seinerseits ist sich sicher, daß er nicht Mann genug ist, sie zu befriedigen.

Sie sucht Trost bei den unterschiedlichsten Stellen, Freundinnen oder Illustrierten, er jedoch kann sich kaum an jemanden wenden. Mit seinen Freunden kann er darüber jedenfalls nicht sprechen. Wenn er mich um Rat fragt, erkläre ich ihm das Bedürfnis der Frau nach klitoraler Stimulation und schlage ihm vor, er solle sie doch bitten, ihm zu zeigen, was ihr gefällt. Manche Frauen brauchen ganz spezielle Formen der Stimulation. Oft schlage ich auch vor, daß er ihr zuerst sagt, was er sich sexuell wünscht, um es ihr leichter zu machen. Kann sie sich durch Masturbation zum Orgasmus bringen? Wenn ja, kann sie ihm zeigen oder sagen, wie sie es macht?

Aber manchmal wissen es die Frauen selbst nicht, können oder wollen es nicht sagen.

Das Problem ist schon alt — es mangelt an der Kommunikation. Es ist für viele Paare noch immer erstaunlich schwierig, über Sex untereinander zu sprechen.

»Das Reden stellt für mich eine größere Intimität dar als das Bumsen selber«, schreibt ein Geschäftsmann aus dem Mittleren Westen. »Man muß wirklich seine ganzen

Schutzwälle abbauen, um ehrlich über den Sex sprechen zu können. Und das fällt einem schwer bei jemandem, den man gerne beeindrucken möchte. Außerdem glauben beide Geschlechter aus unterschiedlichen Gründen, daß man eigentlich nicht darüber reden, sondern es einfach nur richtig machen müßte.
Die Frauen schweigen sich aus. Sie glauben, daß sie nur mit einem Mann ins Bett gehen sollen, wenn sie ihn tatsächlich lieben, und wenn sie ihn lieben, dann passiert es auch. Wortlose Verzückung, genauso, wie sie es in den Filmen sehen. Auch die Männer schweigen sich aus, weil sie ja allwissende Liebhaber sind. Von ihnen erwartet man die Antworten, nicht die Fragen.«
Die andere Seite des sexuellen Kommunikationsproblems sieht folgendermaßen aus: wir reden zuviel und hören zuviel zu. Statt uns im persönlichen Bereich damit auseinanderzusetzen, wird das Problem zu einem öffentlichen, sei es in den prahlerischen Unterhaltungen der Männer oder in den Talk-Shows. Diese öffentlichen Auseinandersetzungen haben in uns den Glauben erzeugt, daß jede Frau mehrere Orgasmen haben kann oder soll, wodurch es für Paare nur noch schwieriger wird, mit den Orgasmen umzugehen, die sich in ihrem Bett nicht ereignen.
Michael Castleman schreibt in *Sexual Solutions:* »Wie groß ist letztlich der Anteil der Frauen, die tatsächlich mehrere Orgasmen haben können? Niemand kann das mit Sicherheit sagen, aber es ist vermutlich nur eine Minderheit ... Die tragische Ironie der gegenwärtigen Diskussionen über den Sex ist die Aufmerksamkeit, die dem Phänomen des mehrfachen Orgasmus geschenkt wird, wo doch die weit typischere Erfahrung der Frau darin besteht, überhaupt zu einem einzigen zu kommen.«

Die zweithäufigste Frage über Frauen und Orgasmen scheint sich logisch aus der ersten zu ergeben:

Warum fällt es ihr so schwer, zum Orgasmus zu kommen?

»*Ich weiß Bescheid über die Klitoris und wie man mit ihr umgehen muß. Ich weiß, daß Frauen länger brauchen, um erregt zu werden, als Männer. Trotzdem verstehe ich nicht, warum sie manchmal immer noch nicht kommt, wenn ich ihr das, was sie sich wünscht, gegeben habe*«, schreibt ein vierundvierzigjähriger Mann.

Der männliche Orgasmus ist schon fast selbstverständlich, deshalb fällt es Männern schwer, zu begreifen, daß der weibliche eher eine Möglichkeit als eine Gewißheit darstellt. Besonders verwirrt und besorgt sind sie, wenn sie glauben, alle nötigen Schritte zum Glück der Frau zu beherrschen. Es fällt dem amerikanischen Mann — und auch der Frau! — schwer, zu akzeptieren, daß sich nicht jedes Ziel erreichen läßt, indem man einem bestimmten Plan folgt.
»Ich hab's doch so gemacht, wie sie gewollt hat«, sagen die Männer. »Warum funktioniert's dann nicht?«
Egal, wie geschickt ein Liebhaber ist, es gibt zwei Größen, auf die er keinen Einfluß hat: auf den Körper und auf den Geist der Frau. Der weibliche Körper läßt sich nicht mit Hilfe einer sexuellen Landkarte erkunden. Manche Frauen reagieren nicht auf die gewünschte Weise, weil sie ihren eigenen Körper nicht genug kennen oder ihm nicht genug vertrauen, um den Mann zu leiten. Und manche Frauen tun es nicht, weil ihr Geist sie zurückhält. Die

Frauen sind in unserer Kultur sexuell stärker unterdrückt worden als die Männer, und vielleicht sind die Probleme der Frau mit dem Orgasmus das Ergebnis davon. Jedenfalls haben mir viele Männer über die Schwierigkeiten ihrer Partnerin in dieser Hinsicht geschrieben.

»Ich habe einmal eine Frau geliebt, die nur ganz selten zum Orgasmus gekommen ist, nur dann, wenn sie sich ein Handtuch, das sie zu einer dicken Wurst zusammengerollt hatte, zwischen den Beinen durchgezogen hat«, gesteht ein Mann aus dem Süden der Staaten. »Sie hatte nie die Ermahnungen ihrer Mutter überwunden, daß sie ihre Genitalien nicht berühren soll. Sie war einmal zufällig zum Orgasmus gekommen, als sie sich ziemlich heftig nach dem Baden abtrocknete. Sie war eine liebe, herzliche und einfühlsame Frau, die sich leider sexuell nicht gehenlassen konnte.«

Ein weiterer Mann schreibt: »Meine Frau, eine gute Katholikin, hatte gelernt zu kommen, indem sie immer wieder die Oberschenkel zusammenpreßte und sich dabei gegen das Bett drückte. Ziemlich kompliziert. Ein ganzes Jahr lang konnte sie nur zum Orgasmus kommen, wenn sie sich ganz flach auf mir ausgestreckt hat. Ziemlich unbequem.«

Wenn der Mann eine eindeutige Verbindung zwischen der Vergangenheit der Frau und ihren Schwierigkeiten beim Orgasmus sieht, gibt er sich vielleicht weniger selbst die Schuld für die Situation. Doch er ist trotzdem traurig darüber, daß sie beim Sex nicht soviel Vergnügen haben kann. Die Männer wünschen sich vor allen Dingen, uns sexuell zu befriedigen. Und sie haben Probleme zu glauben, daß der Orgasmus weniger wichtig ist als das Liebesspiel. Denn für sie selbst trifft das selten bis nie zu.

Lügt sie mich an, wenn sie sagt, sie macht sich eigentlich nicht sehr viel aus dem Orgasmus?

»Manche Frauen behaupten, daß sie sich nach der Nähe und den Berührungen sehnen, aber das kann ich nicht akzeptieren. Ich würde keinen Sex ohne Orgasmus wollen. Liebe ist wunderbar, aber der Orgasmus ist noch wunderbarer. Ich habe den Eindruck, Frauen sagen das nur, um uns nicht zu verletzen, wenn sie nicht kommen. Vielleicht spiegelt das auch ihr zwiespältiges Gefühl gegenüber ihrem starken Geschlechtstrieb wider. Es klingt weiblicher und liebevoller, wenn sie sagen, sie wünschen sich eigentlich die Berührungen und nicht den Orgasmus. Jedenfalls glauben sie das«, schreibt ein Mann aus Atlanta, der in der Öffentlichkeitsarbeit tätig ist.

Wahrscheinlich lügt sie nicht einmal, aber sie streitet gewisse Bedürfnisse ab — ihm wie auch sich selbst gegenüber. Vermutlich interpretieren die Männer manche ihrer Wünsche als sexuell, während wir das genaue Gegenteil tun. Wie der Mann aus Atlanta bin ich nicht völlig davon überzeugt, daß Frauen sich nicht soviel aus dem Orgasmus machen. Schließlich handelt es sich dabei doch um eine der größten Freuden im Leben. Aber ich kann verstehen, daß der Orgasmus für manche Frauen nicht immer nötig ist.
In unserer Gesellschaft fällt es Frauen leichter als Männern, ohne Sex sinnlich zu sein. Wir dürfen Freunde und Freundinnen und Kinder berühren, umarmen und küssen. Männer hingegen haben oft das Gefühl, daß sie das nicht so offen tun dürfen. Denn man könnte sie ja für schwul halten. Oder jemand könnte auf die Idee kommen, daß sie ein Kind sexuell belästigen. Für uns sind Berüh-

rungen natürlicher als Sex, während für sie Berührungen, die nichts mit Sex zu tun haben, weder natürlich noch einfach sind.

Frauen geben bei Umfragen immer wieder an, daß sie durchaus Spaß am Sex haben, wenn sie dabei nicht zum Orgasmus kommen, beziehungsweise, daß Sex mit Orgasmus auch unbefriedigend sein kann. (In der neuesten Umfrage von Redbook behaupteten sechzig Prozent der Frauen, sie kämen immer oder fast immer zum Orgasmus, aber fast ein Viertel von ihnen hielt das eigene Sexleben nicht für gut oder ausgezeichnet.) Viele Männer verstehen jedoch nicht, wie wir den Sex, der im Orgasmus endet, *nicht* als gut bezeichnen können.

»Was würden Sie zu der mißglücktesten Fellatio ihres Lebens sagen? — Fabelhaft!« schreibt ein New Yorker Redakteur. »Der Sex ist für Mann und Frau unterschiedlich, weil der Mann einen stärkeren Trieb hat. Kein Mann würde jemals sagen: ›Es ist mir egal, ob ich komme oder nicht, Schatz, mir ist es genug, wenn ich dich nur lieben darf.‹ Unter Umständen befriedigt ein Mann, der müde ist, schon mal nur seine Partnerin, die schrecklich geil ist. Aber das dürfte eher selten sein.«

Und ein Redakteur aus Kalifornien schreibt: »Ich hab' im Bett eigentlich nur mit den Frauen schlechte Erfahrungen gemacht, die immer noch nicht gekommen sind, obwohl ich mich redlich abgemüht hatte. Aber sogar dann noch war der Sex für mich selbst gut. Ich hab' nur ein schlechtes Gefühl gehabt, weil ich mein eigenes Vergnügen nicht so richtig mit ihr teilen konnte. Natürlich ist Sex nicht gleich Sex. Aber ich glaube, daß man bei gut anfängt und sich dann nach oben vorarbeitet, nur selten nach unten.«

Männer in dauerhaften Beziehungen sehen noch eher ein,

daß Frauen sich manchmal mit Sex ohne Orgasmus zufriedengeben.

»Meine Frau hat mich inzwischen davon überzeugt, daß sie den Sex auch genießt, wenn sie dabei nicht kommt«, schreibt ein Mann, der seit zwanzig Jahren verheiratet ist. »Ich verstehe es zwar nicht, aber ich bin bereit, es hinzunehmen. Frauen sind soviel komplizierter und subtiler als Männer. Manchmal hat sie einen weit stärkeren Orgasmus als ich selbst, und manchmal kommt sie überhaupt nicht. Wenn es dabei nur um klitorale Stimulation ginge, würde sie jedesmal kommen. Aber die Sache ist komplizierter.«

Ein anderer Ehemann schreibt: »Anfangs habe ich gedacht, sie verwendet es (die Tatsache, daß sie fast nie kam) gegen mich. Sie sagte, sie braucht nicht unbedingt kommen; dadurch hatte ich den Eindruck, sie hielte sich für besser als ich oder ihre Liebe für reiner als die meine. Schließlich ist mir dann aber klargeworden, daß sie mir nur sagen wollte, wir unterscheiden uns darin, wie wir an den Sex herangehen und was wir uns davon erwarten. Ich weiß, wie sehr ich ihr Vergnügen bereiten will. Deshalb war es schwer, zu akzeptieren, daß sie manchmal eher mit mir schläft, um mir Vergnügen zu bereiten als umgekehrt. Manchmal ist sie eben einfach diejenige, die geben muß.«

Die Männer, die nach wie vor darauf bestehen, daß der Mann derjenige sein sollte, der seine Partnerin zum Orgasmus »bringt«, fragen oft:

Wie lange sollte ein Mann durchhalten, um eine Frau zu befriedigen?

»Mir ist es wichtig, meiner Partnerin Vergnügen zu bereiten. Ich würde gern die ganze Nacht durchhalten, wenn es ginge.

Der Geist ist willig, aber ... Manche Frauen haben mir das Gefühl gegeben, daß ich sie nicht befriedigen kann, weil ich nicht die ganze Nacht durchgehalten habe. Ich errege immer zuerst ihre Klitoris, bevor ich sie bumse. Ich verwende auch Cremes, die den Schwanz ein bißchen betäuben, um länger durchzuhalten. Ich würde nur gerne wissen, wie lange. Gibt es einen bestimmten Punkt, an dem jede Frau kommen muß?« schreibt ein siebenundzwanzigjähriger Mann.

Der Brief dieses Mannes verdeutlicht zwei der am meisten verbreiteten und schädlichsten Irrtümer über den Sex.

— Klitorale Stimulation ist Vorspiel — oder man setzt sie nur ein, um die Frau für den eigentlichen Geschlechtsverkehr zu erregen.

— Das Vergnügen der Frau hängt von der Fähigkeit des Mannes ab, seine Erektion so lange wie möglich aufrechtzuerhalten.

Offenbar teilen Mann und Frau diesen Irrtum, falls sie noch immer glauben, daß er sie befriedigen kann, wenn er nur »die ganze Nacht durchhält«. Und offenbar hat die Frau hier wieder einmal ihre Bedürfnisse nicht ganz klargemacht — ein Thema, das Männer in ihren Briefen an mich immer wieder ansprechen. Der folgende steht für viele andere:
»Keine meiner Partnerinnen hat mir je gesagt, wie ich ihr Vergnügen bereiten kann«, schreibt ein neununddreißigjähriger Mann. »Halte ich lange genug durch? Berühre ich sie an den richtigen Stellen? Mein Gott, ich kann nur Vermutungen darüber anstellen. Meine Partnerinnen sprechen über so etwas nicht. Ich wünschte, sie würden es tun. Ich habe das Gefühl, daß sie im Bett irgendwie einge-

schüchtert sind. Entweder das, oder sie wollen nicht als zu erfahren wirken, weil ich sie sonst für unmoralisch halten könnte. Ich habe früher meine damalige Frau gefragt, was sie sich wünscht, aber sie hat nur nervös gekichert. Sie hat gesagt, mach nur so weiter, du machst das schon richtig so. Das hat mich fürchterlich geärgert. Es hat nicht gestimmt, und ich hab's gewußt. Seit meiner Frau bin ich mit anderen zusammengewesen, die im Bett sehr passiv sind. Es stört mich, daß Frauen so passiv sind. Das heißt, daß sie die ganze Verantwortung auf mich abschieben; ich muß wissen, wieviel Streicheln, wieviel Bumsen genug ist.«

Er gibt — wie die meisten anderen Verfasser der Briefe an mich auch — nicht an, wie lange er den Geschlechtsverkehr durchhält, bis er zum Samenerguß kommt. Doch er ist sich sicher, daß es irgendeine definitive Grenze gibt. Wenn er diesen Punkt erreicht, kommt seine Partnerin auf jeden Fall zu einem oder mehreren Orgasmen. Er hat sie dann dazu »gebracht«.

Viele der Selbsthilfebücher aus dem letzten Jahrzehnt unterstützen diesen Gedanken. David Reuben stempelt in *How to Get More out of Sex* Männer, die zu schnell einen Samenerguß haben, als »unreif« ab und betont, daß es »die Aufgabe des Mannes« ist, den Penis so lange in der Vagina hin und her zu bewegen, bis sie »zufriedengestellt« ist. Nach Ansicht von *The Sensuous Man* ist der vorzeitige Samenerguß »eine Katastrophe«. Sogar Masters und Johnson, die es wirklich besser hätten wissen müssen, griffen den Mann mit ihrer Definition des vorzeitigen Samenergusses an. Sie bezeichneten ihn als den Fluch des Mannes, »die Frau in fünfzig Prozent der Fälle beim Geschlechtsverkehr nicht befriedigen zu können«. Und dann wundern wir uns noch, daß Männer Sex mit Geschlechtsverkehr gleichsetzen!

Kinsey stellte fest, daß fünfundsiebzig Prozent der von ihm befragten Männer innerhalb von zwei Minuten zum Samenerguß kamen. Die Mehrheit der Männer würde das wohl als das vorzeitige Ende eines vergnüglichen Erlebnisses bezeichnen. (Die durchschnittliche Dauer des Geschlechtsverkehrs liegt nach allgemeiner Ansicht zwischen fünf und zehn Minuten.) In den frühen Tagen der Sextherapie konzentrierte man sich vor allen Dingen darauf, den »vorzeitigen Samenerguß« zu heilen — auch wenn nie jemand eine befriedigende Definition dieses Begriffes entwickelte. Das Ergebnis sind nicht nur ein längeres Liebesspiel, sondern auch stärkerer Druck auf den Mann, länger »durchzuhalten.«

Die überwältigende Mehrheit der Männer macht sich Gedanken darüber, Kontrolle über den Samenerguß zu behalten, und über die Techniken, die dazu dienen. Dazu folgende Beispiele:

»Ich versuche, mich auszublenden und andere Dinge zu denken.«

»Ich beiße die Zähne zusammen, verkrampfe mich und halte mich zurück. Das funktioniert nicht immer. Manchmal hat die Verkrampfung auch den gegenteiligen Effekt, so daß ich komme.«

»Zu Beginn einer Beziehung, wenn ich noch am ehesten ohne Vorwarnung abspritze, benutze ich Cremes, um meinen Schwanz ein wenig zu betäuben. Das macht zwar nicht soviel Spaß, aber dafür hat man sich besser unter Kontrolle.«

Diese beliebten Methoden haben einen ganz offensichtlichen Nachteil: sie zwingen den Mann, einen Teil seiner sexuellen und emotionalen Gefühle zurückzuhalten, um seine Erektion nicht zu verlieren. Die Therapeuten raten meist zu einer Variation der »Stop-Start«-Methode, bei der der Mann nicht auf seine sexuellen Gefühle verzichten muß, um länger durchzuhalten. Es handelt sich dabei darum, mit der Stimulierung aufzuhören, wenn der Orgasmus kurz bevorsteht, und dann wieder anzufangen, wenn der Drang nachläßt. (In dem Buch *Male Sexuality* von Bernie Zilbergeld befinden sich die besten Anweisungen dafür, die ich kenne.)

Männer, die diese Methode verwenden, sind der Meinung, daß sie gut funktioniert.

»Ich kann meinen Samenerguß ganz gut unter Kontrolle halten, indem ich die Stellung wechsle oder langsamer mache und dann wieder schneller werde«, schreibt ein Mann aus dem Mittleren Westen. »So kann ich den Geschlechtsverkehr fünfzehn bis zwanzig Minuten durchhalten, was oft mehr ist, als meine Partnerin möchte.«

Und ein Mann um die Vierzig sagt: »Im Lauf der Jahre bin ich langsamer geworden und kann mich auch besser unter Kontrolle halten. Ich kann eine halbe Stunde lang bumsen, wenn ich das will — und die ganze Sache von Anfang bis Ende genießen. Ich gehe gerne bis kurz vor den Orgasmus, ziehe ihn dann heraus und liebkose meine Partnerin mit Zunge oder Mund, bis ich wieder ein bißchen ruhiger geworden bin, dann bumse ich sie wieder. Ich habe gelernt, die Erregung fast genausosehr zu genießen, wie den Orgasmus selbst. Das ist das ganze Geheimnis.«

Den Geschlechtsverkehr über die von Kinsey angegebene Grenze von zwei Minuten hinaus zu verlängern, macht beiden Partnern Spaß, aber es ist noch lange keine Garantie dafür, daß die Frau zum Orgasmus kommt.

»Egal, wie lange ich durchhalte, meine Partnerin hat keinen Orgasmus während des Geschlechtsverkehrs, wenn nicht

einer von uns mit ihrer Klitoris spielt«, schreibt ein vierunddreißigjähriger Mann aus Atlanta. »Ich bumse gerne so lange wie möglich, aber das ist kein Hilfsmittel gegen die Probleme einer Frau, zum Orgasmus zu kommen.«
Er hat recht. Die Verbindung zwischen den Stößen des Penis und dem Orgasmus ist für viele Frauen eher gering. Allein die Dauer zu verlängern, bringt sie noch nicht zum Orgasmus.
Bernie Zilbergeld schreibt: »Es ist nur natürlich, davon auszugehen, daß noch ein paar Minuten mehr die Erfüllung bringen (größeres Vergnügen, mehr Orgasmen), aber das ist oft nur eine Illusion. Wenn man bereits zehn oder fünfzehn Minuten durchhalten kann, vielleicht sogar noch länger, stehen die Chancen, daß die Partnerin danach noch zum Orgasmus kommt oder noch stärkeres Vergnügen findet, nicht sehr gut.«

Wie man den Zwang vermindern kann:

* Setzen Sie Ihre Fähigkeit zum Orgasmus nicht mit seiner Fähigkeit gleich, so lange wie möglich durchzuhalten.
* Übernehmen Sie selbst die Verantwortung für Ihr Vergnügen. Sie wissen selbst am besten, was Sie brauchen, um zum Orgasmus zu kommen. Machen Sie es sich selbst oder zeigen Sie ihm, wie es Ihnen am liebsten ist.
* Gestalten Sie eine spielerischere Atmosphäre für den Sex. Es geht dabei schließlich nicht um Kernphysik.
* Loben Sie ihn, aber lassen Sie das Lob nicht wie eine gute Note in der Schule klingen.

TEIL FÜNF

Emotionale Beteiligung

Über Liebe und Lust

»Ich war mit einem Freund beim Mittagessen, und er hat mir erzählt, daß er eine ganz besondere Frau kennengelernt hat. Er hat zu mir gesagt: ›Ich treibe jetzt keine Spielchen mehr.‹ In dem Moment ist eine Superfrau an unserem Tisch vorbeimarschiert. Ich hab' ihn gefragt: ›Na komm schon, wenn die die Beine für dich breitmachen würde, was würdest du dann sagen? Ja?‹ Und er hat geantwortet: ›Verdammt noch mal, ja, sofort.‹ So sind Männer eben.« — Bob Berkowitz, Autor von *What Men Don't Tell Women — and Women Need to Know* (dt.: *Was Männer nicht sagen … was Frauen aber wissen wollen).*

Wenn diese »ganz besondere Frau« diese Unterhaltung hätte hören können, wäre sie bestimmt verletzt gewesen. Sie würde denken, er liebt mich sicher nicht, wenn er so etwas sagt. Aber die beiden Männer redeten gar nicht über die Liebe. Sie redeten über den Sex. Die Männer betrachten Sex anders als die Frauen. Wir sehen ihn als Ausdruck der Liebe, als Weg zur Nähe, als Mittel, eine Beziehung und eine Familie aufzubauen. Sie sehen ihn als … Sex. Das alte Sprichwort, daß Männer vom Sex zur Liebe kommen und Frauen von der Liebe zum Sex, gilt nach wie vor, zumindest bis zur Mitte unseres Lebens, wenn sich die Frauen eher auf den Sex und die Männer eher auf die Liebe konzentrieren. Es ist fraglich, ob der Unterschied zwischen den Geschlechtern biologischer Natur ist oder von der Gesellschaft anerzogen. Wichtig ist letztlich nur, daß wir uns unterscheiden.

Männer trennen Liebe und Sex ... und Bindung. Die Verbindung aller drei Aspekte ist eine bewußte Entscheidung, was unseren romantische Vorstellungen widerspricht, daß wir ihn dazu bringen können, sich in uns zu verlieben und uns zu heiraten, wenn wir nur das richtige Knöpfchen drücken. Die Beispiele von Tausenden von Geliebten, denen es nicht gelungen ist, den Mann von seiner Frau wegzulocken, beweisen, daß Männer durchaus Verhältnisse haben (können), ohne sich dabei zu verlieben.

Wir könnten etwas von der Art und Weise lernen, wie sie mit ihrem Sexleben umgehen. Die Frauen sind so versessen darauf, Sex und Liebe und Bindung miteinander zu verflechten, daß sie sich nur deshalb auf eine »Beziehung« mit einem Mann einlassen, weil sie mit ihm geschlafen haben. (Wenn ich mit ihm geschlafen habe, liebe ich ihn wohl auch.) Oder sie unterdrücken ihre sexuellen Begierden, weil kein geeigneter Kandidat für die Liebe in Sicht ist. (Wenn ich ihn nicht liebe oder zumindest lieben könnte, sollte ich auch nicht mit ihm schlafen.) Und sie machen sich verrückt, wenn ein Mann, mit dem sie geschlafen haben, nicht noch an mehr interessiert ist. (Hab' ich zu früh mit ihm geschlafen? Hab' ich was falsch gemacht? Warum liebt er mich nicht, nachdem ich mit ihm geschlafen habe?)

»Für Männer gibt es Sex und Liebe«, sagt Bob Berkowitz. »Manchmal will er mehr von der Frau als nur Sex und manchmal nicht. Der Sex ist für ihn eine losgelöste Sache.

Vielleicht schläft er schon bei der ersten Verabredung mit ihr und will sie dann sechs Monate später heiraten. Frauen verstehen das nicht. Sie wollen ›die Beziehung‹ unbedingt unter Kontrolle halten, indem sie den Sex rationieren. Wenn ein Mann eine Frau liebt, liebt er sie, egal, ob sie sich nun an ihre Regeln hält oder nicht. Das verstehen die Frauen auch nicht.«

Und die Frauen, so fügt er hinzu, »interessieren sich ohnehin viel stärker für feste Beziehungen als Männer. Für Männer kommt das erst an zweiter Stelle, nach der Karriere.«

Sie sehen den Sex nicht als Mittel zum Zweck, und sie wachen auch nicht am Morgen danach auf und planen sofort die Hochzeit. Die männliche Suche nach dem Sex kann genauso unerfreulich sein, wie unsere eigene Suche nach der Liebe und der Ehe. Für sie stellt der Sex innerhalb des Macho-Spielchens ein Ziel dar, einen Ersatz für Berührungen und Nähe, einen Beweis ihrer Männlichkeit, ja sogar einen Weg, um echte Nähe zu vermeiden. Und manchmal ist das Gefühl der Eroberung hinterher doch nicht so schön.

Ein Mann sagt: »Vielleicht fühlt es sich an, als wenn man in einen anderen Menschen nur abgespritzt hat. Die Minuten danach können grauenvoll sein, wenn man eine Frau so richtig angelogen hat, um sie ins Bett zu bekommen. Sie will ein bißchen Zärtlichkeit, und man selber möchte am liebsten nur wegrennen, vor sich selbst genauso sehr wie vor ihr.«

Die Mehrheit der Männer in meiner Umfrage meint, daß die Liebe den Sex für sie besser macht. Unter ihnen befindet sich auch dieser Mann, der sagt: »Die Nähe gibt einem das Gefühl, daß das alles nicht nur ein sinnloses Ritual ist.

Ich finde den Sex mit einer Partnerin, die ich nicht liebe, zwar aufregender, aber weniger befriedigend.«

Die Liebe verbessert den Sex vielleicht, aber deshalb garantiert sie noch lange kein monogames Verhalten. Etwa die Hälfte der Männer, die behaupteten, die Liebe verbessere den Sex, waren in ihrer festen Beziehung nicht monogam. Trotz ihrer Fähigkeit zum Sex ohne Liebe scheinen die Männer jedoch genauso viele emotionale Probleme mit der Trennung zu haben wie die Frauen.

Sie lieben zwar vielleicht nicht »härter« als wir, dafür aber anders. Die Frau verbringt im Regelfall ziemlich lange damit, eine neue Beziehung »aufzubauen«. Sie ist eher diejenige, die ihre Zeit mit Freunden, Kindern und Karriere dafür opfert. Wer hat nicht schon einmal von einer Freundin gehört, ihre Beziehung nehme sie so in Anspruch, daß sie gar nicht mehr dazu komme, ihre Strumpfhosen zu waschen oder frisches Mascara zu kaufen? Ihre Welt schrumpft in der Anfangsphase der Beziehung zusammen, seine nicht. Doch sobald sie ein richtiges Paar sind, streckt sie die Fühler nach Freunden und Beruf wieder aus. Und seine emotionale Welt schrumpft rund um sie herum zusammen.

Wenn es irgendwann vorbei ist, nennt er sie nicht nur seine Geliebte, sondern auch seine beste Freundin. Sie ist das emotionale Zentrum seines Lebens. Diese Beziehung kommt in seinem Kopf vielleicht erst nach der Karriere, aber wenn es sie nicht mehr gibt, klafft doch ein Loch in seinem Leben.

Männer verlieben sich vielleicht nicht jedesmal, wenn sie mit einer Frau ins Bett gehen, aber sie verlieben sich.

Kapitel 18: Angst vor der Trennung

»Noch drei Monate nach meiner Scheidung hatte ich Probleme, eine Erektion zu bekommen. Ich habe mich gezwungen, mich gleich wieder umzusehen — der alte Spruch: ›Am besten gleich wieder aufs Pferd aufsteigen, wenn's einen abgeworfen hat.‹ Mehr als einmal bin ich mit einer Frau im Bett gelandet, die ich nicht sonderlich gut gekannt habe. Wir haben uns dann beide abgemüht, meinen Schwanz höher zu kriegen als nur bis halbmast.« — Ein siebenundvierzigjähriger Maler.

Viele Frauen glauben, daß Männer bei Trennungen mehr Probleme haben als wir. Das stimmt wahrscheinlich nicht. Jedes Geschlecht hat seine eigenen Heilmittel für ein gebrochenes Herz, und unseres ist in dieser Hinsicht vermutlich einfach gründlicher. Männer gehen anders mit der Situation um als wir. Wir weinen uns bei unseren Freundinnen aus; die Männer behalten ihren Kummer für sich. Obwohl wir das nicht immer tun, glauben wir doch, daß wir uns ein wenig Zeit lassen sollten, bevor wir mit einem anderen Mann ins Bett gehen. Die Männer hingegen denken, sie müssen sofort wieder loslegen, am besten gleich am ersten Tag, nachdem sie weg ist. Auch die Probleme, mit denen sich frischgebackene Singles auseinandersetzen müssen, sind unterschiedlich. Bei einer Scheidung bekommen die Frauen gewöhnlich die Kinder und den schlechteren Lebensstandard; die Männer die Unterhaltszahlungen und die Chance, eine Jüngere zu heiraten und es noch einmal zu versuchen. Nach der Trennung erhalten Frauen von Freundinnen Rat und Unterstützung; Männer Einladungen zum Abendessen, bei denen sie neben einer alleinstehenden Frau sitzen. Seine Kumpels raten ihm: sieh zu, daß du dich beschäftigst.

Die Gesellschaft ermutigt Frauen dazu, ihren Kummer auszusprechen; Männer jedoch sollen ihn für sich behalten. Sie unterstützt auch den schwierigsten aller Männertypen, nämlich den vor kurzem Getrennten, vor dem wir gewarnt werden, seit wir achtzehn sind. Einige Zeit nach der Trennung — je nach Mann ein paar Wochen oder sogar Jahre — kann er schlicht und ergreifend tödlich sein. Das System zwingt ihn nicht dazu, sich mit seinen Gefühlen auseinanderzusetzen, so daß sie in ihm möglicherweise noch viel länger gären als in uns. Er hat es in dieser Zeit entweder darauf abgesehen, seine Männlichkeit unter Beweis zu stellen, oder aber darauf, sich am weiblichen Geschlecht zu rächen. Oder er kommt überhaupt nicht darüber hinweg.

Warum macht mir der Sex, jetzt, wo ich wieder frei bin, nicht so viel Spaß, wie ich eigentlich gedacht habe?

»Vielleicht hat mir die ganze Rumbumserei während meiner Ehe nur deshalb so viel Spaß gemacht, weil ich sie betrogen habe. Seit wir uns getrennt haben, ist die Luft raus aus dem Sex. Ich habe keinerlei Probleme, Frauen um den kleinen

Finger zu wickeln. Aber manchmal kann ich die Erektion nicht halten. Manchmal kann ich auch nicht kommen. Dazu ist einfach mehr nötig. Das einzige was funktioniert, ist analer Sex, und es ist schwer, eine Frau beim ersten Mal schon dazu zu bringen. Ist das normal, und wie lange wird dieser Zustand dauern? Könnten das noch Schuldgefühle gegenüber meiner Frau sein?« schreibt ein dreiunddreißigjähriger Mann aus Kalifornien.

Männer überrascht es oft, wenn sie feststellen, daß ihre emotionale Ausgeglichenheit Einfluß auf ihre Sexualität hat. Eine Frau würde wissen, daß der Sex noch nicht sehr sinnvoll ist, weil sie noch nicht dazu bereit ist. Der Mann jedoch glaubt, daß er immer zum Sex bereit sein muß – und wenn er es nicht ist, hat er Angst, daß etwas mit ihm nicht in Ordnung sein könnte.
Etwa ein Drittel der Männer in meiner Umfrage sprachen von sexuellen Problemen nach der Trennung – von der Unfähigkeit, eine Erektion zu bekommen oder zu halten bis zu postkoitalen Depressionen oder vagen Gefühlen der Unzufriedenheit. Doch nur selten hörten sie auf ihren Penis.
Ein Mann, der es tat, schreibt: »Ich habe jetzt endlich gelernt, mich eine Weile zurückzuhalten, nachdem ich mich von einer Frau getrennt habe. Mindestens einen Monat, vielleicht sogar länger, je nachdem, wie lange ich mit der Frau zusammen gewesen bin, habe ich kein sonderliches Interesse am Sex. Dann masturbiere ich nicht einmal. Als ich mich noch zum Sex gezwungen habe, habe ich damit immer die Frau und mich in Verlegenheit gebracht. Einmal habe ich sogar angefangen zu weinen. Das hat die Frau zu Tode erschreckt. Ich kann's ihr nicht verdenken. Schließlich hat sie mich ja kaum gekannt.«

Doch folgende Aussage ist typischer für die Einstellung des Mannes: »Vielleicht habe ich nach der Trennung von meiner Frau oder von meiner Freundin nicht die gleiche Leistung im Bett gebracht, aber ich hab's trotzdem gemacht. Ich halte es für wichtig, weiterzuspielen. Klar, manchmal war das schon schmerzlich, und vielleicht hat es mich auch daran gehindert, den Sex wirklich zu genießen. Andererseits ist das immer noch besser als überhaupt kein Sex.«

Wie viele Männer hat dieser den Sex wahrscheinlich als Mittel verwendet, um dem Trennungsschmerz zu entgehen — und der Nähe. Der vor kurzem Getrennte sucht nicht nach einer neuerlichen engen Bindung, wenn er eine Frau verführt. Im Gegenteil: Er benutzt den schnellen Sex, um sie nicht besser kennenlernen zu müssen. Manche Männer geben das auch zu.

»Ich bin, seit ich siebzehn bin, nach jeder Trennung sofort wieder eine sexuelle Beziehung mit einer anderen Frau eingegangen«, schreibt ein Anwalt aus Nashville. »Ich habe die Frauen benutzt. Immer wenn mich eine Frau verletzt hat, habe ich diese Verletzung sexuell an der nächsten ausgelassen. Ich will damit nicht sagen, daß ich das absichtlich getan habe. Ich habe es einfach gemacht, ohne nachzudenken. Wenn es mir dann besser gegangen ist, hab' ich mich immer nach einer anderen umgesehen. Deshalb sollte sich keine Frau mit so einem Mann einlassen, der gerade vom Scheidungsrichter kommt. Er sucht nur nach jemandem, bei dem er seinen Kummer loswerden kann. Sobald ihm das gelungen ist, ist er wieder weg.«

Wenn Sie eine dauerhafte Beziehung suchen, sollten Sie den vor kurzem getrennten Mann wahrscheinlich tatsächlich meiden. Mit sehr wenigen Ausnahmen will er sich nicht sofort wieder binden. Wenn es ihm wieder besser geht, wird er Sie trotzdem mit dieser schlechten Zeit in seinem Leben in Verbindung bringen. Unter Umständen ist ihm auch peinlich, was er als seine emotionale Schwäche ansieht und seine alles andere als makellose Leistung im Bett.

»Wenn es einem Mann peinlich ist, wie er die Frau gebumst hat, läßt er sie fallen«, schreibt ein Geschäftsmann aus dem Nordosten der Staaten. »Er kann ihr nicht mehr ins Gesicht sehen. Ja, klar ist das feige und gemein. Aber Männer können eben feige und gemein sein.«

Manchmal ist sein Problem nicht sexueller Natur. Vielleicht macht er beim Sex eine glänzende Figur, aber trotzdem ist er nicht fähig, irgendeiner Frau zu vertrauen. Und vielleicht betrachtet er dieses Mißtrauen sogar als *sein* Problem.

»Ich hab' überhaupt keine Schwierigkeiten mit dem Sex, aber seit der Scheidung von meiner Frau vor drei Jahren habe ich noch keine getroffen, der ich vertrauen könnte«, schreibt ein vierzigjähriger Unternehmer. »Frauen wollen einen auslutschen, körperlich, finanziell und emotional. Wenn man ihnen vertraut, setzen sie nur die Schwäche des Mannes gegen ihn selbst ein. Sie wollen einfach zu viel. Sogar die Frauen, die nur Sex wollen, wollen jede Nacht den besten Sex, den sie je gehabt haben.«

Das ist die Stimme eines zornigen Mannes, und Sie machen sich etwas vor, wenn Sie glauben, daß die Liebe einer guten Frau ihm helfen kann.

Vielleicht hätte er sich mit der Verbitterung über seine Scheidung auseinandersetzen müssen, wenn ihn sein Penis irgendwann im Stich gelassen hätte. Männer setzen den Sex bisweilen ein, um Gefühle und Gedanken abzublocken, die ihnen unangenehm sind. Und manchen Männern gelingt das sogar über Jahre hinweg. Sie scheinen von der Vergangenheit einfach nicht loszukommen. Fast ein Viertel der Männer in meiner Umfrage berichteten, daß sie mindestens einmal im Leben große Probleme damit gehabt hätten, eine Frau zu vergessen, die sie verlassen hatte. Mehrere sagten, sie hätten dazu mehr als drei Jahre gebraucht.

Ist es unnormal, an eine alte Liebe zu denken, während man mit einer neuen Frau bumst?

»Manchmal habe ich das Gefühl, als wäre ich sexuell abhängig von meiner Exfrau. Es ist vorbei, und das weiß ich auch. Aber wenn ich meine Nase in einer Möse vergrabe, rieche ich die ihre. Ich schmecke sie, egal, an wem ich lecke. Ich küsse sie, berühre sie, bumse sie. Bin ich von ihr besessen?« schreibt ein siebenunddreißigjähriger Mann, der seit vier Monaten geschieden ist.

Lebhafte sexuelle Phantasien von der ehemaligen Partnerin mögen dem betroffenen Mann wie eine »Besessenheit« erscheinen. Wenn er sich etwas Zeit gelassen hätte, bevor er wieder mit einer Frau ins Bett ging, hätte er diese Phantasien bei der Masturbation nutzen und sie als das begreifen können, was sie sind: ein Teil der emotionalen Rekonvaleszenz. Aber Männer gestehen sich oft keine langsame Erholung zu.

»Ich hab' einmal schreckliche Probleme gehabt, über eine Trennung hinwegzukommen, weil der Sex mit ihr so gut gewesen war«, schreibt ein sechsundzwanzigjähriger Mann. »Ich hab' sie immer wieder angerufen, bis sie irgendwann aufgelegt hat. Das hat mich davon kuriert, aber nicht von meinen Phantasien über sie. Ich hab' mit Frauen gebumst, die ihr so ähnlich gesehen habe wie nur irgend möglich, und in meinem Kopf hab' ich immer nur sie gebumst. Das hat sich nach fünf oder sechs Monaten endlich gegeben. Da hab' ich gemerkt, daß Frauen, die nicht so aussehen wie sie, auch ganz hübsch sexy sein können.«

Ein anderer Mann, der sich ebenfalls wie »besessen« von seiner letzten Partnerin in den Sex stürzte, sagt, er hätte es getan, um nicht soviel zu masturbieren. »Ich hab' mir vier- oder fünfmal täglich einen runtergeholt, immer mit Phantasien von ihr im Kopf. Ich hab' sie im Geiste auf alle nur erdenklichen Arten genommen. Das ist so weit gegangen, daß ich nach ein paar Wochen selbst Angst bekommen habe. Also hab' ich angefangen, in irgendwelche Klubs zu gehen und dort Frauen anzusprechen. Trotzdem hab' ich nach wie vor an sie gedacht, wenn ich mit ihnen gebumst habe. Aber wenigstens hab' ich so meinen Schwanz nicht sinnlos halbtot masturbiert. Ich hab' den größten Teil des Abends darauf verwenden müssen, die Frauen erst einmal ins Bett zu bekommen.«

Nur wenige Frauen spielen wohl gerne den Ersatz für das eigentliche Objekt der Begierde — wenn sie es wissen. Aber die meisten Frauen erfahren es nicht, weil solche Männer ihnen ihre ganze Aufmerksamkeit schenken und sie schamlos anlügen. Sie sind möglicherweise die beharrlichsten Verehrer überhaupt. Hier sind ein paar Geständnisse, die mir Männer bezüglich ihrer Verführungstaktiken nach einer schwierigen Trennung gemacht haben:

»Alles ist erlaubt, wenn ich geil bin. Ich sage alles, tue alle, nur, damit ich eine Möse kriege. Und ich brauche ganz schön viel Möse, um mir diese Frau aus dem Kopf zu schlagen.«

»Nach meiner Scheidung waren Frauen für mich eigentlich nichts anderes als austauschbare Mösen. Ich bin nicht stolz darauf. Ich war auch vorher nie so gewesen. Sechs Monate lang hab' ich mich aufgeführt wie ein Schwein — aber mit einer silbernen Zunge. Ich hab' alles gesagt, was sie von mir hören wollten, sogar ›Baby, ich liebe dich‹. Es war mir egal, was ich gesagt habe. Der Zweck hat einfach die Mittel geheiligt.«

»Ich war zehn Jahre lang verheiratet. Ich bin ein Latino. Sie hat mich betrogen, während ich ihr treu war. Nur als Latino können Sie verstehen, was so etwas für das Ego bedeutet. Zwei Jahre lang hab' ich meine Lust nach ihr gepflegt und bin den anderen Frauen nachgestiegen. Ich hab' mehr Blumen verschickt und mehr Lügen erzählt, als ich es je für möglich gehalten hätte.«

»Sie war rothaarig, und sie hat mich verlassen. Daraufhin bin ich jeder sexy Rothaarigen nach, die ich gesehen habe. Ich hab' allen gesagt, ich liebe sie, ich will sie haben. Einer hab' ich sogar bei der zweiten Verabredung versprochen, sie zu heiraten. Na ja, wenn sie's geglaubt hat...«

Wenn Sie sich nach einem tollen sexuellen Erlebnis sehnen, ist dieser Mann wahrscheinlich der Richtige für Sie. Aber nehmen Sie's nicht persönlich. Bei ihm geht's um Sex, nicht um Liebe.

Wie man den emotional verletzten Mann erkennt:

* Er ist zu schnell. Er will sie zu schnell ins Bett bekommen. Und er redet schon bei der zweiten oder

dritten Verabredung von Liebe und Heirat, jenem Balsam auf die Herzen alleinstehender Frauen.

* Er haßt seine Expartnerin. Sie ist ein selbstsüchtiges Miststück, das ihm etwas weggenommen hat.

* Er ist ein Lügner. Sie erwischen ihn bei kleinen Lügen und fragen sich, warum er sich überhaupt die Mühe gemacht hat. Er zieht sich sofort nach dem Sex von Ihnen zurück, und zwar emotional oder körperlich oder beides.

Kapitel 19: **Eifersucht**

»Eifersucht ist eine merkwürdige Sache. Wenn ich wirklich eifersüchtig bin, bin ich noch heißer als sonst. Aber wenn sie bewußt versucht, mich mit einem anderen Mann eifersüchtig zu machen, geht der Schuß nach hinten los. Ich lache sie dann innerlich aus, weil es ziemlich jämmerlich ist, wie sie ihre Bedürfnisse zum Ausdruck bringt. Offenbar braucht sie mich dann mehr als ich sie.« — Ein Mann aus dem Süden der Staaten.

Frauen raten ihren Freundinnen oft, »ihn eifersüchtig zu machen«, wenn ein Mann allzu selbstgefällig wird und/oder sich nach einer gewissen Zeit noch immer nicht binden will. Wir tun dies, weil wir davon ausgehen, daß die Eifersucht auf den Mann dieselbe Wirkung hat wie auf uns: nämlich ein neuerliches Interesse am Objekt der Liebe. Wir Frauen ziehen mit Veränderungen und einem neuen Straps ins Feld. Wir »kämpfen« um ihn. Wenn wir dann feststellen, daß er trotz der heroischen Schlachten, die wir um ihn geschlagen haben, mit der anderen ins Bett gegangen ist, sind wir unter Umständen zu verletzt oder wütend, um mit ihm zu schlafen. Wir fühlen uns nicht sexy, sondern gekränkt. Männer sind weniger bereit, sich auf einen romantischen Kampf um die Zuneigung der Dame einzulassen, als sich von dem Gedanken daran erregen zu lassen, daß ein ande-

rer Mann den Körper der besagten Dame ebenfalls kennt. (Egal, wie oft wir das schon in romantischen Komödien gesehen haben — Männer überbieten sich kaum jemals mit Rosen an die Angebetete, um ihre Hand zu gewinnen.) Ein wirklicher Rivale macht die Männer eher körperlich leidenschaftlicher, weil sie schließlich mit dem Konkurrenzdenken aufgewachsen sind.
Nur zehn Prozent der Männer, die ich befragt habe, sagten, daß Eifersucht sie je dazu getrieben habe, eine Beziehung intensiver zu gestalten. Die meisten standen der vermeintlichen Macht dieser Leidenschaft, die immer neue Leiden schafft, eher hochmütig gegenüber.

Warum strengen sich Frauen an, daß sie die Männer eifersüchtig machen?

»Eifersucht bedeutet Unsicherheit, und in diese Kategorie würde ich selbst mich nie stecken. Es macht mir nichts aus, wenn die Frau, mit der ich zusammen bin, auch noch jemand anders hat. Warum auch nicht?« schreibt ein fünfunddreißigjähriger Mann aus dem Nordosten der Staaten.

Erstaunlich viele Männer, vielleicht sogar die Mehrheit, scheinen sich wirklich nichts aus der Monogamie der Frau zu machen, solange sie mit dieser Frau nicht verheiratet sind oder mit ihr zusammenleben. In der Schule funktionierten die Versuche der Mädchen, sie eifersüchtig zu machen, vielleicht noch, heute jedoch nicht mehr — jedenfalls meistens nicht.
Ein Bauarbeiter aus dem Süden sagt: »Am dümmsten und durchsichtigsten ist es, wenn eine Frau einem sagt, sie hat zu tun, sobald man sie am Samstag abend treffen möchte. Das passiert meistens, nachdem man sie sechs oder sieben Sams-

tagabende hintereinander gesehen hat. Sie versucht, einen zu drängen, indem sie so tut, als wäre sie bereits mit einem anderen Mann verabredet. Dann soll man eifersüchtig werden und sie darum bitten, eine feste Beziehung einzugehen.«
Ein anderer Mann meint: »Wir Männer sind emotional gesehen ziemlich einfältig, aber nach ein paar Jahren durchschauen selbst wir ein paar von den kleinen Tricks, mit denen uns die Frauen manipulieren. Wenn sie uns vormacht, daß da noch ein anderer ist, ist das Schnee von gestern. Ich kann ziemlich genau vorhersagen, wann sie so etwas macht, normalerweise nach drei bis sechs Monaten Zusammensein ohne feste Bindung.«
Männer verstehen auch nicht, warum die Eifersucht uns dazu verleitet, noch mehr für unser Äußeres zu tun. Warum, so fragen sie sich, gehen wir davon aus, daß die andere Frau hübscher ist? Sie sind der Meinung, daß der Wettbewerb bestenfalls unsere Lust erhöhen sollte — wenn überhaupt etwas —, und nicht unser Bankkonto belasten, weil wir uns so viele neue Kleider kaufen.
»Ich bin mit zwei Frauen zusammen, die erst vor kurzem voneinander erfahren haben«, schreibt der Vizepräsident eines Unternehmens. »Beide haben mir gesagt, daß ich mich irgendwann für eine entscheiden muß. Sie haben mir ein Ultimatum gestellt, die eine drei, die andere vier Monate. Nachdem sie das gesagt hatten, haben beide Frauen ihre Haarfarbe verändert. Die Brünette ist jetzt blond, und die Blondine ist jetzt rotblond. Die eine hat sich eine neue Kollektion von Seidenunterwäsche gekauft. Die andere hat sich für Kleider entschieden, die sie zwar in der Öffentlichkeit tragen kann, die aber trotzdem sehr sexy sind. Aber keine hat die Art und Weise verändert, wie sie mit mir schläft. Frauen sind neugierig. Ein Mann in der gleichen Lage würde um sein Leben bumsen.«

Wenn ein Mann wirklich eifersüchtig ist, würde er das eher dadurch zeigen, daß er sie die ganze Nacht liebt, als dadurch, daß er seinen Rivalen durch romantische kleine Gesten auszustechen versucht.

»Ich war unheimlich eifersüchtig auf den anderen Mann, mit dem meine Frau zusammen war, als wir uns kennengelernt haben«, schreibt ein dreißigjähriger Automechaniker. »Er hat mehr Geld gehabt, und ich hätte ihn in puncto Restaurantbesuche und große Einladungen nie ausstechen können, selbst wenn ich es gewollt hätte. Ich hab' mir gedacht, wenn sie die Richtige für mich ist, dann kann ich sie im Bett gewinnen, nicht mit einer Flasche französischem Wein. Wie ich sie gebumst habe, hab' ich mir vorgestellt, daß er mit seinem Bauch und seinem winzig kleinen Schwanz in der Ecke steht und uns zuschaut. Ich hab's ihr besorgt wie keiner zuvor. Und sie hat sich von ihm getrennt.«

Manchen Männern macht es Spaß, mit einer Frau zu schlafen, kurz nachdem sie mit einem anderen Mann zusammengewesen ist. Vielleicht haben die Männer dann das Gefühl, sie würden sozusagen auf sein angestammtes Territorium übergreifen. Im Verlauf der Jahre habe ich Briefe von vielen Männern bekommen, die mich gefragt haben, wie sie ihre Frau dazu bringen können, zuerst mit einem anderen Mann und dann erst mit ihnen zu schlafen.

Wie kann ich meine Frau davon überzeugen, daß es völlig in Ordnung ist, mit jemand anderem zu schlafen?

»Ein Freund von uns beiden hat sie sehr gerne, und ich glaube, sie mag ihn auch ganz gern. Aber sie streitet das ab. Es macht mich ziemlich an, wenn ich mir vorstelle, wie die

beiden miteinander schlafen. Ich würde mir wünschen, daß sich die beiden im Hotel treffen, daß sie dann heimkommt und mir alles erzählt, während ich sie bumse. Sie sagt, das ist abartig. Stimmt das?« schreibt ein Leser.

Die eben beschriebene Phantasie haben viele Männer. In ihrer Vorstellung sind sie die weit potenteren Liebhaber als der Rivale. Und manche wollen den Traum auch in die Tat umsetzen. Die meisten Männer würden eine solche Situation zwar nicht bewußt herbeiführen, aber sie reagieren mit Leidenschaft, wenn sie merken, daß ihre Partnerin noch mit einem anderen schläft.

»Ich habe meine Frau einmal mit einem anderen Mann im Bett erwischt«, gesteht ein fünfzigjähriger Mann. »Das hat meine Libido ganz schön in Schwung gebracht. An dem Tag, wo's passiert ist, hab' ich's ihr besorgt, bevor sein Samen in ihr trocken geworden war, und ich war die ganzen Wochen danach sexuell aktiv wie selten zuvor. Ich war ganz wild nach ihr. Ich hab' ihr das nie gesagt, aber ich hätte nichts dagegen gehabt, wenn ich sie noch mal erwischt hätte.«

Männer, die die Frau nicht direkt beim Seitensprung erwischen, fragen sie jedoch häufig nach Einzelheiten. Vielleicht ist das für sie eine Methode, sich ihre Affäre anzueignen. Oder möglicherweise ist es wirklich nur das, was sie behaupten: ein starkes verbales Stimulans.

»Meine Frau hält mich für verrückt, aber ich würde gerne alles über sie und ihren Liebhaber wissen«, schreibt ein vierzigjähriger Mann. »Alles — wie groß sein Schwanz im Vergleich zu dem meinen ist, wie lange er durchhält und wie er sie mit dem Mund befriedigt. Sie sagt, ich will ihr dadurch ihre Affäre wegnehmen, Stückchen für Stückchen. Wenn das stimmt, ist es mir nicht bewußt. Ich will's einfach nur wissen, weil es mich ganz heiß macht. Seit sie mit dem Kerl zusammen ist, hab' ich öfter auch zwei Orgasmen gehabt.«

Weil Frauen nicht so ganz verstehen können, wie sexuelle Konkurrenz den Mann beeinflußt, beschuldigen sie ihn oft der latenten Homosexualität, wenn er sich zu sehr für ihre Affären interessiert.

»Meine Partnerin glaubt, daß ich insgeheim schwul bin, weil ich gerne sehen würde, wie sie's mit einem anderen Mann treibt«, schreibt ein fünfundzwanzigjähriger Mann. »Ich höre auch gerne, was passiert ist, wenn sie mit anderen Männern im Bett war. Aber ich glaube nicht, daß ich deshalb schon schwul bin. Manche Dinge verstehen Frauen einfach nicht, wenn's um Männer geht. Man denkt gerne, daß es ihr kein anderer Mann so besorgen kann wie man selbst. Aber man würde gleichzeitig gerne sehen, wie's einer probiert.«

Es ist in der Tat ein Irrtum, zu glauben, daß Eifersucht gleich Eifersucht ist. Bei Mann und Frau gibt es da die verschiedensten Nuancen.

Was man zum Punkt Männer und Eifersucht nicht vergessen sollte:

* Versuchen Sie nicht, ihn eifersüchtig zu machen, um ihn zur festen Bindung zu zwingen.
* Halten Sie sein Interesse für die sexuellen Einzelheiten einer Affäre nicht für pervers.
* Nehmen Sie sich in acht vor Männern, die übertrieben eifersüchtig sind. Wenn dieser Impuls die erste Zeit der Werbung überdauert, haben Sie es möglicherweise mit einem besitzergreifenden, dominierenden Mann zu tun.

Kapitel 20: Männliche und weibliche Monogamie

»Männer schlafen mit einer Frau, wenn sie geil sind, genauso, wie man eben ißt, wenn man Hunger hat. Frauen (die meisten, wenn auch nicht alle) glauben, daß ein Mann eine Frau lieben sollte, wenn er mit ihr schläft, aber das ist einfach nicht der Fall. Ein Mann kann seine Frau lieben und sie nie verlassen wollen, aber trotzdem mit einer anderen schlafen, weil sie ihm etwas gibt, das er zu Hause nicht bekommt, oder weil die andere einfach eine bessere Geliebte ist. Das bedeutet nicht, daß er seine Frau weniger liebt, oder daß er sich unbedingt in die andere verliebt.« — Ein vierunddreißigjähriger geschiedener Berater.

Möglicherweise war die Exfrau dieses Mannes anderer Meinung. Aber ihre Ehe hätte durchaus auch aus anderen Gründen zerbrechen können. Alle Statistiken von Kinsey bis Shere Hite sagen uns, daß etwa achtzig Prozent der verheirateten Männer Affären haben. (In den letzten Jahren haben die Frauen in dieser Hinsicht aufgeholt.) Ein Großteil der Leserbriefe, die ich bekomme, hat mit Fragen rund um die Untreue zu tun. Und etwas weniger als fünfzig Prozent der (verheirateten oder geschiedenen) Männer, die ich befragt habe, bekannten sich zu Seitensprüngen.

Manche Männer sagen es ihren Frauen. Die meisten jedoch tun es nicht. Viele von ihnen werden trotzdem erwischt. Nur wenige Ehen werden von vornherein »offen« geführt, das heißt, die Partner gestehen einander außerehelichen Sex zu. Wenn es um die Bedeutung solcher Affären geht, herrscht immer noch die altbekannte Doppelmoral. Die überwältigende Mehrheit der Männer betrachtet ihre eigenen Seitensprünge als »bedeutungslos«, während sie die der Frauen als Bedrohung für die Ehe empfinden.
»Frauen lassen sich nicht nur mit den Genitalien auf einen anderen ein, sondern auch mit dem Gefühl«, sagt ein Mann. »Wenn sie sich außerhalb der Ehe umsehen, suchen sie auch nach neuen Gefühlen. Männer suchen nur nach Sex.«
Das ist zwar eine starke Vereinfachung der Motive, die Männer und Frauen für den außerehelichen Sex haben, aber viele Ehemänner sind eben dieser Ansicht. Vielleicht wollen sie glauben, daß Frauen sich eher nach Liebe und Romantik als nach Sex umsehen, weil sie es leichter hinnehmen können, bei der Romantik nicht der Beste zu sein als beim Sex. Ihre eigenen Gründe für außereheliche Affären sind folgende:
»Ich wollte analen Sex und Fellatio, und das bekam ich daheim nicht.«
»Normalerweise waren solche Sachen ganz spontan. Einmal habe ich mit einer Nachbarin ein paar Drinks getrunken. Am Abend sind wir dann zusammen zum Tanzen gegangen und dann in einem Hotelzimmer gelandet. Es war eine tolle Nacht.«
»Ich bekomme zu Hause nicht genug Sex.«
Und hier noch die alte Macho-Entschuldigung: »Männer sind einfach nicht von Natur aus monogam. Wir brauchen keinen Grund, nur eine Gelegenheit.«

Ein Mann sagte: »Ich war unzufrieden mit der Ehe und mit ihr.« Und ein anderer meinte: »Ich glaube, ich habe mir irgendwie gewünscht, daß wir uns trennen, und ich habe gewußt, daß sie mich verläßt, wenn ich sie betrüge. Also hab' ich das gemacht und hab' ihr alle möglichen Hinweise zugespielt.«
Nur wenige Männer bedauern ihre Affären. Einer, der es tat, sagte: »Ich weiß nicht, ob meine erste Frau etwas von meinen Seitensprüngen geahnt hat, oder ob sie einen Einfluß auf meine Ehe gehabt haben, aber diesmal gehe ich das Risiko jedenfalls nicht ein. Ich habe ein schlechtes Gewissen wegen der Fehler, die ich in der ersten Ehe gemacht habe, und will sie nicht wiederholen.«
Oft stellen Männer zum außerehelichen Sex folgende Frage:

Wie schaffe ich es, daß meine Frau nichts von meiner Geliebten erfährt?

»Ich bin das zweite Mal verheiratet, und ich will nicht versagen. Frauen haben offenbar einen sechsten Sinn, wenn's um Seitensprünge geht. Was verrät uns bloß? Schließlich komme ich nicht mit Lippenstift am Kragen oder neuen Telefonnummern auf Streichholzheftchen heim. Was ist es dann? Wie kommen die Frauen uns auf die Schliche?« schreibt ein dreiundvierzigjähriger Mann aus Houston.

Ich denke, es gibt Frauen, die es wissen, und Frauen, die es lieber gar nicht wissen wollen. Letztere werden es auch nicht herausfinden, es sei denn, er demütigt sie mit den offensichtlichen Beweisen — zum Beispiel mit besagtem Lippenstift am Kragen. Die erste Sorte Frauen jedoch

weiß es einfach. Vielleicht kann er spontane Quickies verheimlichen, aber längere Affären bekommen diese Frauen auf jeden Fall mit.
In nur sehr wenigen Zeitungsartikeln können Frauen erfahren, wie sie herausfinden können, ob der Mann eine Affäre hat oder nicht. In dieser Hinsicht brauchen sie keine Hilfe. Die Mehrheit der Artikel bietet eher Rezepte dafür, wie die Frau ihn im eigenen Bett behalten kann. Die kritische Frage, die Frauen stellen, lautet: Wie kann ich ihn dazu bringen, daß er mir treu bleibt? Ich habe diese Frage an mehrere Männer weitergegeben, darunter auch an solche, die sich besonders viele Gedanken darüber machten, ihre Seitensprünge vor ihrer Frau zu verbergen. Sie gaben mir folgende Antworten:
»Meine Frau könnte mir alles geben, was ich möchte, und ich würde mich wahrscheinlich immer noch mit einer anderen einlassen, weil sie einfach anders ist.«
»Wahrscheinlich wäre es eine Kombination aus einer Erfüllung meiner sämtlichen sexuellen Wünsche und dann als Wechselbad völlige Ablehnung. Dann würde ich einfach nie wissen, was mir bevorsteht,. Aber, wie gesagt, wahrscheinlich. Ich bin mir nicht so sicher.«
»Analer Sex. Daß sie mich in ihrem Mund kommen läßt.«
»Wahrscheinlich hätte ich zuviel Angst, eine Frau zu betrügen, die sich ihrer selbst so sicher ist, daß sie nicht sämtliche Bücher liest, die ihr sagen, wie sie ihren Mann am besten an sich bindet.«
»Letztlich betrachtet jeder, sei es nun Mann oder Frau, die Monogamie irgendwann einmal als den Preis, den man eben bezahlen muß, um etwas aufrechtzuerhalten, was wichtiger ist als alles andere im Leben. Ich habe andere

Frauen betrogen, aber bei dieser Frau werde ich es nicht tun, weil sie mir das Gefühl gibt, daß dieses Opfer im Vergleich zu dem, was sie mir schenkt, gering ist.«
»Wenn sie die fünfzig Pfund abnehmen würde, die sie seit unserer Hochzeit zugelegt hat, und wenn sie etwas gegen ihr anderes Problem unternehmen würde — daß sie die Beine nie breitmacht.«
»Ich würde eine Frau, die ich liebe, nicht betrügen, wenn ich wirklich der Meinung wäre, daß ich sie dadurch verlieren könnte. Viele Frauen sagen, sie verlassen einen, ›wenn man dieses oder jenes‹ tut. Neunzig Prozent bluffen, und der Mann weiß das auch. Sie finden immer wieder eine Entschuldigung für ihren Partner. Aber ein paar Frauen meinen tatsächlich, was sie sagen. Wenn eine Frau mich die meiste Zeit glücklich macht — mehr kann man eigentlich von niemandem verlangen —, und wenn ich ihr glauben würde, daß sie mich verläßt, sobald ich ihr einen Grund dafür gebe, dann würde ich ihr diesen Grund nicht geben.«
Die Gefühle der Männer gegenüber der Geliebten reichten von »rein sexuell« bis zur »Liebe«. Doch nur wenige Männer sagten, daß ihre Affären unmittelbar zur Scheidung führten. Und wenn sie es taten, wurde die Geliebte selten zur zweiten Frau.
Die Geschichte dieses Mannes ist ziemlich typisch: »Ich habe nach zweiundzwanzig Jahren treuer, liebevoller, aber sexuell unbefriedigender Ehe eine Affäre gehabt, und zwar mit einer verheirateten Frau, die fünfzehn Jahre jünger war als ich selbst. Sie hat sich scheiden lassen, und ich bin fast durchgedreht. Ich hab' nur noch an sie denken können. Das ging ungefähr eineinhalb Jahre so. Aber ich wollte meine Frau nicht wegen ihr verlassen. Schließlich

habe ich eine andere verheiratete Frau gefunden, und seitdem leben wir alle in friedlicher Eintracht. Tut mir leid, aber die Geschichte ist wahr.«

»Die andere« bekommt den Mann weit öfter in Kinofilmen als im richtigen Leben. Ironischerweise nimmt die Ehefrau die Geliebte im Regelfall ernster, als der Mann das tut. Die meisten Ratschläge für die Ehefrau zielen darauf ab, ihn zu beschwichtigen, sexuell wie auch auf anderen Gebieten, und ihm dann das Ultimatum zu stellen: sie oder ich. Aber die Männer sagen mir folgendes: Ja, natürlich wünschen wir uns ein erfülltes Sexleben, aber das allein hindert uns noch nicht an einem Seitensprung. Eine Frau voller Selbstachtung jedoch, die sich nicht damit abfindet, schafft das möglicherweise.

Die Affären der Frauen beschäftigen die Männer, doch vielleicht nicht so sehr, wie die ihren uns beschäftigen.

Warum hat sie eine Affäre mit einem anderen Mann?

»Es ist nicht so, daß sie daheim nicht genug Sex kriegt. Normalerweise möchte ich öfter mit ihr schlafen als sie mit mir. Sie schwört, daß er keinen größeren Schwanz hat als ich und daß er im Bett auch nichts anderes mit ihr macht als ich. Was will sie also von ihm? Wonach suchen Frauen bloß, wenn sie sich keinen besseren Sex wünschen?« schreibt ein zweiunddreißigjähriger Mann.

Die Frau sieht die Seitensprünge des Mannes als Ablehnung ihres Körpers. Sie stellt sich die andere als jünger, hübscher, schlanker vor und ist sich sicher, daß ihre breiten Hüften ihn in die Arme der anderen getrieben haben.

Ein Mann sieht die Affäre der Frau eher als sexuelle Ablehnung. Er ist davon überzeugt, daß der andere einen größeren Penis hat, die Erektion länger aufrechterhalten kann oder das Geheimnis entdeckt hat, wie er sie zu mehreren Orgasmen bringen kann.
Sogar Männer, die sich durch die Seitensprünge ihrer Frau nicht bedroht fühlen, machen sich Sorgen, wenn solche »Eintagsfliegen« zu Affären werden.
»Meine Frau hat sich auf Geschäftsreisen schon hin und wieder mal in anderen Betten umgesehen«, schreibt ein fünfundvierzigjähriger Mann. »Für mich ist das auch nichts anderes als meine eigenen Seitensprünge. Sie hat mir davon erzählt, und wir haben beide festgestellt, daß unsere kleinen Affären unserem Sexleben mehr Würze geben. Seit kurzem ist sie jetzt mit einem Mann zusammen, der bei ihr im Büro arbeitet. Das ist etwas anderes. Sie trifft sich regelmäßig einmal die Woche mit ihm. Ich glaube nicht, daß sie das tun würde, wenn sie von ihm nicht etwas bekäme, was sie von mir nicht haben kann. Anfangs war ich eifersüchtig. Jetzt bin ich wütend.«
Viele andere Männer sahen einen Unterschied zwischen den realen oder eingebildeten Seitensprüngen ihrer Partnerinnen, die sie ihnen mitteilten, und der ausgewachsenen Affäre, einer Verbindung zweier Liebender, die Geheimnisse miteinander haben. Meist sind es ihrer Meinung nach die Frauen, die sich zugunsten solcher Affären gegen die Ehe entscheiden. Eine Möglichkeit, die ehelichen Bande zu stärken, besteht unter Umständen darin, das Vertrauen zum Geliebten zu schwächen.
»Sexuelle Geheimnisse, nicht nur der reine Sex, können eine Beziehung zerstören«, sagt ein Mann, der seit fünfzehn Jahren verheiratet ist. »Meine Frau hat einen sehr

viel stärkeren Geschlechtstrieb als ich. Ich habe das inzwischen akzeptiert und sage nichts, wenn sie sich anderswo Befriedigung sucht, solange sie das nicht vor mir verheimlicht. Ich will alles wissen, was sie mit den anderen Männern macht. Eine Weile hat sie mich wirklich hintergangen, und das hätte fast zur Trennung geführt. Jetzt weiß ich, mit wem sie schläft, und wie das vor sich geht.«
Ein anderer Mann schreibt: »Ich war dreißig, als wir geheiratet haben, und sie war dreiundzwanzig. Sie ist in England aufgewachsen, auf dem Lande. ... Ich hatte vor der Ehe schon mit ein paar Frauen geschlafen, und auch sie hatte bereits sexuelle Erfahrung. Sie hat sich gefragt, was sie wohl versäumt hat, und — noch wichtiger — ihr Sextrieb war stärker als der meine. Sie wollte öfter mit mir Geschlechtsverkehr haben, als ich dazu bereit war ... Sobald ich ihre Bedürfnisse verstand, hatte ich nichts mehr dagegen, daß sie mit bestimmten anderen Männern schläft, vorausgesetzt, wir haben uns vorher darüber unterhalten. Das funktioniert sehr gut so.«
Die meisten würden sich bei einem solchen Arrangement wahrscheinlich nicht sonderlich wohl fühlen. Doch viele Männer haben mir geschrieben, daß sie die Affären ihrer Frauen »verstehen« oder »vergeben«, sobald die Frau ihnen nähere Einzelheiten darüber mitteilt. Vielleicht gibt das Wissen ihnen wieder etwas von der Kontrolle zurück, die sie verloren zu haben glaubten.
Diese Kontrolle ist ein wichtiger Faktor beim Partnertausch, einer immer noch recht beliebten Form der Abwechslung in Amerika. Manche Paare suchen sich Gleichgesinnte, um mit ihnen die Vorstellung von Monogamie und Seitensprung innerhalb eines vorgegebenen Rahmens miteinander zu verbinden. Viele Männer fragen mich in ihren Briefen:

Wie bringe ich meine Frau zum Partnertausch?

»Wir sind gut mit zwei anderen Paaren befreundet, und die sexuellen Schwingungen zwischen uns sind ziemlich stark. Jeder von uns hat schon mal im Scherz etwas von Gruppensex oder Partnertausch angedeutet. Ich weiß, daß die Männer dazu bereit sind, und bei den Frauen würde es auch nicht sonderlich viel Überredungskunst erfordern. Wenn meine Frau und ich so etwas anfangen würden, würden die anderen vier auch mitmachen. Wie kann ich sie dazu überreden, daß wir das machen?« schreibt ein Leser.

Ich rate jedem Mann, der seiner Frau gegenüber einen sexuellen Wunsch hat, sich erst einmal in einem Gespräch darüber vorzutasten. Wenn sie dann nicht angewidert oder wütend reagiert, *fragen* Sie sie einfach. Männer hoffen genau wie Frauen darauf, daß klug geführte Gespräche zu dem führen, was sie sich wünschen. Aber nur wenige versuchen es zuerst ganz direkt.
Mein Fragebogen fiel einem Mann in die Hände, der schon lange den Partnertausch praktiziert. Er fragte mich, ob er den Fragebogen kopieren und an die anderen verteilen dürfe. (Viele der Befragten kopierten ihn und schickten ihn an Freunde, was vermutlich die hohe Zahl der Rücksendungen erklärt.) Schließlich nahmen fünfundzwanzig Leute an der Umfrage teil, die Partnertausch praktizieren. Von ihnen gaben zwanzig an, daß sie selbst, nicht ihre Frau, den ersten Partnertausch initiiert hatten. Die anderen fünf äußerten sich nicht dazu. Was mich zu der Vermutung veranlaßt, daß sich Männer eher für diese Form des Sex interessieren als Frauen, weil es dabei um Verbindungen geht, die sich hauptsächlich oder aus-

schließlich um den Sex drehen. Keine Geheimnisse. Keine Romantik.

Ein Mann erklärt: »Wir gehören nicht zu einer festen Gruppe, obwohl es auch das gibt. Wir nehmen über Anzeigen Kontakt miteinander auf. Die Entscheidung, es so zu handhaben, statt eine feste Gruppe aufzubauen, lag bei meiner Frau. Sie wollte die Gefahr der emotionalen Bindung ausschalten, denn sie glaubte, das könnte passieren, wenn wir die ganze Zeit mit denselben Leuten schliefen. Natürlich verlangen wir vorher negative AIDS-Befunde, die wir selbst auch vorlegen.«

Ein anderer Mann erklärt seine Motive: »Ich habe meine Frau vom Partnertausch überzeugt, indem ich ihr gesagt habe, daß ich mich mit ihr, aber auch ohne sie nach mehr Sex umsehe. Ich habe einen ziemlich starken Geschlechtstrieb und brauche viel Abwechslung. Ich liebe meine Frau sehr. Und ich will ihr treu bleiben, das heißt, ich will ihr gegenüber ehrlich sein und sie nicht aus meinem anderen Sexleben ausschließen. Es funktioniert nicht unbedingt reibungslos. Sie wird trotzdem manchmal eifersüchtig. Aber es funktioniert jedenfalls besser, als wenn ich mich allein auf die Suche nach Mädchen mache.«

Ich habe noch keinen Brief bekommen, in dem ein Mann mir mitteilte, daß seine Frau ihn zum Partnertausch gebracht hat, doch ich bin mir sicher, daß es auch das gibt. Manche Männer schreiben mir auch, daß sie selbst oder ihre Frau eine emotionale Bindung mit einem der Sexpartner eingegangen sind:

»Ich habe mich in eine Frau verliebt, die ich Ende der siebziger Jahre in Boston in einer Partnertauschgruppe für gehobene Ansprüche kennengelernt habe, und ich habe sie schließlich geheiratet. Wir haben beide gemerkt, daß wir

da eigentlich nichts zu suchen hatten. Um Ihnen die Wahrheit zu sagen: meiner Meinung nach haben damals viele Leute den Partnertausch ausprobiert, weil's eben gerade Mode war, nicht, weil sie so etwas wirklich wollten. Die Paare sind einfach ins Schlafzimmer oder in eine dunkle Ecke verschwunden und haben hinterher dann erzählt, wie toll es gewesen ist. Da war oft überhaupt nichts dahinter. Ich hab' damals öfter einen Orgasmus vorgetäuscht. In solchen Gruppen gab's schließlich genug Gleitmittel in verschiedenen Geschmacksrichtungen, um einen richtigen Saftladen aufzumachen.«
Die Monogamie mag ihre Nachteile haben, aber die haben die anderen Alternativen auch.

Was Sie gegen seine Untreue unternehmen können:

* Tun Sie so, als wenn er Ihnen gar nicht untreu wäre.
* Stellen Sie ihm ein Ultimatum, aber nur, wenn sie tatsächlich vorhaben, die angedrohten Konsequenzen in die Tat umzusetzen.
* Sagen Sie ihm, daß Sie davon wissen, aber fürs erste darüber hinwegsehen werden.

Und was nicht:

* Sie können ihm die Monogamie wahrscheinlich nicht wieder schmackhaft machen, indem Sie Ihr Äußeres verändern.

TEIL SECHS

Geheime Ängste und Zwänge

Nein, Vernon, den Penis kann man nicht vergrößern

»Gibt es irgendeine Möglichkeit, einen kleinen Penis zu vergrößern? Meiner ist ziemlich kurz, und ich glaube, daß ich damit eine Frau nicht befriedigen kann. Das macht mich sehr unglücklich. Funktionieren diese Mittel, die die Länge angeblich vergrößern, und wenn ja, haben sie Nebenwirkungen?« — Ein Leser.

Die winzigen Anzeigen in den Frauenmagazinen preisen »Brustvergrößerer«, Cremes, Lotionen und alle möglichen Hilfsmittel an, um sich fit und schön zu halten. Die Anzeigen in den Männermagazinen versprechen, daß der sogenannte »Vacuum«-Vergrößerer, ein häßliches kleines Saugmaschinchen, den Penis tatsächlich vergrößert. (»Manche Männer sind vielleicht immer noch der Meinung, daß ihrer nicht einer von den größten ist, aber ... würde nicht jeder eher mit einer Lanze als mit einem Dolch in die Schlacht ziehen?«) Viele Frauen sind der Meinung, daß die männliche und die weibliche Sorge um die Penisgröße sich in etwa entsprechen, aber da täuschen sie sich. Wir haben keinen einzelnen Körperteil, über den wir uns so viele Gedanken machen würden, wie die Männer über ihren Penis.

Männer leiden unter Penisneid, Frauen tun das nicht. Der

Durchschnittspenis ist im schlaffen Zustand etwa siebeneinhalb Zentimeter lang und im erigierten etwa fünfzehn Zentimeter. Je kleiner der Penis, desto mehr wächst er bei der Erektion, so daß das Endergebnis im Regelfall ähnlich ist. Aber Männer wollen das einfach nicht glauben. Sie sind sich sicher, daß sie kleiner sind als der Durchschnitt, das heißt also, kleiner als der Mann in den Pornomagazinen. (Der dort dargestellte Penis ist in der Tat oft größer als der Durchschnitt, wird aber meist noch durch besondere fotografische Hilfsmittel »geschönt«.)

Wie wichtig ist Frauen die Größe des Penis?

Egal, wie oft wir ihnen sagen, daß die Penisgröße nicht wichtig ist, sie glauben uns nicht. (Und manche Frauen sind tatsächlich der Meinung, daß sie wesentlich ist. Ich habe schon Briefe von Männern bekommen, deren Partnerinnen ihnen sagten, sie seien zu klein, um sie zum Orgasmus zu bringen!) Etwa fünfundsiebzig Prozent der Männer in meiner Umfrage sagten, daß die Penisgröße für sie wichtig sei, sechzig Prozent meinten, die Frau mache sich etwas daraus. Ich habe unter anderem folgende Kommentare erhalten:

»Ich bin klein gebaut, aber Gott sei dank komme ich im erigierten Zustand auf fast neunzehn Zentimeter. Außerdem ist mein Schwanz ein bißchen gebogen. Den Mädchen gefällt das.«

»Ich bin durchschnittlich gebaut, deshalb mache ich mir nicht allzu große Gedanken darüber. Wenn ich eher klein wäre, wäre es wahrscheinlich ein Problem für mich.«

»Ich glaube, Frauen macht es nichts aus, wenn man nicht so groß ist, solange man richtig hart wird. Wenn man

klein ist und noch dazu nicht hart wird, hat man's schwer.«
»Das ist sozusagen die Meßlatte meines Lebens.«
»Ist den Frauen wahrscheinlich längst nicht so wichtig, wie die Männer denken. Wahrscheinlich.«
»Ich habe das Gefühl, daß Frauen die Größe für wichtiger halten, als die Umfragen uns weismachen wollen. Frauen sagen nur ungern, daß sie sich einen großen Schwanz wünschen. Aber eigentlich macht es sie ganz schön an, wenn der Mann nett was in der Hose hat.«
Jeder, der sich mit der Frage der männlichen Sexualität auseinandersetzt, wird auch mit der Penisgröße konfrontiert. Die Mehrheit der Männer hält sich für zu klein gebaut, doch eine Minderheit (etwas fünfundzwanzig Prozent der Männer, die mir an die Magazine geschrieben haben und zwanzig Prozent der Männer aus der Umfrage) behauptet, groß bis riesig zu sein. Laut Kinsey sind weniger als zwei Prozent der Penisse tatsächlich groß beziehungsweise größer als fünfzehn Zentimeter im schlaffen Zustand. Weiße Männer halten Schwarze für von Natur aus größer gebaut als Weiße. Laut Kinsey sind schwarze Männer im Durchschnitt höchstens um einen halben Zentimeter größer als weiße Männer.
Shere Hite stellte fest, daß die Bedeutung der Penisgröße für die Männer »in engem Zusammenhang steht mit dem Druck, der auf sie ausgeübt wird, häufig sexuell aktiv zu werden«. Ich würde sogar noch einen Schritt weitergehen. In sexueller Hinsicht hält der Mann sich für mit seinem Penis identisch.
Selbst ein aufgeklärter Mann, der weiß, daß die Vagina sich an jede Penisgröße anpassen kann und der weibliche Orgasmus zum größten Teil von der klitoralen Stimula-

tion abhängt, wird noch immer behaupten, daß ein von der Natur großzügig ausgestatteter Mann eine Frau besser befriedigen kann als ein klein gebauter, obgleich ihm doch bewußt ist, daß die Klitoris sich keineswegs innerhalb der Vagina befindet.

Männer sind Augenerotiker. Sie sind davon überzeugt, daß der Anblick eines schönen, großen Penis eine Frau erregt. Sie selbst stellen eine starke Verbindung zwischen Auge und Penis her und glauben auch bei der Frau an einen engen Zusammenhang von Anblick und erotischer Stimulierung. Das mag erklären, warum so viele männliche Manien sich auf einzelne Körperteile und Fetische beziehen, was bei Frauen nicht so ist. Fetischisten sind immer Männer.

Männer neigen öfter zu visuellen Perversionen oder anderen Bedürfnisse, die von der Norm abweichen, als Frauen es tun. Und weil der Sex stärker von der männlichen als von der weiblichen Erregung abhängt, setzen sie ihre Phantasien auch eher in die Tat um als wir.

Alle Menschen haben sexuelle Geheimnisse. Das wahrscheinlich meist verbreitete männliche Geheimnis ist, daß er masturbiert, obwohl er eigentlich mit seiner Partnerin schlafen könnte. Doch es gibt auch andere Geheimnisse: die Angst davor, schwul zu sein, die Abhängigkeit von einem Fetisch, um zur Erektion oder Ejakulation zu kommen, das Bedürfnis nach sexuellen Praktiken, die mit Macht und Unterwerfung zu tun haben.

Das sind die geheimen Bedürfnisse des Penis, und manchmal sind sie so stark, daß sie aus dem Dunkel heraus ins Licht müssen, wo er sie auch sehen kann. Der Penis ist mehr als nur das primäre Geschlechtsorgan des Mannes. Er ist sozusagen das Maß des Mannes. Wenn er das nicht wäre, würde er sich nicht so viele Gedanken über die Penisgröße machen.

Kapitel 21: **Bin ich schwul?**

»Meine Frau versteht nicht, warum Männer sich im Pissoir nicht die Schwänze der andern anschauen. Schließlich mustern sich die Frauen im Umkleideraum doch auch gegenseitig. Sie begreift einfach nicht, daß Männer schreckliche Angst davor haben, der andere könnte denken, sie sind schwul. Oder noch schlimmer: sie halten sich selber für schwul, und das ist die größte Angst eines jeden heterosexuellen Mannes.«
— Ein New Yorker.

Männer leiden unter Homophobie. Fast jeder Mensch hat einmal homosexuelle Phantasien, doch Männer scheinen sich darüber mehr Gedanken zu machen als Frauen. Männer fürchten außerdem, daß jedes Zeichen körperlicher Zuneigung einem anderen Mann gegenüber gleich als sexueller Annäherungsversuch interpretiert wird, also kommt es dazu nur selten. Sie schätzen einander nicht im Umkleideraum ab, wie wir Frauen das oft nach dem Aerobic-Kurs machen. Wir zeigen unsere Neugierde ganz offen. Sie haben Angst davor, denn es könnte sie ja jemand für schwul halten.

Der Ausdruck »latente Homosexualität« wird von Therapeuten und verschmähten Frauen gleichermaßen verwendet, und er hat dazu beigetragen, den Macho-Code zu stüt-

zen. Wenn ein richtiger Mann immer zum Sex bereit, immer hart, immer in der Lage ist, die ganze Nacht durchzuhalten und seine Partnerin immer befriedigt, folgt daraus, daß ein Mann, der all diese Erwartungen nicht immer erfüllt, auch kein richtiger Mann ist. Vielleicht ist er schwul. (Tja, diese Definition macht jeden Mann irgendwann einmal verdächtig.) Wenn er dann noch seine Zuneigung für einen Geschlechtsgenossen gesteht und zugeben muß, daß er eine attraktive Frau nicht begehrt, verstärkt sich der Verdacht.
Männer glauben, vorsichtig sein zu müssen. Ihr Blick, ihre Hände und ihre Gedanken sollten sich nicht zum Körper anderer Männer vorwagen. Aber an einer attraktiven Frau dürfen sie nicht vorbeigehen, ohne sie gleich berühren zu wollen. Sie müssen ständig ihre Reaktionen überprüfen und sich vor versteckten Hinweisen auf »latente Homosexualität« in acht nehmen. Viele Männer haben mich in ihren Briefen gefragt:

Bin ich schwul?

»Als ich dreizehn war, hatte ich ein homosexuelles Erlebnis mit einer Gruppe von Jungen. Ich hab' nie jemandem etwas davon erzählen können, weil ich solche Schuldgefühle hatte. Seit meiner Scheidung letztes Jahr habe ich mit anderen Frauen Probleme im Bett. Eine hat mich gefragt, ob ich schwul bin. Ich habe Angst, daß ich insgeheim schwul oder bisexuell bin und mir das all die Jahre nicht eingestanden habe«, schreibt ein Leser.

Natürlich ist es gut möglich, daß dieser Mann tatsächlich sein Bedürfnis nach homosexuellen Erlebnissen unterdrückt hat, aber das ist eher unwahrscheinlich. Frühe homosexuelle Erfahrungen sind bei Männern häufig anzutreffen, genauso häufig, wie die Schuldgefühle, die sie deshalb haben. Auch die »Probleme im Bett« sind nach einer Scheidung oder einer Trennung nichts Ungewöhnliches, insbesondere, wenn diese auch schon während der Beziehung bestanden haben.

Lonnie Barbach schreibt in *The Intimate Male*: »Manche Männer hatten keinerlei Problem, zur Erektion zu kommen, aber es fiel ihnen schwer, sie aufrechtzuerhalten – besonders in Situationen, in denen sie sich ausgesprochen verletzlich fühlten. Diese Schwierigkeiten waren ziemlich weit verbreitet bei Männern, die gerade eine Trennung hinter sich hatten und nun wieder in die Singleszene zurückkehrten, besonders, wenn die frühere Beziehung mit Problemen behaftet war.«

Wir können uns gut in Frauen hineinversetzen, die nach der Scheidung Probleme haben, sich sexuell gehenzulassen, bei Männern hingegen fällt uns das schwer.

»Alleinstehende, auch geschiedene Männer müssen sich oft den Vorwurf gefallen lassen, Frauen zu hassen oder latent homosexuell zu sein«, schreibt ein Lehrer aus Kentucky. »Vielleicht werden die Frauen einfach wütend, wenn ein Mann sich nicht bindet. Vielleicht denken sie sich, mein Gott, kein Wunder, daß es so schwer ist, einen Ehemann zu finden, wenn ein Kerl wie du nicht heiratet. Wahrscheinlich haßt du die Frauen, oder du bist schwul.

Frauen wissen nicht, wie empfindlich wir sind, wenn's um die Homosexualität geht. Insgeheim fürchtet doch jeder alleinstehende Mann, daß er tatsächlich schwul sein könnte, besonders, wenn sexuell im Moment nicht viel los ist. Schließlich ist das verbreitete Bild vom ungebundenen Mann doch eher das vom Schürzenjäger. Wenn man nicht so ist, macht man sich Gedanken, was mit einem los ist.«

Sogar Männer, die beim Gruppensex mitgemacht haben, schreiben oft, um zu fragen, ob sie schwul sind, oder um ganz deutlich herauszustreichen, daß sie es nicht sind:

»Ich war mit einem Freund und seiner Freundin im Bett«, schreibt ein neunundzwanzigjähriger Mann. »Aber mein Freund und ich haben nichts miteinander gemacht. Sie hat uns beide bedient.«

Ein weiterer Mann schreibt: »Ich hab' ein paarmal bei kleinen Gruppen mitgemacht, aber keine schwulen Sachen. Ein Freund von mir und ich haben uns mit zwei Mädels getroffen, und wir sind dann in irgendeiner Wohnung gelandet. Wir haben Strippoker gespielt, und plötzlich waren wir alle nackt und haben im selben Zimmer gebumst. Danach haben wir Partnertausch gemacht. Aber wir Männer haben einander nicht angerührt.«

Männer mit bisexuellen Erfahrungen machen sich oft Gedanken über ihre Sexualität und/oder haben Angst, ihrer Partnerin etwas davon zu sagen. Sie schreiben Briefe, in denen sie ihre Geschichte erzählen, und fragen dann: »Bedeutet das, daß mir Männer lieber sind als Frauen?« oder »Was würde sie wohl über mich denken, wenn sie davon wüßte?«

»Wenn ich was trinke, werde ich normalerweise ziemlich heiß«, schreibt ein Mann aus dem Nordosten der Staaten. »Es hat folgendermaßen angefangen: Ich bin eines Abends in eine Peep-Show am Times Square gegangen. Da ist ein junger Mann zu mir in die Kabine gekommen und hat mich gefragt, ob er mir's mit dem Mund machen darf. Ich war schockiert, aber der Gedanke an das, was gleich pas-

sieren würde, hat mich auch angemacht. Ich weiß noch, daß ich es wahnsinnig genossen habe, und ich habe einen tollen Orgasmus gehabt. Kurz danach habe ich festgestellt, daß diese Männerkinos sogar noch besser sind. Da habe ich dann bei solchen Männersexorgien mitgemacht. Ich hab' den Sex mit Männern wirklich genossen, weil sie klipp und klar gesagt haben, was sie wollten. Man hat nicht lange fragen müssen, man hat's einfach gemacht, und alle waren zufrieden. Ich hab' solche Sachen gemacht, als ich noch allein war, sogar noch, nachdem ich verheiratet war. Ich habe mich normalerweise nicht von Männern angezogen gefühlt, aber wenn ich da hin bin und erregt war, ging alles. Ich hab' sofort damit aufgehört, als die Geschichte mit AIDS aufkam, und hab' seitdem keine solchen Erlebnisse mehr gehabt.
Ich glaube nicht, daß ich es vermisse. Was halten Sie davon?«
Eine gewisse Zeit war es schick, bisexuell zu sein. Aber AIDS hat das verändert. Heute suchen Frauen bei Männern nach Anzeichen für Bisexualität, und die Männer wissen das auch.

Wie sehen die Kriterien für die Bisexualität aus?

»Ich bin ein paarmal mit einer Frau ausgegangen — wir haben noch nicht miteinander geschlafen —, und sie hat mir gesagt, ich weise alle Anzeichen für einen schwulen oder bisexuellen Mann auf. Sie hat alle möglichen Fakten ausgespuckt. Nach Ansicht einer Illustrierten hätten dieses Jahr schon achtzig Prozent der schwulen Männer mit einer Frau geschlafen, ohne ihr zu sagen, daß sie schwul sind. Und manche Berufe würden von Schwulen oder Bisexuellen beherrscht werden. Sie hat meinen

Beruf erwähnt, die Öffentlichkeitsarbeit, aber andererseits hat sie so viele andere Berufe genannt, daß es fast jeden Mann betreffen würde, den ich kenne. Weshalb könnte sie mich sonst noch im Verdacht haben? Sende ich denn irgendwelche versteckten Bi-Signale aus? Ich schwöre, daß ich hetero bin«, schreibt ein einunddreißigjähriger Mann.

Ich habe ein paar Artikel in Frauenmagazinen gelesen, bei denen man den Eindruck bekommen könnte, daß die Jagd nach den Bisexuellen so etwas wie die moderne Version der Hexenjagd ist. Offenbar verbergen manche Männer ihre bisexuellen Tendenzen tatsächlich vor ihrer Partnerin, und manche von ihnen hassen auch die Frauen. Doch die Angst vor AIDS und der Zorn der Frauen darüber, daß die Männer eben nicht all das sind, was sie unserer Meinung nach sein müßten, stützen den Macho-Kode und bestrafen jeden Mann, der nur die engsten Anzeichen für Weiblichkeit aufweist – oder, um Himmels willen, vielleicht sogar noch Friseur ist.

Frauen täten gut daran, erst mit einem Mann zu schlafen, wenn sie ihn besser kennen, wenn sie ihrem Instinkt vertrauen, und *immer* Kondome zu verwenden, statt nach Anzeichen seiner Bisexualität zu suchen.

»Heutzutage ist es schwer, zu gewinnen«, schreibt ein Mann. »Wenn man sie nicht zum Sex drängt, hält die Frau einen gleich für schwul. Holt man ein Kondom heraus, fängt sie an zu weinen und sagt: ›Das bedeutet doch, daß du noch mit jemand anders zusammen bist, oder?‹ Ich persönlich mache mir mindestens genauso viele Sorgen, AIDS zu bekommen, wie Frauen.«

Ein anderer Mann meint: »Meine Freundinnen sind jetzt wild darauf festzustellen, ob ein Mann bisexuell ist oder nicht. Sie haben mich gefragt, ob ich es merke. Das ist nur wieder ein Beweis dafür, daß Frauen sich auf die falschen Sachen konzentrieren. Statt zuzugeben, daß der Sex heute für alle eine ernste Frage ist, und Kondome zu fordern, versuchen sie, uns Männern wieder alle Verantwortung und Schuld aufzuhalsen. Sie sagen, es wäre alles in Ordnung, wenn sie sich nicht ständig darüber Gedanken machen müßten, ob der Partner nicht insgeheim schwul ist.«

Wenn Frauen besser verstehen würden, wie sehr Männer insgeheim fürchten, schwul zu sein, würden sie seine Sorge nicht noch vergrößern, indem sie ihm homosexuelles oder bisexuelles Verhalten vorwerfen, nur weil er im Bett versagt oder den falschen Beruf ausübt.

Ein Pfleger aus Chicago schreibt: »Sie könne sich gar nicht vorstellen, unter welchen Zwängen ich wegen meines Berufes leide. Ich arbeite in einer AIDS-Station für Kinder, und ich weiß ganz genau, daß ich die wichtigste Arbeit verrichte, die ich im Moment überhaupt tun kann. Ich weiß außerdem, daß ich hundert Prozent heterosexuell bin. Zum Glück habe ich genug Selbstvertrauen, weil viele Frauen nichts mit mir zu tun haben wollen, sobald sie erfahren, daß ich Pfleger bin. Sie sagen mir ins Gesicht: ›Dann bist du sicher schwul.‹ Was ist bloß aus all den Frauen geworden, die sich sensiblere Männer gewünscht haben?«

Gute Frage. Und viele Männer stellen sie in letzter Zeit.

Eine Methode, um seine sexuellen Neigungen festzustellen:

* Stellen Sie ihn ihren homosexuellen Freunden vor. Wenn er schwul ist, merken die es wahrscheinlich.

Kapitel 22: Sexuelle Lakaien

»Es hat damit angefangen, daß mir das Gefühl gefallen hat, wenn der Seidenslip über die Spitze meines Schwanzes gleitet. Als Teenager hab' ich oft so masturbiert, und zwar mit den Slips meiner Mutter aus dem Wäschekorb. Später hab' ich dann angefangen, daheim selbst Seidenslips unter meiner Kleidung zu tragen. Ich kann nur mit einer Frau schlafen, wenn sie ihren Slip noch trägt. Dabei sind mir die mit eingenähtem Schritt am liebsten. Manchmal komme ich allein davon, daß ich mir ein Paar getragene Seidenslips vors Gesicht halte und den Duft einatme.« — Ein Physiker aus dem Nordosten der Staaten.

Dieser Mann leidet unter einem Wäschefetischismus, genauer gesagt, unter dem für Seidenslips, die bereits von einer Frau getragen wurden. Ein solcher Fetisch mag nun ein bestimmter Teil des Körpers sein — am häufigsten die Füße — oder ein bestimmtes Kleidungsstück — am häufigsten getragene Slips. Manche Männer haben Vorlieben für Körperteile oder Kleidungsstücke, sind deshalb aber noch keine Fetischisten. Der Mann oben ist ohne getragene Seidenslips nicht in der Lage, zum Orgasmus zu kommen. Wenn das Bedürfnis so extrem wird, handelt es sich bei dem Objekt der Begierde um Fetischismus. Erregung und Ejakulation hängen davon ab.

Obwohl viele Männer sich bei der Liebe gewisse erotische Elemente wünschen, sind doch nur die wenigsten echte Fetischisten. Die meisten Experten sind der Ansicht, daß der Fetisch für solche Männer ein Mittel darstellt, ihre Sexualität auszudrücken, die durch die Familie, die religiöse Erziehung oder durch sexuellen Mißbrauch in der Kindheit unterdrückt wurde. (Auch männliche Kinder können das Opfer sexuellen Mißbrauchs werden.) Weil sich die Bedürfnisse der Fetischisten von denen »normaler Männer« unterscheiden, können sie Frauen unter Umständen erschrecken, und das wissen die Männer auch. Die häufigste Frage in dieser Hinsicht lautet:

Wie kann ich Frauen dazu bringen, daß sie mich ihre Füße verehren lassen?

»Ich liebe den weiblichen Fuß. Wenn ich einen schönen Frauenfuß in sexy, hochhackigen Schuhen sehe — je höher, desto besser —, bekomme ich eine Erektion. Wenn der Fuß zu einer attraktiven Frau gehört, mit der ich gerne zusammen wäre, würde ich mich am liebsten vor ihr auf den Boden werfen und ihre Füße verehren. Ich würde ihr gerne die Strümpfe und Schuhe ausziehen, ihre Füße baden und eincremen und ihr die Fußnägel polieren. Und wenn ihre Füße dann perfekt sind, würde ich gerne an jedem Zehen einzeln saugen und an ihrem Spann lecken, bis sie vor Wohlbehagen eine Gänsehaut bekommt. Aber warum fühlen so viele Frauen sich von der Verehrung des Fußes abgestoßen?« schreibt ein Leser.

Ich gebe Fußfetischisten den Rat, ihre Verehrung weiter oben zu beginnen und sich dann nach unten vorzuarbeiten. Vielleicht ist der Fuß sein Objekt der Begierde, aber Frauen betrachten diesen Teil ihres Körpers nicht unbedingt als sonderlich erotisch. Doch es kann eine angenehme erotische Erfahrung sein, wenn der Mann an den Zehen der Frau saugt und am Spann leckt, besonders, wenn auch der restliche Körper vorher verwöhnt wurde. Der Mann hingegen, der gleich auf ihre Füße losgeht, wird seine Partnerin wohl eher nervös machen.

Fetischisten, die nicht ganz so vorsichtig zu Werke gingen, berichten von niederschmetternden Erlebnissen:

»Vor ein paar Jahren habe ich einmal den Fehler gemacht, nach ihrem Mund gleich ihre Füße zu küssen«, schreibt ein neununddreißigjähriger Mann. »Zuerst hat sie gekichert und gesagt, ich kitzle sie. Dann war es ihr peinlich, und sie hat mich gebeten aufzuhören, weil ihre Füße nicht sauber waren. Aber natürlich waren sie sauber. Schließlich hat sie mir die Füße aus dem Mund gerissen und zu schreien angefangen, daß ich pervers bin. Unglücklicherweise war ich bereits gekommen, während ich an ihren Zehen saugte. Seitdem bin ich vorsichtiger geworden. Manchmal komme ich, wenn ich dabei ihre Füße sehen kann; am besten funktioniert die neunundsechziger Stellung, wenn es ihr dabei nichts ausmacht, daß ich in ihrem Mund komme oder wenn ich spüre, wie sie mir die Beine um den Hals schlingt.«

Manche Fetischisten entwerfen ganze Sexdramen, die den Situationskomödien im Fernsehen würdig wären, damit ihre Bedürfnisse sich befriedigen lassen, ohne daß die Frau es merkt.

»Ich komme nur zum Orgasmus, wenn ich mit einer Frau schlafe, die hohe Absätze trägt«, schreibt ein vierzigjähriger Mann. »Manchmal kann ich eine Frau dazu überreden, die Stöckel im Bett anzulassen. Ich bitte sie erst darum, wenn ich sie wirklich gut kenne. Am Anfang einer Beziehung muß ich ihr unter Umständen ein paarmal vormachen, daß ich komme. Dann vertraut sie mir genug, um die Schuhe im Bett anzulassen. Oder noch besser: ich ziehe ihr nur den Slip aus und liebe sie, wenn sie noch alle anderen Kleider anhat. Eine Frau findet es sexy, wenn sie glaubt, man ist von seiner Leidenschaft so hingerissen, daß man sie bumsen muß, sobald man in der Wohnung ist.«

Der Wäschefetischismus ist noch vergleichsweise harmlos. Männer, die gewisse Kleidungsstücke zur Erregung brauchen, sind besser dran als Fußfetischisten. Reizwäsche gilt bei den meisten als akzeptable Form der Stimulation, und vielen Frauen macht es nichts aus, sie zu tragen, weil sich dadurch das eine oder andere überflüssige Pfund verbergen läßt. So betrachten viele diese Neigung überhaupt nicht als Fetischismus.

»Mir war gar nicht klar, daß ich völlig von schwarzen Strapsen und Strümpfen abhängig geworden war, bis ich eine Frau kennengelernt habe, die sie nicht tragen wollte«, schreibt ein dreiunddreißigjähriger Mann. »Mit meinen früheren Partnerinnen hatte ich ein erotisches Spiel daraus gemacht, ihnen teure Spitzenstrapse und Seidenstrümpfe geschenkt und sie ihnen dann als Teil des Vorspiels angezogen. Wenn sie sie bei späteren Gelegenheiten nicht tragen wollten, konnte ich trotzdem kommen, weil ich sie mir einfach darin vorstellte. Bei Frauen, die dieses Spiel überhaupt nicht mitmachen wollten, hab' ich's auch mit der Phantasie probiert, aber das hat nicht funktioniert. Und seitdem klappt's mit Phantasie überhaupt nicht mehr.«

Andere Männer haben mir gesagt, daß ihr Abhängigkeit von einem Fetisch im Lauf der Zeit stärker zu werden scheint. Sie stellen ihn sich zuerst nur vor und brauchen ihn dann später tatsächlich, um zum Orgasmus zu kommen, am Ende sogar bereits für die Erregung. In der Jugend lassen sie sich noch leichter erregen. Sie sind erotische Spezialisten, wenn auch keine extremen Spezialisten. Doch jenseits von dreißig, fünfunddreißig oder vierzig Jahren erregt sie auch der Fetisch nicht mehr.
»Ich komme mir inzwischen vor wie so ein alter Perverser«, gesteht ein Mann, dessen Fetisch lange, dunkle Haare sind. »Als meine Freundin sich die Haare abschnitt, wurde ich impotent. Ich hab' sie dazu überredet, eine Perücke zu tragen, aber sie haßt sie. Indem sie sich die Haare hat abschneiden lassen, hat sie das Problem offengelegt, aber wir fühlen uns beide nicht wohl dabei.«
Einige Männer berichten auch, daß ihr Fetisch sie in kompromittierende Situationen gebracht hat.

Wie komme ich an getragene Damenslips, ohne dabei erwischt zu werden?

»Ich habe eine Vorliebe für Damenslips, besonders für solche aus Seide mit Spitzenrändern, aber sie müssen erst vor kurzem getragen worden sein. Ich trage sie dann gern selbst eine Weile, weil ich dabei spüre, wie mein Schwanz an der Stelle pocht, wo vorher noch ihre Möse war. Dann ziehe ich sie aus und verwende sie zum Masturbieren. Manchmal komme ich noch in den Slips. Manchmal hebe ich sie mir auch auf, um daran zu riechen und um sie später noch einmal zu benützen. Aber das Problem liegt natürlich im Nachschub. Erst vor kurzem hat mich eine Freundin dabei erwischt, wie ich

in ihrem Wäschekorb gewühlt habe. Das war, gelinde gesagt, peinlich. Gibt es Möglichkeiten, getragene Damenslips zu kaufen?« schreibt ein Leser.

Vielleicht ist diese Idee nicht einmal so weit hergeholt, aber ich persönlich wüßte nichts von einem solchen Nachschublager für getragene Damenslips. Doch es gibt zahlreiche Produkte und Publikationen für solche erotischen Wünsche. Es gibt Rundschreiben für Sadomasochisten und Versandfirmen, die sich auf »Werkzeuge« für diesen Kundenkreis spezialisiert haben. Bestimmte Magazine bilden ausschließlich große Busen, andere nur Füße ab. Die meisten Wünsche der Männer lassen sich erfüllen, doch bei manchen ist es schwierig. Dazu gehören auch die Wünsche nach getragenen Damenslips.
Dennoch würde ich nicht vorschlagen, sie aus dem Wäschekorb zu stehlen. Vielleicht wirkt ja ein offenes Gespräch mit einer Freundin, die sich bereit erklären würde, die alten Slips gegen neue einzutauschen? Manche Männer haben mir geschrieben, daß ihnen ein solches Arrangement gelungen ist. Andere »leihen« sich die Slips von ihrer Freundin.
»Meine Freundin weiß nicht, daß ich mit ihren getragenen Slips masturbiere«, schreibt ein Anwalt aus Kalifornien. »Aber vielleicht wird sie irgendwann mißtrauisch. Sie zieht mich damit auf, daß sie ziemlich viele Slips bei mir verliert. Manchmal bittet sie mich darum, ihr ihre Slips vorzuführen, und das mache ich dann auch. Vielleicht glaubt sie, daß ich sie heimlich anziehe, aber wahrscheinlich denkt sie nicht, daß ich mir darin einen runterhole. Soll ich ihr es sagen, oder würde ihr davon übel werden?«
Fetischisten behalten ihr Geheimnis normalerweise so lange wie möglich für sich. Es verletzt sie zwar, die Wahrheit zu

verbergen, doch noch unangenehmer können die Vorwürfe und Abweisungen werden, die sie nach einer solchen Eröffnung erfahren.

»Frauen glauben offenbar, daß eine Art der Perversion automatisch alle anderen einschließt«, schreibt ein Fußfetischist von der Ostküste. »Man erzählt ihnen von seiner Vorliebe für Füße, und sie sagen, sie können einem die Kinder nicht anvertrauen, weil man sie vielleicht belästigt. Das ist mir schon passiert. Ich gebe den Frauen dafür nicht die ganze Schuld. Wenn man etwas verbirgt, geht man schließlich selbst wie mit einer Krankheit damit um.«

Der Fetischismus gehört zu den Gebieten männlicher Sexualität, die den Frauen nicht unbedingt zugänglich sind. Wenn Sie mit einem Fetischisten zusammensein sollten, sehen Sie sich am besten nach der Hilfe eines Spezialisten um, der Ihnen sagt, wie Sie mit Ihren Gefühlen und Einstellungen zurechtkommen.

Was Sie in puncto Fetischisten nicht vergessen sollten:

- Er ist weder gewalttätig noch gefährlich.
- Er hat zwei Geheimnisse, die ihm Sorge bereiten: seinen Fetischismus und eine negative Kindheitserfahrung.
- Es Ihnen zu sagen, ist schwieriger als alles andere, was er je in seinem Leben zu tun hatte.
- Der Fetisch ist seine optische Verbindung zu seiner Sexualität. Wenn er ihn ohne Hilfe eines Therapeuten aufgibt, wird ihm jeder Bezug zu seiner Sexualität geraubt, und er hat keine Möglichkeit mehr, erregt zu werden oder zum Samenerguß zu kommen.

Kapitel 23: **Liebessklaven.**

»Ich fühle mich ganz normal. Ich führe ein normales Leben, nur daß ich zusätzlich noch ein besonderes Privileg genießen darf. An einem Nachmittag pro Woche gehe ich zu meiner Herrin. Sie zwingt mich dazu, mich auszuziehen und mich nackt vor ihr niederzuknien, um ihre Schuhe zu lecken. Manchmal uriniert sie auch auf mich. Bisweilen zwingt sie mich dazu, eine schwierige Stellung zu halten. Es endet jedesmal mit Schlägen auf meinen nackten Po. Dabei komme ich immer.« — Ein vierzigjähriger Manager.

Manche Männer setzen die Phantasien, die viele ihrer Geschlechtsgenossen haben, in die Tat um. Für sie ist der Sex — oft sogar unauflöslich — mit Demütigung, Strafe und Schmerz verbunden. Viele Leute würden sie als »degeneriert« oder »pervers« bezeichnen. Bei Psychiatern und Medizinern sind ihre Perversionen als »Paraphilien« bekannt.

Frauen, die unter Perversionen leiden, sind fast ausschließlich Masochistinnen. Bei Männern hingegen kommen mehrere verschiedene Arten von Paraphilien vor. Sie können Masochisten, Sadisten oder extreme Fetischisten sein oder tragen vielleicht gerne Frauenkleider. Die männlichen Paraphilien sind visuell orientiert: man denke dabei nur an die Hilfsmittel bei Fesselungsspielchen und sadomasochistischen Praktiken, an Kleidung und Schminke von Transvestiten oder den Anblick einer Herrin oder Sklavin. Die starke optische Ausrichtung des Mannes ist jedoch nur ein Grund für die große Bandbreite heimlicher sexueller Praktiken. Nach Meinung der Experten liegt allen Perversionen eine Unfähigkeit zugrunde, sich auf eine romantische Beziehung einzulassen. Männer sind dazu in der Lage, Liebe und Sex voneinander zu trennen, deshalb fällt es ihnen unter Umständen schwerer als den Frauen, die beiden Dinge zusammenzubringen.

Dr. John Money, ein führender Wissenschaftler der Erforschung der Paraphilie, sagt: »Praktisch allen Paraphilien liegt die Tatsache zugrunde, daß seit den frühen Sexspielen in der Kindheit Lust und Liebe voneinander getrennt werden. Alles unter der Gürtellinie ist Lust und muß deshalb bestraft werden, und Liebe, Zuneigung und Liebesgedichte spielen sich zusammen mit dem Küssen oberhalb der Gürtellinie ab.«

Money hat *keinen* Kausalzusammenhang gefunden zwischen der Pornographie und abwegigen sexuellen Praktiken. Er ist eher der Meinung, daß die Pornographie zum Sündenbock einer Öffentlichkeit geworden ist, die für bestimmte sexuelle Verhaltensweisen keine Erklärung hat, sie aber trotzdem nicht ignorieren kann. Schon vor den Enthüllungen sexueller Praktiken von prominenten, rechten, religiösen Führern brachte Money übertriebene Rechtschaffenheit mit Perversion in Verbindung.

»Wenn ich jemanden sehe, der die Rechtschaffenheit bis zum Extrem kultiviert«, meint er, »sage ich mir sofort: ›Wenn ich da ein bißchen an der Oberfläche kratze, stoße ich sicher auf die dunklen Seiten.‹«

Anhand der Briefe, die ich bekomme, bin ich zu der Überzeugung gelangt, daß die Männer, die sich gerne einer Domina unterwerfen, oft aus repressiven und/oder übertrieben religiösen Familien stammen. Sie sind meist stur, zwanghaft und über alle Maßen auf Leistung bedacht und finden ihre einzige Entspannung in demütigender Unterwerfung. Sie haben genau wie alle anderen Menschen ein Anrecht auf sexuelles Vergnügen — egal, ob wir das nun verstehen oder nicht —, solange dieses Vergnügen nicht auf Kosten anderer geht.
Während nur wenige Menschen sich tatsächlich versklaven lassen, haben schon viele einmal sadomasochistische Praktiken und Fesselungsspielchen ausprobiert. (Vielleicht hängt das zum Teil mit der Popularisierung des Sadomasochismus in den achtziger Jahren zusammen — man denke nur an die Lederkleidung, Punkhaarschnitte und -schmuck, Dominierungs- und Unterwerfungsszenarien bei Musikvideos.) Über ein Drittel der Befragten hatte schon einmal bei solchen Fesselungsspielen teilgenommen oder sich schlagen lassen. Die meisten hatten es entweder aus Neugierde oder auf Bitten der Partnerin getan.

Bin ich pervers?

»Meine Freundin und ich haben eines Tages im Bett herumgealbert. Sie hat mir im Spaß auf meinen nackten Hintern geschlagen. Ich hab' zurückgehauen. Eins hat zum andern geführt, und schon bald haben wir uns geliebt. Sie lag auf mir. Plötzlich hat sie mich gebeten, daß ich ihr noch einmal auf den Hintern schlage. Das habe ich getan. Sie hat gesagt: ›Noch mal. Ein bißchen fester.‹ Ich hab' sie in dem Rhythmus

versohlt, wie wir miteinander gebumst haben. Das hat sie so richtig heiß gemacht. Ich hab' davon nur was gehabt, wenn ich ihren roten Hintern dabei gesehen habe. Aber da bin ich wahnsinnig geil geworden, und wir haben noch mal miteinander gebumst, aber viel leidenschaftlicher als vorher. Ist irgend etwas mit uns nicht in Ordnung?« schreibt ein Leser.

Solche Briefe bitten sozusagen »um Erlaubnis«. Der Verfasser hat Schuldgefühle, die ihm eine Autoritätsperson nehmen soll. Bei den meisten Anfragen in dieser Hinsicht handelt es sich jedoch um eher harmlose Ängste. Ich habe bisher noch keinen einzigen Brief bekommen, in dem ein Mann geschrieben hätte, er wolle eine Frau vergewaltigen oder ihr gegen ihren Willen weh tun. Solche Männer wenden sich nicht an Beraterinnen wie mich. Doch Männer, deren sexuelle Bedürfnisse sich nur ein wenig außerhalb der Norm bewegen, brauchen oft eine Rückmeldung von Außenstehenden.
»Mit zwanzig hatte ich eine Affäre mit einer verheirateten achtunddreißigjährigen Frau«, schreibt ein Mann aus dem Mittleren Westen. »Sie hat sich gern schlagen lassen, während ich ihre Klitoris mit der Hand stimuliert habe. Nach einer gewissen Zeit hat mir das auch Spaß gemacht. Ich bekomme heute immer noch sofort eine Erektion, wenn ich eine Frau beim Sex schlage. Ist das so etwas wie eine Konditionierung? Sollte ich mir deshalb Sorgen machen?«
Ein anderer Mann meint: »Ich hab' da mit meiner Freundin komische Sachen angefangen. Wir fesseln uns abwechselnd. Manchmal werden dem Gefesselten auch noch die Augen verbunden. Der andere erregt den Partner, indem er ihn stimuliert, dann aufhört und so weiter. So soll sie

(oder ich) so heiß wie nur irgend möglich werden, bevor der Betreffende kommt. Manchmal hat sie's auch gern, wenn ich sie mit dem Gürtel leicht auf die Innenseite der Oberschenkel schlage. Heißt das, daß wir irgendwann auch härtere Sachen machen?«

Die Masochisten sind gegenüber den Sadisten in der Überzahl. Ich habe mehr Briefe von Männern bekommen, deren Partnerinnen sich wünschten, geschlagen zu werden, als von solchen, die die Frau dazu bringen wollten, daß sie sich schlagen läßt. Und außerdem übersteigt auch die Zahl der Briefe von Männern, die sich als »Sklaven« bezeichnen, bei weitem — das Verhältnis ist mindestens vier zu eins — die der »Herren«.

Hier ist ein ziemlich typischer Brief von einem Sklaven, der mit seiner Herrin zusammenlebt: »Am Disziplinierungstag zwingt meine Herrin mich dazu, einen schwarzen Lederkragen zu tragen, der mit einer Leine verbunden ist, und dazu schwere Brustklammern und einen Schwanzring (eine Vorrichtung, die die Erektion schmerzhaft macht). Ich muß ihr zu Gefallen sein, ohne ein Wort zu sagen. Wenn ich ihr mißfalle, schlägt sie mich mit einer Reitpeitsche. Sie stimuliert mich immer wieder, und ich verhelfe ihr mit dem Mund zu zahlreichen Orgasmen, aber ich selbst darf die ganze Zeit nicht kommen. Wenn ich es trotzdem tue, muß ich meinen eigenen Samen auflecken. Am Ende des Tages bin ich ganz wund und ausgelaugt, aber zu aufgedreht, um einschlafen zu können. Ich liege fast die ganze Nacht wach, und mein Schwanz pulsiert voller Schmerz und Vorfreude auf den Morgen, wenn ich sie endlich bumsen darf.«

Eine kleinere Gruppe von Männern übt Sexpraktiken aus, die das Urinieren beinhalten.

»Ich hab's gern, wenn eine Frau über mir steht und mich anpinkelt«, sagt ein neunundzwanzigjähriger Geschäftsmann. »Wenn sie den Urin dabei immer wieder zurückhalten kann, komme ich sogar so.«
Ein anderer Mann meint: »Das ist die tiefste Demütigung, die ich mir vorstellen kann — einen anderen als Toilette zu benützen. Manchmal brauche ich das. Ich muß mich ab und zu so richtig in der Pisse, der Scheiße und dem Schleim der Menschheit suhlen.«
Egal, wie die »Perversion« des Mannes aussieht, er weiht die Frau, die er liebt, nur selten ein. Viele Männer verbergen ihre dunklen Begierden jahrelang vor ihren Frauen. Sie zahlen Prostituierte oder »Herrinnen« dafür, ihnen das zu geben, wofür ihnen die Ehefrau zu schade ist. Doch andere Männer wollen endlich nach Jahren, vielleicht sogar Jahrzehnten des Versteckspielens, aus ihren dunklen Kämmerchen der Leidenschaft heraus.

Wie soll ich es ihr bloß sagen?

»Ich trage gerne Frauenkleider, aber meine Verlobte weiß das nicht. Ich hab' schon als kleiner Junge damit begonnen. Mein Vater hat mich einmal dabei erwischt, wie ich mit den Stöckelschuhen meiner Mutter, mit ihrem Make-up und einem Kleid von ihr durch die Wohnung marschiert bin, und hat mir den Hosenboden versohlt. Er hat gesagt: ›Damit du dir's merkst‹, und das hab' ich auch getan. Ich habe gelernt, mich zu verstecken. Ich habe zwei Schrankkoffer voll mit allen möglichen Kleidern — ausgestopfte Büstenhalter, Strapse, hochhackige Schuhe. Außerdem habe ich auch Perücken und einen Kosmetikkoffer. Und ich sehne mich danach, einer Frau, die ich liebe, diese Seite zu zeigen, aber ich habe Angst,

daß sie mich dann zurückweist. Wie kann ich es ihr schonend beibringen?« schreibt ein vierunddreißigjähriger Geschäftsmann.

Nur wenige Männer tragen gerne Frauenkleider. Manche geben sich damit zufrieden, sich nur zu Hause zu verkleiden. Andere gehen auch als Frauen aus. Eine Minderheit kann nur mit Seidenunterwäsche, Lippenstift und Lidschatten mit einer Frau schlafen. Der eben zitierte Mann hat seine »Perversion« nur deshalb vor seiner Partnerin verbergen können, weil seine sexuelle Erregung und sein Orgasmus nicht völlig von dieser Stimulierung abhängen.

Er hat ganz recht mit seiner Annahme, daß seine Frau nicht sonderlich glücklich über diese Eröffnung sein dürfte. Ich würde ihm raten, zuerst einen Experten zu konsultieren. Etliche Männer haben mir geschrieben, daß sie sich bei solchen Fragen haben beraten lassen. In manchen Fällen hat das dazu geführt, daß die Frau diese Seite des Mannes akzeptieren konnte; in anderen gelang es ihm wenigstens, mit ihrer Ablehnung fertig zu werden.

»Ich habe es falsch angepackt«, schreibt ein Mann aus dem Mittleren Westen. »Ich hab' den Schrank aufgesperrt und ihr meine Kleider gezeigt. Sie ist völlig ausgeflippt. Und was noch schlimmer ist: sie hat's allen ihren Freundinnen erzählt — ich lebe in einer kleinen Stadt. Aber ich kann's ihr nicht verübeln. Vielleicht hätte sie es, wenn schon nicht akzeptieren, doch wenigstens verstehen können, wenn ich ein bißchen behutsamer vorgegangen wäre.«

Frauen fällt es jedoch schwer, zu verstehen, warum ein Mann sich wie eine Frau anziehen möchte. Sie glaubt, daß er mit Männern schlafen will, was nicht der Fall ist. Sol-

che Männer sind normalerweise heterosexuell. Sie erklären ihre Vorliebe folgendermaßen:
»Es hat alles als Scherz angefangen, als ich noch im College war. Ein paar Mädchen haben mich festgehalten und mein Gesicht geschminkt. Und mir hat's gefallen.«
»Ich liebe das sinnliche Gefühl von Frauenkleidern, besonders von Unterwäsche. Der Gegensatz zwischen der Seide, der Spitze und meinem eigenen groben, haarigen Körper erregt mich.«
»Wenn ich Damenunterwäsche trage, habe ich irgendwie das Gefühl, androgyn zu sein, aber wenn ich bumse, will ich eine Frau bumsen.«
»Es ist ein tolles Gefühl, sinnlich, gefährlich und aufregend. Wenn ich als Frau verkleidet ausgehe, weiß ich, daß ich mein Leben selbst in die Hand nehme. Schließlich könnte irgendein Kerl mich umbringen. Das versetzt mir einen richtigen Adrenalinstoß.«
»Ich hab' das erste Mal erfolgreich in einer Frauenumkleidekabine masturbiert, wo ich einen Straps gefunden und angezogen habe. Schon allein der Druck des Kleidungsstückes auf meinen Körper hat mich zum Samenerguß gebracht. In den darauffolgenden Jahren habe ich mich meist mit solcher Damenwäsche stimuliert. Selbst heute noch komme ich manchmal allein dadurch, daß ich Straps, Miederhöschen und Strumpfhose trage. Abgesehen davon ist an mir nichts Weibliches. Ich habe feststellen müssen, daß Frauen diese Seite meines Wesens weder verstehen noch gutheißen.«
Und ein Psychologe, der gerne Frauenkleider trägt, sagt:
»Vielleicht würden wir kein so starkes Bedürfnis haben, unsere schwache, weibliche Seite zu unterdrücken, andererseits zur Schau zu stellen, wenn wir sie auch einmal zei-

gen dürften. Genau das steckt für mich hinter meinem Drang, mich als Frau zu kleiden: jenes Tauziehen von männlicher und weiblicher Seite in mir. Aber das ist nicht als wissenschaftliche Erklärung gedacht. Das ist lediglich die Erklärung, die ich mir selbst gebe.«

Frauen fällt es unter Umständen schwer, zu verstehen, warum Männer gerne Frauenkleider tragen, weil es für sie selbst keine vergleichbaren Bedürfnisse gibt. Schließlich können sie selbst fast jede Männerkleidung tragen, die sie wollen, und tun das auch. Eine Frau in einem Herrenanzug gilt als modisch schick und muß ihre Motive, warum sie ihn gerne trägt, deshalb nie hinterfragen.

Wie man am besten damit umgeht:

* Holen Sie sich kompetenten Rat.
* Richten Sie nicht vorschnell über ihn.
* Vertrauen Sie seine Neigung nicht den gemeinsamen Freunden an.
* Wenn Sie sich abgestoßen und angewidert fühlen, haben Sie das Recht, ihm das zu sagen — aber konzentrieren Sie sich dabei eher auf ihre eigenen Emotionen als darauf, wie »krank«, »unmoralisch« oder was auch immer er Ihrer Meinung nach ist.

Kapitel 24: Das letzte Kapitel — über die Impotenz

»Ich bin bisher bei zwei verschiedenen Frauen impotent gewesen. Sie sind beide auf die gleiche Weise darauf eingegangen: saugen, saugen und noch mal saugen. Aber das ganze Saugen hat nichts genützt. Ich war schrecklich wütend auf mich selbst — endlich hat mal eine meinen Schwanz so lange in den Mund genommen, wie ich mir das immer gewünscht hatte, und was war? Es hat mich nicht im mindesten erregt. Das war ziemlicher Streß für mich. Ich hab' schließlich einfach aufhören müssen, daran zu denken.« — Ein vierunddreißigjähriger Managementberater.

Mit vierzig Jahren hat fast jeder Mann schon einmal die Erfahrung der Impotenz gemacht, das heißt, er konnte während des Geschlechtsverkehrs nicht zur Erektion kommen oder sie nicht aufrechterhalten. Die Ursachen sind im physischen Bereich — Drogen, Alkohol, Medikamente, Erschöpfung — oder im emotionalen — Streß, Ängste, Gleichgültigkeit gegenüber dem oder des Partners — zu suchen. Bei den meisten Männern tritt die Impotenz nicht so häufig auf. Doch ihre Wirkung auf die männliche Psyche ist oft verheerend.

Männer fürchten nichts so sehr wie sexuelles Versagen und Demütigung vor einer Frau. Sie definieren den Sex noch immer als Geschlechtsverkehr, und der hängt nun mal von einem erigierten Penis ab. Die Unfähigkeit, zur Erektion zu gelangen, ist gleichbedeutend mit Versagen, auch wenn die Partnerin unter Umständen Spaß am Sex hatte und durch orale oder manuelle Stimulierung zu mehreren Orgasmen gelangt ist.

Von den Männern in meiner Umfrage war mindestens die Hälfte schon einmal impotent gewesen. Von jener Gruppe reagierte nur ein Drittel optimistisch. Ein Mann erzählt: »Ich habe mich entschuldigt und bin eingeschlafen, weil ich wußte, daß es am nächsten Tag besser gehen würde; und so war es auch.« Doch andere berichten:

»Ich weiß, daß das ab und zu passiert. Ich versuche es dann durch mehr Streicheln, Küssen und oralen Sex auszugleichen. Aber für den Schwanz gibt es eben keinen richtigen Ersatz.«

»Ich bin zum Arzt gegangen. Aber der hat gesagt, mit mir ist alles in Ordnung.«

»Ich hab' nicht so gut damit umgehen können. Meiner Frau hat's nichts ausgemacht.«

»Ich hab's ihr mit der Zunge gemacht — vorne und hinten. Ich hab' alles getan, was ich konnte.«

»Ich bin ruhig geblieben und einfach eingeschlafen. Aber es ist bis jetzt auch nur einmal passiert.«

Für viele Männer bedeutet das erste »Versagen« des Penis den Vorboten des Alters, des abnehmenden sexuellen Durchhaltevermögens und des Todes.

Was denkt die Frau über den Mann, wenn er ihn nicht hochkriegt?

»Das ist mir in letzter Zeit häufiger bei Frauen passiert, die ich nicht gut kenne. Sie waren sehr verständnisvoll und nett

und haben sexuell getan, was sie konnten. Ich frage mich, was sie wirklich denken, wenn sie sich an meinem schlaffen Penis abrackern. Glauben, daß ich langsam alt werde?« schreibt ein zweiundvierzigjähriger Mann aus St. Louis.

Wenn ein Mann sich mit der Impotenz konfrontiert sieht, macht er sich weniger Sorgen über das sexuelle Vergnügen, das ihm entgeht. Viel wichtiger ist ihm seine Partnerin. Enttäuscht er sie? Denkt sie nun schlecht von ihm? Und egal, was sich sonst noch abspielt, glaubt er, daß der Sex sozusagen gar nicht »stattgefunden« hat, weil es nicht zum Geschlechtsverkehr gekommen ist?

»Sex bedeutet, daß der Mann ihn hochkriegt«, schreibt ein achtunddreißigjähriger Mann. »Sie muß ja den Eindruck haben, daß alles nur Vorspiel war, wenn er ihn nicht hochkriegt.«

Ein anderer Mann meint: »Ich bin bisher zweimal impotent gewesen, und beide Male hat sie geweint. Sie hat gedacht, es ist ihre Schuld, weil ich sie nicht mehr begehre. Jetzt leide ich noch unter dem zusätzlichen Druck zu wissen, daß sie sich selbst die Schuld gibt, wenn ich ihn nicht hochbekomme.«

Doch auch die Frauen sind für die eingeengte Definition des Sex als Geschlechtsverkehr verantwortlich. Indem wir das gelegentliche Versagen des Penis als Zeichen für unsere nachlassende sexuelle Attraktivität deuten, unterstützen wir die Ansicht, daß ein Mann jederzeit in der Lage sein sollte, mit einer attraktiven Frau zu schlafen. Wir erwarten zwar von den Männern Verständnis dafür, daß wir den Sex auch ohne Orgasmus genießen können, aber wir gestehen ihnen das gleiche nicht zu. Manchmal gefällt es ihnen genauso sehr wie uns, einfach nur zu streicheln, zu liebkosen und dem anderen zum Orgasmus zu verhelfen.

»Ich bin schon ein paarmal impotent gewesen«, schreibt ein Mann, der seit dreiundzwanzig Jahren verheiratet ist. »Das hätte mir persönlich nicht soviel ausgemacht — ich wußte, daß die Ursache extremer Streß war —, wenn meine Frau nicht so schlecht damit fertig geworden wäre. Sie hat schon davon gesprochen, zu einem Schönheitschirurgen zu gehen, weil sie sich sicher war, daß ihr Gesicht und ihr Körper, die übrigens immer noch sehr attraktiv sind, der Grund für meine Impotenz sind.«

Immer wieder oder länger auftretende Impotenz kann tatsächlich auf ein Problem innerhalb der Beziehung hinweisen. Die Männer deuten sie noch immer falsch und geben sich selbst, nicht der Beziehung, die Schuld für ihr Versagen.

»Sechs Monate, bevor ich mich von meiner Frau getrennt habe, bin ich bei ihr impotent geworden«, sagt ein fünfundvierzigjähriger Anwalt. »Wir haben beide gewußt, daß unsere Ehe nicht mehr funktioniert, aber wir hatten die rationale Entscheidung getroffen, zusammenzubleiben. Unglücklicherweise hat mein Körper sich dieser Entscheidung widersetzt. Meine ganze Wut ist in meinen Schwanz gewandert. Wenn mein Penis nicht aufgehört hätte zu funktionieren, wären wir wahrscheinlich heute noch zusammen. Nachdem wir uns getrennt hatten, war ich wieder okay. Es ging zwar eine ganze Weile noch nicht toll, aber ich war bei anderen Frauen wenigstens okay. Es war eine verheerende Erfahrung. Jetzt im nachhinein verstehe ich, was damals passiert ist. Damals hab' ich gedacht, jetzt ist es ganz vorbei mit dem Sex.«

Wenn die Impotenz immer wieder und über längere Zeiträume hinweg auftritt, gebe ich Männern den Rat, zum Arzt zu gehen. Wenn dieser nichts feststellen kann, ist es das vernünftigste, sich an einen Therapeuten zu wenden, mit dem die Männer über ihre Gefühle sprechen können. Der Körper des Mannes ist keine Maschine und tut nicht immer das, was der Mann oder die Frau will. Manchmal fühlen sich die Frauen sogar noch schuldiger als die Männer, wenn sie eine rein mechanische Lösung für das »Problem« suchen. Wir gehen mit dem schlaffen Penis um wie mit einem aufsässigen Spieler, den wir wieder aufs Spielfeld zurücklocken wollen.

Wenn Frauen mir zum Thema männliche Impotenz schreiben, stellen sie mir immer wieder die Frage:

Was soll ich bloß machen, um ihn wieder hart zu bekommen?

»Ich gehe gerne mit älteren Männern ins Bett, aber die haben manchmal Schwierigkeiten, eine Erektion zu bekommen. Ich hab' schon alles versucht und sie mit dem Mund befriedigt, bis mir der ganze Kiefer weh getan hat. Ich weiß, wie ich einen schlaffen Penis halten muß, damit ich ihn immer noch einführen kann. Gibt es irgendeinem Trick, eine geheime Stelle, die man berühren muß, damit er auch ohne so viel Mühe hart wird?« schreibt eine Leserin.

Männer sagen mir, daß Frauen bei der Fellatio dann am leidenschaftlichsten werden, wenn die Männer impotent sind. Manchen Männern gefällt diese Reaktion. Sie berichten wenigstens manchmal, daß sie zum gewünschten Ziel — zur Erektion — führt. Die meisten Männer hätten es jedoch gerne, wenn die Frau nicht mehr, sondern weniger

Aufmerksamkeit auf den schlaffen Penis verwenden würde.
»Wenn weder orale noch manuelle Stimulation etwas ausrichten, würde ich mir wünschen, daß sie aufhört«, schreibt ein fünfunddreißigjähriger Mann. »Wenn sie sich nicht ausschließlich auf meinen Penis stürzt und dafür andere Teile meines Körpers küßt und streichelt, kann ich mich besser auf den Sex und auf meine Phantasien konzentrieren und denke nicht ständig daran, daß ich eine Erektion zustande bringen muß. Wenn ich nicht mehr dran denke, werde ich meistens ganz von selber hart.«
Ein anderer Mann meint: »Ich habe manchmal Probleme, mit einer neuen Partnerin die Erektion aufrechtzuerhalten. Ich verkrampfe mich dann so, daß ich überhaupt nichts mehr zuwege bringe. Das ist meist eine Katastrophe. Einmal hat eine Frau die Situation einfach ignoriert. Sie hat einen tollen Orgasmus bekommen, und das hat mich so erregt, daß ich wieder hart geworden bin und keine Probleme mehr hatte, mit ihr zu schlafen. Wir leben jetzt zusammen.«
Die meisten Männer wären wohl froh über eine Frau, die so reagieren kann. Nichts erregt einen Mann mehr als das Vergnügen der Frau. Die beste Antwort auf Impotenz ist der Versuch, sich selbst völlig gehenzulassen oder zuzulassen, daß der Mann einem soviel Vergnügen verschafft wie möglich. Entspannen Sie sich und genießen Sie — und lassen Sie die Psychoanalyse aus dem Spiel.
»Sobald sie sich entspannt, kann ich es auch«, sagt ein neunundvierzigjähriger Mann. »Das Schlimmste ist, wenn die Frau einen fast erstickt mit ihrem Verhältnis. Wenn ich ihn nicht hochkriegen kann, will ich nicht, daß die Frau mir sagt, das ist schon recht so, besonders wenn

sie sich die größte Mühe mit mir gibt. Ich habe dann das Gefühl, als würden wir gemeinsam meinen Penis zu Grabe tragen. Ich möchte, daß sie sich entspannt und sich von mir verwöhnen läßt.«
Ein anderer Mann mittleren Alters schreibt: »Ich will nicht, daß meine Partnerin ein großes Trara darum macht, wenn ich meine Erektion nicht aufrechterhalten kann. Die Frauen sind beim Sex genauso zielorientiert wie wir Männer. Ein Gesinnungswandel bei beiden Geschlechtern wäre an der Zeit. Sex soll doch Spaß machen und nicht in Arbeit ausarten, oder?«
Ja, er soll tatsächlich Spaß machen aber das haben wir bei unserer unermüdlicher Suche nach dem perfekten Sex bei jeder Gelegenheit völlig vergessen.

Wie Sie mit seiner Impotenz umgehen sollten:

* Ignorieren Sie sie, und konzentrieren Sie sich statt dessen lieber auf ihr eigenes sexuelles Vergnügen.

* Falls es ständig passiert, schicken Sie ihn am besten zum Urologen, um zu sehen, ob ein medizinischer Grund dahintersteckt. Danach sollten Sie mit ihm reden — nicht über seinen schlaffen Penis, sondern über seine Gefühle. Vielleicht gehen Sie beide einem Problem innerhalb ihrer Beziehung aus dem Weg, und sein Körper zwingt Sie nun zur Auseinandersetzung damit. Vielleicht ist Ihnen der Sex heute auch nicht mehr so wichtig wie früher — aber Ihr Mangel an Leidenschaft läßt sich weit besser kaschieren als der seine.

Schluß: Ein größeres Bedürfnis als ihr eigenes — der Wunsch, sexuelle Befriedigung zu schenken

»Die Frauen glauben, daß dem Mann nur sein eigenes sexuelles Vergnügen wichtig ist — aber da täuschen sie sich. Den Männern ist das Vergnügen der Frau viel wichtiger als das eigene. Abstrakt ausgedrückt, würde ich einer Frau lieber Vergnügen bereiten, als ihr gefallen.« — Ein dreiundfünfzigjähriger Anwalt aus Neu York.

Der Wunsch nach Berührung ist ein menschliches Grundbedürfnis, und zwar ein männliches genauso wie ein weibliches. Doch das Bedürfnis, sexuelles Vergnügen zu bereiten, ist beim Mann stärker ausgeprägt. Wenn wir Frauen das erkennen würden, hätten wir im sexuellen Bereich auch größeres Selbstvertrauen. Wir würden uns beim Sex mehr gehenlassen, weil wir dabei nicht ständig an unsere breiten Hüften denken würden.

Ein großer Teil der weiblichen Identität hängt noch immer vom Bewußtsein der Frau als Sexobjekt ab. Wir spielen durch die Art und Weise, wie wir uns nach außen geben, sozusagen der sexuellen Natur des Mannes in die Hände, der eher visuell orientiert ist und mehr von der Lust als von der Liebe getrieben wird. Einerseits hadern wir mit dem sexuellen Status quo und werfen dem Mann vor, daß er uns nicht richtig liebt oder daß er eine Schwäche für Pornographie hat. Andererseits bestärken wir eben diesen Status quo und den Macho-Kode, indem wir den Mann durch unsere Kleidung zu betören versuchen und den Sex einsetzen, um Liebe und Sicherheit zu bekommen.

Ein Freund, der von Beruf Eheberater ist, hat einmal zu mir gesagt: »Die Frauen, die sich mit ihrer Sexualität am wohlsten fühlen, sind auch diejenigen, denen es nichts ausmacht, Sexobjekt zu sein. Ich will damit keine Frau abwerten. Sie kann durchaus eine höchst gebildete, erfolgreiche und unabhängige Frau sein und gleichzeitig erkennen, daß die eigene Rolle darin besteht, den Mann sexuell anzuziehen, während es die des Mannes ist, sexuelle Leistung zu erbringen. Die Frauen mit dem größten Sex-Appeal sind nur selten klassische Schönheiten. Sie strahlen dafür Erotik aus. Sie halten sich für begehrenswert, und die Männer glauben das auch. In einer idealen Welt wären beide Geschlechter zum Teil Objekt und zum Teil leistungsorientiert, aber wir leben eben nicht in einer idealen Welt.«

Die männliche Identität ist untrennbar mit der sexuellen Leistung verbunden. Der Mann ist noch immer bereit, für den Sex zu bezahlen, und zwar finanziell, und/oder indem er einen Teil seines Wesens dem Willen der Frau unterwirft. Er mißt seine Männlichkeit an der Länge seines Penis und an seinem Durchhaltevermögen. Wir behaupten, das wäre nicht so, obwohl wir uns so verhalten.

Beide Geschlechter haben im Alter ihre eigenen Ängste. Die Frau fürchtet den Verlust der sexuellen Anziehungskraft, der Mann den der sexuellen Potenz. In diesem wie auch in vielen anderen Punkten haben wir die gleichen Voraussetzungen, auch wenn sich die Ausrichtung unterscheidet. Und darüber dürfen wir uns nichts vormachen. Wir können einen Mann nicht in ein Wesen verwandeln, das wie eine Frau liebt. Und das würden wir auch sicher nicht wollen.

Wir könnten viel glücklicher mit den Männern sein, so wie sie sind, wenn wir in der Lage wären, ein wenig von unserem Zorn, unseren Ängsten und Mißverständnissen aufzugeben — besonders den Glauben, daß Männer einzig und allein an ihrem eigenen Vergnügen interessiert sind, denn sie würden viel lieber uns Vergnügen bereiten als sich selbst. Oft ist ihnen das sogar wichtiger als die Liebe oder Zuneigung zu uns. Dieses Bedürfnis macht den Mann verletzlich. Wir Frauen können jeden Mann in unserem Bett mit ein paar kühlen Worten vernichten. Er ist längst nicht so hart, wie alle glauben.

So ist es nur logisch, daß hier ein Mann das letzte Wort haben soll. Die Äußerung stammt von einem Collegeprofessor aus dem Nordosten der Staaten:

»Angesichts der komplexen und zwiespältigen sexuellen Dynamik in unserem Zeitalter weiblicher Bewußtheit scheinen manche Frauen gegenüber der Tatsache, daß die männliche Sexualität in hohem Maße von optischen Reizen abhängig ist, nicht tolerant oder einfühlsam genug zu sein. Manche Frauen urteilen zum Beispiel gerne über gewisse Zeitschriften. Ich bin der festen Überzeugung, daß es beunruhigende Unterschiede zwischen den Geschlechtern gibt, über die man sich einfach auseinandersetzen muß. Das Machtmittel Sex kommt sowohl im Beruf als auch im täglichen Leben zum Einsatz. Aber über solche Fragen können wir uns nicht im Schlafzimmer unterhalten. Für viele von uns herrschen schwere Zeiten, und zwar für Männer und Frauen gleichermaßen. Sie sind durch die kategorische Verurteilung des männlichen Geschlechts sogar noch schwerer geworden. Damit müssen wir aufhören. Schließlich brauchen wir einander.«

Bücher, die Sie lesen sollten

BARBACH, LONNIE: *For Yourself. Die Erfüllung weiblicher Sexualität* (Ullstein 1982);

BERKOWITZ/GITTINES: *Was Männer nicht sagen... was Frauen aber wissen sollten* (Bastei-Lübbe 1990);

CASTLEMAN, MICHAEL: *Der erotische Mann. Liebesprobleme und wie man(n) ihnen begegnet* (Goldmann 1982)

FRIDAY, NANCY: *Die sexuellen Phantasien der Männer* (Rowohlt 1984);

HITE, SHERE: *Hite-Report* (Goldmann 1984);

LEVINE, LINDA/BARBACH, LONNIE: *Fühlst du mich? Männerphantasien* (Ullstein 1989);

MASTERS & JOHNSON: *Die sexuelle Reaktion* (Akademische Verlagsgesellschaft 1967);

MCCARTHY, BARRY: *Male Sexual Awareness* (Carroll & Gwarf);

MESHORER, JUDITH UND MARC: *Schöner als Fliegen. Frauen verraten ihr Geheimnis, wie sie leicht zum Orgasmus kommen* (Heyne 1990).

SHEEHYS GAIL: *In der Mitte des Lebens. Die Bewältigung vorhersehbarer Krisen* (Fischer 1989);

ZILBERGELD, BERNIE: *Männliche Sexualität. Was (nicht) alle schon immer über Männer wußten...* (DGVT 1989).

Fragebogen

Ich habe den folgenden Fragebogen ausgearbeitet, weil es mich interessierte, ob eine bunt zusammengewürfelte Gruppe von Männern das, was ich bereits über Männer und Sex wußte, bestätigen würde. Der Fragebogen wurde von Freunden und Kollegen im ganzen Land ausgeteilt und außerdem auch an Männer geschickt, die sich auf Anzeigen in Stadtzeitungen gemeldet hatten. Die Ergebnisse haben mein Wissen tatsächlich bestätigt — auch wenn ich keinen wissenschaftlichen Anspruch erheben möchte.

*

Mein Name ist Susan Crain Bakos. Ich schreibe für COSMOPOLITAN, PENTHOUSE FORUM und andere Magazine zu den Themen Sex und Beziehungen. Ihre Antworten werden in ein Buch über Männer und Sex aufgenommen, das nächstes Jahr bei St. Martin's Press herauskommt. Falls Sie bei manchen Fragen noch zusätzlichen Raum benötigen sollten, verwenden Sie bitte die Rückseite des Blattes. Sie brauchen weder Name noch Adresse oder Telefonnummer angeben — es sei denn, sie haben Interesse an einem längeren telefonischen Interview.

Herzlichen Dank für Ihre Hilfe bei meiner Untersuchung!

DEMOGRAPHISCHER HINTERGRUND:

Familienstand: Ledig Verheiratet Geschieden

Alter: 19—29 30—39 40—49 50—59 60—69 über 70

Schulbildung: High-School Ein paar Jahre College BAV (Abschluß der höheren Schule) MAA (Magistergrad) Doktorgrad

Rasse: Weiß Schwarz Hispano Orientale Andere

Religion: Evangelisch Katholisch Jüdisch Andere

Ist ihr religiöser Glaube: Stark? Durchschnittlich? Rein symbolischer Natur? Überhaupt nicht vorhanden?

Einkommen: Unter $10 000 $10—20 000 $20—30 000 $30—40 000 $40—50 000 $50—75 000 Über $75 000

Wohnort: Nordosten Südosten Nordwesten Südwesten Mittlerer Westen Süden Oberer Mittlerer Westen

Ungefähre Größe der Stadt, in der Sie leben:

Berufsbezeichnung:

DEMOGRAPHISCHE DATEN:

Familienstand

Ledig: 29%
Verheiratet: 31%
Geschieden: 39,5%
Verwitwet: weniger als 1%

Alter (bei der Umfrage lag das Alter etwas über dem Durchschnittsalter der P. L.- oder FORUM-Leser.)

19—29: 24%
30—39: 25%
40—49: 40%
50—59: 10%
Über 60: 1%

Schulbildung:

High-School: 10%
Ein paar Jahre College: 25%
BA: 50%
MA: 10%
Doktorgrad: 5%

Rasse

Weiß: 69%
Schwarz: 19%
Asiatisch: 1%
Hispano: 12%
Andere: weniger als 1%

Religion

Evangelisch: 37%
Katholisch: 28%
Jüdisch: 34%
Andere: 1%

Religiöser Glaube

Stark: 5%
Durchschnittlich: 40%
Rein symbolischer Natur: 50%
Überhaupt nicht vorhanden: 5%

Einkommen:

Unter $ 10 000: 1%
$ 10—20 000: 5%
$ 20—30 000: 11%
$ 30—40 000: 50%
$ 40—50 000: 13%
$ 50—75 000: 5%

Wohnort:

Nordosten: 39%
Südosten: 21%
Nordwesten: 9%
Südwesten: 7%
Mittlerer Westen: 12%
Süden: 10%
Oberer Mittlerer Westen: 2%

75% der Befragten wohnen in Städten.

SEXUELLE ERFAHRUNG

Wann haben Sie mit masturbieren begonnen? Durchschnittsalter 14 Jahre.
Erinnern Sie sich an elterliche Ermahnungen gegen diese oder andere sexuelle Praktiken? Mehrheit: Ja.
Wann haben Sie Ihre Unschuld verloren? Durchschnittsalter 17 Jahre; aber 20% waren über 20 Jahre alt.
Haben Sie jemals ein homosexuelles Erlebnis gehabt? 31%; die Mehrheit davon in der Kindheit oder Jugend.

Wie viele verschiedene Partnerinnen haben Sie bisher gehabt? 1 bis 5000.
Haben Sie in den letzten beiden Jahren weniger Partnerinnen gehabt als sonst? Mehrheit: nein.
Wenn ja, welchen Faktoren schreiben Sie das zu? Angst vor Krankheiten Monogame Beziehung Nachlassender Geschlechtstrieb Zeitmangel Altersbedingte sexuelle Ängste Andere: Von denen, die mit ja antworteten, gaben 61% eine monogame Beziehung und/oder Zeitmangel als Hauptfaktoren an. Nur 32% hatten Angst vor Krankheiten.

ERREGUNG

Werden Sie erregt durch: Obszönitäten Reizwäsche Pornovideos Pornographische Bücher oder Artikel Masturbation der Frau Gewalttätige Pornovideos Andere: 92% werden durch alle oder fast alle genannten Punkte erregt, wobei die Reizwäsche die Nummer eins ist.
Werden Sie von solchen oder anderen erotischen Anregungen abhängiger:
Wenn Sie älter werden? 49%: ja; 42%: nein; 9% kann ich nicht sagen.
Wenn die Beziehung länger andauert? 73%: ja.
Sind Sie im allgemeinen mit Ihren Erektionen (und ihrer Härte) zufrieden? 32%: nein; 68%: ja.
Wenn nicht, warum nicht?
Wie lange haben Sie dieses Problem schon?
Glauben Sie, daß ein richtiger Mann immer bereit sein sollte, mit einer attraktiven Frau zu schlafen? 80%: ja.
Glauben Sie, daß dieser richtige Mann bei einer solchen Frau immer eine Erektion haben sollte? 85%: ja.
Haben Sie sich kürzlich in einer Situation befunden, die Sie eigentlich hätte erregen sollen, es aber nicht getan hat? (Beschreiben Sie sie!)

GESCHLECHTSAKT

Wie lange sollte der Geschlechtsverkehr Ihrer Meinung nach dauern? Zwei Minuten bis die ganze Nacht; die Mehrheit 20—30 Minuten.
Tut er das Ihrer Erfahrung nach auch? 91%: nein.
Betrachtet die Frau (die Frauen) in Ihrem Leben das Vorspiel als etwas, das Sie für sie tun? Zeigt sie sich dafür erkenntlich? 54% tun es für die Frau; 46% zeigen sich erkenntlich.

Würden Sie sich mehr Vorspiel von ihr wünschen? 50%: mehr, 35%: zufrieden, 15%: brauch' ich nicht.
In welcher Form?

Wissen Sie, wo die Klitoris der Frau ist?
Können Sie beschreiben, wie Sie sie berühren sollen? 57%: nein.

Kommt sie ohne direkte klitorale Stimulation zum Orgasmus? 53%: ja.
Wenn ja, wie?
Wenn nein, stimulieren Sie oder die Frau die Klitoris dann während des Geschlechtsverkehrs? 55%: nein.

Sagt sie Ihnen, was sie sexuell will und braucht?
Wenn ja, tut sie es auf positive oder negative Weise? Bitte erklären Sie es genauer. Überwältigende Mehrheit: positiv.

Hat Ihnen schon einmal eine Frau den Orgasmus vorgetäuscht? 40%: ja; 40%: nicht sicher; 20%: nie.
Wie haben Sie's gemerkt?
Was hatten Sie für ein Gefühl dabei? 90%: ein bißchen bis ziemlich aus der Fassung.
Haben Sie es ihr gesagt?

Kommt Ihre Partnerin gewöhnlich zum Orgasmus? 15%: immer; 70%: gewöhnlich; 15%: mehrmals.
Wenn nicht, gibt sie Ihnen die Schuld dafür? Oder geben Sie sich selbst die Schuld? Weniger als 10%: Partnerin gibt ihm die Schuld; 80%: gibt sich selbst die Schuld.

Bekommen Sie genug: Cunnilingus? Nein: 55%; *Fellatio?* Nein: 75%; *annalen Sex:* Nein: 50%; *unterschiedliche Stellungen etc.?* Nein: 40%.
Wenn nein, was würden Sie sich öfter wünschen?

Was bedeutet für sie »toller Sex«?

EMOTIONALE BETEILIGUNG

Macht die Liebe den Sex für Sie besser? Wie? 65%: ja.

Waren Sie schon jemals von der Liebe besessen? Bitte erklären Sie es genauer.

Haben Sie jemals nach einer Trennung mit dem Sex Probleme gehabt? 24%: ja; 70%: nein; der Rest wußte es nicht oder gab keine Antwort.

Macht Eifersucht Sie leidenschaftlicher? 33%: ja; 50%: nein.

Haben (hatten) Sie eine feste Bindung? 85%: ja.

Waren Sie monogam? 50%: nein.

Wenn nein, haben Sie es ihr gesagt? 5%; *oder hat sie es selbst herausgefunden?* 60%.

Warum haben Sie sie betrogen? Mehrheit: unterschiedliche Gründe.

Welche anderen sexuellen Geheimnisse haben Sie vor ihr? 70%: Masturbation.

GEHEIME ÄNGSTE

Halten Sie Ihren Penis für: klein: 41%; *Durchschnitt:* 38%; *Groß:* 21%.

Wie wichtig ist Ihnen die Penisgröße? Ein bißchen bis sehr: 75%.

Für wie wichtig halten die Penisgröße Ihrer Meinung nach die Frauen? Ein bißchen bis sehr: 60%.

Haben Sie homosexuelle Phantasien? Gewalttätige Phantasien? 32%: homosexuelle Phantasien; 31%: gewalttätige Phantasien.